Manuela Franke, Kathleen Plötner (Hg.)

Fremdsprachendidaktische Hochschullehre 3.0: Alte Methoden – neue Wege?

Innovatives im Fokus und Bewährtes neu gedacht

D1743132

Manuela Franke, Kathleen Plötner (Hg.)

FREMDSPRACHENDIDAKTISCHE HOCHSCHULLEHRE 3.0: ALTE METHODEN – NEUE WEGE?

Innovatives im Fokus und Bewährtes neu gedacht

Bibliografische Information der Deutschen Nationalbibliothek

Die Deutsche Nationalbibliothek verzeichnet diese Publikation in der Deutschen Nationalbibliografie; detaillierte bibliografische Daten sind im Internet über http://dnb.d-nb.de abrufbar.

Bibliographic information published by the Deutsche Nationalbibliothek

Die Deutsche Nationalbibliothek lists this publication in the Deutsche Nationalbibliografie; detailed bibliographic data are available in the Internet at http://dnb.d-nb.de.

Coverbild: 176098720 © Cat Vec - Dreamstime.com

ISBN-13: 978-3-8382-1303-3

© *ibidem*-Verlag, Stuttgart 2020

Alle Rechte vorbehalten

Printed in the EU

Inhalt

Kompetenzorientierung (in der Lehramtsausbildung) an deutschen Hochschulen

Manuela Franke & Kathleen Plötner

1 Die formal-theoretische Verankerung von Kompetenzorientierung im deutschen Bildungssystem

Kompetenzorientierung kann als ein weltweiter, grundlegender Wandel der Bildungssysteme von der Input- zur Outputorientierung beschrieben werden. So wurden in den Jahren zwischen 2008 und 2014 über 450 Bildungsreformen in den OECD-Ländern vollzogen (vgl. OECD 2015, 1). Dieser Paradigmenwechsel fand interessanterweise – zumindest auf formaler Ebene – an den Universitäten wesentlich rasanter als an den Schulen statt (vgl. Zaiser 2016, 2). Mit der Bologna-Erklärung vom 19. Juni 1999 einigte man sich darauf, „einen europäischen Hochschulraum zu schaffen, der in allen Mitgliedstaaten transparent und vergleichbar strukturiert ist und die Mobilität der Studierenden, aber auch der Lehrenden, fördert und die europäische Zusammenarbeit intensiviert" (Arnold 2015, 11). Neben den fast 50 zur EU gehörenden Ländern sind in der Zwischenzeit auch verschiedene EU-nahe Länder beigetreten (z.B. die Schweiz). Das Ergebnis ist ein ‚Hochschulraum', zu dem über 10.000 Hochschulen zählen (vgl. Arnold 2015, 11). Europäische Vereinbarungen, wie z.B. der Gemeinsame europäische Referenzrahmen (Abk. GeR, Europarat 2001) und die Richtlinie zum Aufenthaltsrecht in der EU (2004/38/EG), sowie europäische Mitteilungen und Empfehlungen wie die „Förderung von Mehrsprachigkeit in der EU" (KOM 2005, 596) sind im Rahmen des Paradigmenwandels erstellt worden und sollen die Durchlässigkeit der Systeme fördern. Der GeR wird heute im Hochschulraum als gemeinsame Grundlage zur Vergleichbarkeit von Sprachkenntnissen (A1-C2) genutzt.

Auf Basis der europäischen Vereinbarungen und als Reaktion auf die PISA-Ergebnisse aus dem Jahr 2000 führte die KMK Bildungsstandards für die Sekundarstufe I (KMK 2003) und Sekundarstufe II (KMK 2012) ein. Durch die Kompetenzorientierung der Lehrpläne sollte einerseits die Vergleichbarkeit der Leistungen der Lernenden ermöglicht werden, andererseits sollten leistungsbezogene Unterschiede der schulischen Anforderungen zwischen den einzelnen Bundesländern minimiert werden (vgl. Franke & Bär 2016, 21).

Für die zahlreichen Studiengänge an deutschen Hochschulen liegen bis heute keine einheitlichen Standards vor. Allerdings kann festgestellt werden, dass in Bezug auf das Lehramt an berufsbildenden Schulen an fast allen Hochschulen in Deutschland eine Umstrukturierung der Studiengänge auf eine homogen-formale Ausweisung der Studienabschlüsse auf Masterniveau stattgefunden hat.[1] Die Kultusministerkonferenz hat diese inzwischen einheitlich mit dem Abschluss „Master of Education" geregelt (vgl. Jenewein & Henning 2015, 8). Als eine Besonderheit der Lehramtsausbildung können die zum Teil starken länderspezifischen Unterschiede benannt werden, die die Kultusministerkonferenz seit mehreren Jahren zu beseitigen versucht. Das Ziel ist die Einführung von bundesweit vergleichbaren Mindeststandards für die Ausbildung von Lehrkräften.[2] So soll es den Studierenden möglich sein, während des und nach dem Studium(s) problemlos in ein anderes Bundesland zu wechseln (vgl. Haasler 2015, 330-331). Dass dieses Ziel bislang nicht erreicht ist, zeigt sich besonders eindrücklich anhand der Information verschiedener Internetseiten, die bei der Studienwahl helfen sollen, so z.B.

---

[1]   Eine Ausnahme bildet bspw. die Friedrich-Alexander Universität Erlangen-Nürnberg, die weiterhin ein 7-semestriges Studium für die Grundschule Lehramt mit dem Abschluss 1. Staatsexamen anbietet. Die Studienzeit liegt hier deutlich unter der anderer Grundschullehramtsstudiengänge mit Bachelor- und Masterabschluss (Stand Nov. 2019).

[2]   Für ca. 20 allgemeinbildende Unterrichtsfächer, wie z.B. Mathematik, Deutsch, Biologie oder Chemie, existieren bereits seit einigen Jahren curriculare, von den Gremien der KMK verabschiedete „Standards" (vgl. Haasler 2015, 331).

auf www.studienwahl.de oder auf www.wege-ins-studium.de[3]. Folgende Problematik besteht weiterhin:

> Die Kultusministerkonferenz (KMK) hat Eckpunkte für die gegenseitige Anerkennung von Abschlüssen in Lehramtsstudiengängen festgelegt. Bewerber-/-innen, die ein Lehramtsstudium gemäß den Vorgaben der KMK absolviert haben, erhalten – unabhängig vom Bundesland, in dem der Abschluss erworben wurde – gleichberechtigten Zugang zum Vorbereitungsdienst für den ihrem Abschluss entsprechenden Lehramtstyp. Dennoch kann es aufgrund der unterschiedlichen Schulformen und Lehramtsausbildungen in den Ländern von Vorteil sein, wenn das Studium und der Vorbereitungsdienst in dem Bundesland absolviert werden, in dem eine spätere Anstellung im Schuldienst angestrebt wird. Dies sollte bei der Wahl der Hochschule bedacht werden. (Jenewein & Henning 2015, 8)

Folgerichtig halten Jenewein & Henning (2015, 8-9) fest, dass die Lehrerbildung innerhalb Deutschlands bisher keineswegs vereinheitlich wurde. Sie kritisieren die nachlässige Einführung von anwendungsorientierten und berufsbefähigenden Bachelorprogrammen sowie Masterstudiengängen mit forschungsorientierten Bestandteilen. Es habe ausschließlich eine auf den Staatsexamen- und Diplomstudiengängen basierende Grundausrichtung stattgefunden, die nun mit dem Masterabschluss beendet werde.

Vor dem Hintergrund der Verkürzung des Vorbereitungsdienstes in fast allen Bundesländern hat in den letzten ca. zehn Jahren eine ausführliche Debatte über die Professionalisierung der Lehramtsausbildung stattgefunden. Zentral ist hierbei die Diskussion um die Kompetenzen, die für eine spätere Lehrtätigkeit erworben werden müssen und die auf verschiedenen Handlungsfeldern basieren (vgl. Jenewein & Henning 2015, 9-10). Arnold (2015, 8) plädiert nicht nur in Bezug auf Lehramtsstudiengänge für eine eindeutige Vorstellung von Hochschulbildung, die für alle Beteiligten einen nachvollziehbaren Sinn beinhaltet. Er selbst definiert diese als gelingende akademische „Kompetenzentwicklung im Rahmen

---

[3] Zur Anerkennung von Bachelor- und Masterstudiengängen über Ländergrenzen hinweg siehe: KMK. 2005. *Eckpunkte für die gegenseitige Anerkennung von Bachelor- und Masterabschlüssen in Studiengängen, mit denen die Bildungsvoraussetzungen für ein Lehramt vermittelt werden.* Zugriff unter: https://www.kmk.org/fileadmin/Dateien/veroeffentlichungen_beschluesse/2005/2005_06_02-Bachelor-Master-Lehramt.pdf (25.7.19).

intelligenter Lernarrangements, deren Struktur nicht in erster Linie überlieferten Gewohnheiten, sondern der evidenten Kompetenzentwicklung folgt" (Arnold 2015, 8).

2   Die praktische Umsetzung von Kompetenzorientierung und Unterstützungsangebote von Lehrenden an deutschen Hochschulen

Die Uneinigkeit hinsichtlich der Konsequenzen der Kompetenzorientierung hält weiterhin an: Während Anhänger*innen der Kompetenzorientierung sie anerkennend als „die größte Umstellung in Studium und Lehre seit 200 Jahren" bezeichnen, stellt sie für ihre Gegner*innen ein „bürokratisches Monstrum" (Arnold 2015, 19) dar. Die Schwierigkeiten beginnen bereits bei der Begriffsdeutung. Der Ursprung der aktuellen Definition des Begriffs ‚Kompetenz' liegt in der Linguistik. Chomsky (1973) unterscheidet zwischen „Sprachkompetenz" (*competence*) und „Sprachverwendung" (*performance*). Er verweist demnach explizit auf eine Differenz zwischen (Sprach-)Kenntnissen und der Fähigkeit, diese anzuwenden. Diese Unterscheidung zugrunde legend geht er davon aus, dass z.B. die Verwendung der Sprache nur bedingt Rückschlüsse auf die Sprachkompetenz erlaubt (vgl. Chomsky 1973, 14). Anders gesagt, können Kompetenzen anhand von Performanz demnach nie direkt, sondern lediglich indirekt diagnostiziert werden. Diese Problematik ist explizit im GeR benannt:

> Leider kann man Kompetenzen niemals direkt testen. Man kann sich nur auf ein Spektrum von Beispielen der Performanz stützen, von dem aus man verallgemeinernde Schlüsse auf die Kompetenz zu ziehen versucht: Kompetenz zeigt sich nämlich im Gebrauch. In diesem Sinne beurteilen alle Tests lediglich die Performanz, obwohl man darüber hinaus zugleich Schlüsse auf die zugrunde liegende Kompetenz zu ziehen versucht. (GeR 2001, 182)

In der empirischen Forschung sowie in pädagogisch-praktischen, erziehungswissenschaftlichen und pädagogisch-psychologischen Diskussionen hat sich dementsprechend ein Konzept von Kompetenz durchgesetzt, dass diese als Resultat von Lernprozessen definiert. Es wird davon ausgegangen, dass Kompetenzen sich im Dialog mit der Umwelt entwickeln und dazu dienen, verschiedene Situationen angemessen zu meistern. Hierfür sind – wie bereits erwähnt – Wissen und kognitive Fähigkeiten notwendig. Man muss sich darüber hinaus aber auch selbst regulieren können und sowohl sozial-kommunikative als auch motivationale Aspekte berücksichtigen (vgl. Weinert 2001, 28 und Zaiser 2016, 11).

Wenngleich das Konzept der Kompetenzorientierung in den Bildungsstandards verankert ist, so wurde es nur partiell in die Hochschullehre – hier sind insbesondere die Bildungswissenschaften und die Fachdidaktiken der einzelnen Fächer, in denen zukünftige Lehrkräfte für den schulischen Unterricht ausgebildet werden, zu nennen – integriert. Zwar mussten im letzten Jahrzehnt die Studienordnungen der einzelnen Fächer ‚kompetenzorientiert' umgeschrieben oder neugestaltet werden, das hatte aber nicht zur Folge, dass sich ganze Bereiche flächendeckend in der Gestaltung der Hochschullehre neu organisierten und diese grundlegend durchdachten oder aber dass Lehrende fortan kompetenzorientiert planten und unterrichteten. Es wurden weiterhin – nach altbewährter Manier – Vorlesungen mit 90-minütigem Input-Prinzip gehalten und so genannte Referatsseminare durchgeführt, in denen sich ein Studierendenvortrag mit anschließender kurzer Diskussion an den nächsten reihte. Geschuldet ist das u.a. dem Umstand, dass der Großteil der Hochschullehrenden über ein hohes Fachwissen, aber über wenig didaktische Kenntnisse verfügt (vgl. Osterroth 2018, 2). Dabei herrschen in den Hochschulen unter einem Großteil der Lehrenden häufig folgende Fehlannahmen (mit Bezug auf Osterroth 2018, 5):

- Das Fachwissen reiche aus, um gut unterrichten zu können. Schließlich gehe es um Inhalte. (=Inhaltsorientierung, Fokussierung des *savoir*)
- Didaktik sei etwas für Kinder oder max. Schülerinnen und Schüler der Mittelstufe, auf der Universität habe man es aber mit Erwachsenen zu tun. Diese bräuchten keine speziellen Methoden, um zu lernen. (=Unterscheidung kindliche und erwachsene Lernende)

- Man selbst habe auch ohne didaktische Hilfen gelernt.
  (=persönliches Lernverhalten auf Studierende projizieren)

Es scheint, als fehle es immer noch an Lernkonzepten, die eine SYS-TEMATISCHE Verknüpfung von theoretischen und praktischen Erfahrungen fokussieren.

Dennoch ist in den letzten Jahren ein Wandel in der Hochschullehre sicht- und spürbar. Bildungspolitische Maßnahmen sowie Unterstützungsangebote seitens der Hochschulen erleichtern und fördern wissenschaftliche Diskurse zur Gestaltung von Hochschullehre. Die Notwendigkeit, Lehrende für die Lehre zu „qualifizieren", ist erkannt worden und spiegelt sich u.a. in umfangreichen Fortbildungs- und Qualifizierungsmaßnahmen der Lehrenden (wobei die Teilnahme an diesen *Teaching*-Programmen weiterhin freiwillig erfolgt)[4], in der Vergabe von Lehrpreisen, in Podiumsdiskussionen oder mehrtägigen Workshops zum Leitbild Lehre, in Fellowships für Innovationen in der Hochschullehre (z.B. Land Baden-Württemberg, vgl. Jütte & Walber & Lober 2017, 2) etc. wieder. Auch zeugen die Verstetigung von hochschuldidaktischen Zentren (z.B. Universität Köln, Universität Hamburg) und Zentren für Qualitätsentwicklung (z.B. ZfQ Universität Potsdam), die Einrichtung von Stabstellen für Bildungsinnovationen (z.B. Universität Paderborn), das Einsetzen von Studienkommissionen für Qualität der Lehre (Geschäftsstelle in Karlsruhe, vgl. Grußwort von Voss in Holzbaur, Bühr et al., VII) und viele weitere Maßnahmen für die Auseinandersetzung mit Lehre durch Akteure der Hochschulbildung.

> Die Hochschullehre rückt zunehmend in den Fokus bildungspolitischer Bemühungen, hochschulischer Organisationsprozesse und wissenschaftlicher Diskurse. Im Mittelpunkt steht hierbei die Verbesserung der Lehrqualität als Anpassung der Hochschulen an aktuelle politische, demografische,

---

[4] „Tatsächlich ist es so, dass Hochschullehrer keinerlei didaktische Ausbildung erhalten oder nachweisen müssen" (Osterroth 2018, 2). Verschiedene Angebote zur Gestaltung von Lehre sind durchaus vorhanden, allerdings werden Lehrende nicht verpflichtet, an diesen teilzunehmen. Meist interessieren sich ausschließlich junge Wissenschaftler*innen in der Promotionsphase, seltener in der Postdoc-Phase für eine fundierte didaktische Ausbildung oder sehen hier Nachholbedarf.

gesellschaftliche und wirtschaftliche Anforderungen. (Jütte & Walber & Lobe 2017, 1)

Lehre ist, wie Dany (2013, zitiert in Jütte & Walber & Lobe 2017, 1) es treffend ausdrückt, zu einem „Wettbewerbsfaktor zwischen den Universitäten" geworden, was z.T. negativ zu werten ist, da das eigentliche Ziel – die Verbesserung der Lehr-Lern-Situation – so aus dem Fokus gerät bzw. geraten kann. Dennoch ist es als positiv zu erachten, dass an den Universitäten nun nicht mehr nur (die Vermittlung von) Fachwissen, sondern auch die Anwendung desselbigen zur Bewältigung von konkreten lebens- und / oder professionsbezogenen Problematiken sowie das *Wie* der Seminarkonzipierung und Kompetenzschulung im Mittelpunkt des Interesses stehen. ‚Didaktik' im Hochschulkontext ist kein ausschließlich theoretisches Konzept, sondern wird als notwendiges Handwerk und als angewandte Methodik mit wissenschaftlichem Fundament erachtet, um die Qualität der Lehre zu gewährleisten. Das Konzept der Hochschuldidaktik umfasst Planungs-, Umsetzungs-, Evaluations- und Reflexionsprozesse von Lehre. Zahlreiche Publikationen zeugen von der Auseinandersetzung mit sowie der Beforschung von Hochschullehre, hier ist vor allem die Gründung von diversen Verlagsreihen zum Forschungsbereich der Hochschullehre zu nennen, in denen rege publiziert wird, u.a. die Reihen „Blickpunkt Hochschuldidaktik" der Deutschen Gesellschaft für Hochschuldidaktik (dgfh) beim wbv, „Kompetent lehren" der Vertriebsgruppe utb, „Hochschulwesen – Wissenschaft und Praxis" bei Webler. Zudem zeugen Handbücher und Untersuchungen zum *Research-based learning* (Posch 2010), zur Projekt-Methode (Holzbaur & Bühr et al. 2017), zur Handlungs- und Aktionsforschung bzw. zum *action research* (Roters & Schneider et al. 2009), zum *blended learning* und *inverted* oder *flipped classroom* von der Entwicklung und Evaluation neuer Lehrlernformate bzw. -konzepte sowie zu Untersuchungsformaten derselbigen.

Den genannten Lehrlernmethoden und -konzepten ist gemein, dass durch ihren Gebrauch die aktuelle Lehr-Lern-Situation verbessert werden soll und Lernende im eigenständigen Denken und Handeln angeleitet und unterstützt werden. Allerdings darf nicht, wie Jütte et al. (2017) richtig bemerken, ein unmittelbarer Zusammenhang zwischen Lehren und Lernen angenommen werden. ‚Gute' Lehre bedeutet nicht automatisch, dass ‚gut' oder ‚besser' GELERNT werde.

> Das Verhältnis von Lehren und Lernen (b) ist insofern nicht im Sinne trivialer Prozesse, die sich durch einfache Untersuchungsmodelle in eindeutigen, kausalen Strukturen abbilden ließen, zu verstehen, stattdessen handelt es sich um komplexe Wirkungsgefüge, die vielfältigen Einflüssen unterliegen. (Jütte & Walber & Lobe 2017, 8-9)

Die longitudinale und interdisziplinär angelegte Evaluation der genannten Konzepte und Lehrlernmethoden steht jedoch noch aus. Das *Scholarship of teaching and learning* (SoTL, z.B. Huber et al. 2014) fordert Lehrende zur systematischen Untersuchung der eigenen Lehre auf und regt einen Austausch zwischen Lehrenden und Lernenden an. Der Fokus von SoTL (in Bezug auf den Hochschulbereich) liegt auf einer wissenschaftlichen Untersuchung von Lehrlernprozessen, -methoden und -formaten während der Durchführung von Lehre. Im Rahmen der Aktionsforschung befasst sich der Lehrende mit einer von ihm / ihr festgestellten Problemstellung, plant Handlungsoptionen / -strategien und führt diese durch. Im Anschluss daran werden die Intervention(en) evaluiert und reflektiert und ggf. neue Interventionen geplant und durchgeführt. Der Fokus in der Handlungs- und Aktionsforschung liegt stärker auf der Unterstützung der Lehrkraft und deren wissenschaftlich-fundierter Analyse, auf den systematisch-geplanten Interventionen sowie deren Reflexion und weniger auf der anschließenden Publikation der Ergebnisse im Hochschulkontext. Nichtsdestotrotz gehen auch Publikationen aus der Handlungs- und Aktionsforschung hervor.

3   Forderungen an eine kompetenzorientierte Hochschullehre

Zentral im Kontext der kompetenzorientierten Hochschullehre sind Überlegungen hinsichtlich der Selbststeuerung von Studierenden. Ein Verständnis von Lernen, das die Verantwortung für den eigenen Lernprozess den Lernenden zuschreibt, ist nicht vollständig neu. So deuten Arnold und Erpenbeck (2014) beispielsweise die Bildungstheorie Wilhelm von Humboldts wie folgt:

> Bildung ist unendlich viel, nur eines sicher nicht: Bloßes Wissen, Fachwissen gar. Schon Kant rückte in den Mittelpunkt jeglicher Pädagogik die Erziehung zur Persönlichkeit, die Erziehung eines freie [sic!] handelnden Wesens, das sich selbst erhalten und in der Gesellschaft ein Glied ausmachen, für sich selbst aber einen inneren Wert haben kann. Kann man das Streben nach Fähigkeiten, selbstorganisiert und kreativ handeln, also nach Kompetenzen, schlüssiger ausdrücken? Humboldt verstand unter Bildung die Anregung aller Kräfte des Menschen, die sich über die Aneignung der Welt entfalten und zu einer sich selbst bestimmenden Individualität und Persönlichkeit führen. Er verweist damit nicht auf Wissen, sondern wiederum auf personale, sozial-kommunikative und aktivitätsbezogene Handlungsfähigkeiten, also auf Kompetenzen. (Arnold & Erpenbeck 2014, 69-70)

Die Umgestaltung des Lehrens stützt sich demnach – anders als oftmals suggeriert – auf ein wiederentdecktes Verständnis von Lernen, dessen Basis konstruktivistische Sichtweisen auf Lernen sind. Die Fokussierung auf die selbstgesteuerten Lernenden wirft zwei grundlegende Untersuchungsbereiche auf. Zum einen gilt es, Glaubenssätze von Lehrenden über Unterricht und Lernen herauszuarbeiten und deren Konsequenzen für die Gestaltung von Lehre zu ermitteln. Zum anderen geht es darum, Möglichkeiten der selbstgesteuerten Aneignung zu schaffen und die Lehre entsprechend auszurichten (vgl. Arnold 2015, 25-26).

Um dies zu erreichen, wurden u.a. Kompetenzen formuliert, die den Umgang mit komplexen, neuen und schwierigen Gegebenheiten nachvollziehbar machen. Dies ist insbesondere deshalb problematisch, da Kompetenzen immer an Personen und Situationen geknüpft sind (vgl. Ertl & Sloane 2005, 26-29). Arnold (2015, 29) benennt im Kontext von Hochschullehre folgende Kompetenzdimensionen:

- „selbstgesteuert: Kompetentes Handeln zeigt sich grundsätzlich in eigener Planung, Initiative und Prozessgestaltung.
- produktiv: Kompetentes Handeln führt zu Ergebnissen, d.h. komplexeren Bearbeitungen und Gestaltungen.

- aktiv: Kompetentes Handeln ist proaktiv, nicht nur reaktiv; es fordert den Akteur zur Entwicklung und Begründung eigener Lösungen heraus.
- situativ: Kompetentes Handeln zeigt sich in der angemessenen und sachgemäßen Bewältigung von – neuen und unerwarteten – Problemsituationen.
- sozial: Kompetentes Handeln ist vernetztes bzw. kooperatives Handeln; es nutzt die Potentiale anderer und ist durch Arbeitsteilung und wechselseitige Unterstützung gekennzeichnet."[5]

Neben der Formulierung konkreter Kompetenzen wandte die Bildungsforschung sich außerdem dem den Studierenden innewohnenden Potential zu und man berücksichtigt neben lernbiographischen Zusammenhängen nun auch lebensweltliche Zusammenhänge. Ziel dabei ist es, die Studierenden weiter bzw. besser zu fördern und / oder dabei zu unterstützen, auch restriktive Voraussetzungen zu bewältigen. Dies hatte u.a. eine zunehmende Etablierung von Lernarrangements und Lernservices zufolge, die wiederum eine Veränderung der Lehrendenrolle nachsichzogen. Hier ist eine Verschiebung hin zur Lernberatung bzw. -begleitung zu beobachten. Nicht zuletzt aufgrund der fortschreitenden Digitalisierung, die konstant wachsende Speicher- und Downloadmöglichkeiten mit sich bringt, wachsen die Bedeutung des Könnens des Individuums sowie die Fähigkeit des Umgangs mit Wissen (vgl. Arnold 2015, 94f).

Die Hochschullehre sollte nach Holzbaur & Bühr et al. (2017, 2) folgende Ziele haben:

I. Befähigung zum wissenschaftlichen Denken und Arbeiten
II. Vorbereitung auf ein berufliches Tätigkeitsfeld
III. Unterstützung der Persönlichkeitsbildung
IV. Befähigung zur Teilhabe am gesellschaftlichen Leben

---

[5] Für ausführliche Überlegungen zum Thema „Prüfen und Kompetenzorientierung an Hochschulen" siehe z.B. Arnold 2015, 29-35.

Eine Übertragung in die Hochschulausbildung zukünftiger Fremd-sprachenlehrkräfte umfasst dann u.a. die folgenden Ziele:

1) Befähigung zum sprach-, literatur- und kulturwissen-schaftlichen sowie fachdidaktisch-pädagogischen Denken und Arbeiten
2) Vorbereitung auf das berufliche Tätigkeitsfeld als Lehr-kraft
3) Unterstützung in der Bildung und Reflexion der Lehrer-persönlichkeit (vom Lernenden zur Lehrkraft)
4) Befähigung zur Teilhabe am gesellschaftlichen Leben in der Schule und außerhalb der Schule

Zusammenfassend lässt sich sagen, dass sowohl fachspezifisches Wissen und fachspezifische Methoden als auch deren Anwendung in möglichen Handlungsfeldern oder in Bezug auf konkrete Pro-blemstellungen sowie die kritische Reflexion von Entscheidungen und des eigenen Handels in und außerhalb der Schule vermittelt und gefördert werden sollen. Dabei bildet die Förderung der Eigen-verantwortlichkeit der Studierenden eine der zentralen Säulen. In den folgenden Modul- und Seminarkonzepten des vorliegenden Bandes wird deutlich, dass Studierende in Eigenverantwortung zur Arbeit an ausgewählten Fertigkeiten angeleitet werden und dabei die kontinuierliche Autoreflexion der Analyse- und Arbeitspro-zesse eine zentrale Rolle spielt.

4 Gestaltung von kompetenzorientierter Hochschullehre konkret: Konzeption, Durchführung und Evaluation

Im Folgenden werden innovative Seminarformate, Projekte sowie Modulkonzepte und deren konkrete Umsetzung und Evaluation vorgestellt. Dabei kann festgehalten werden, dass ein Merkmal oder mehrere der folgenden Merkmale auf die verschiedenen Lehr-lernformate zutreffen:

- Kompetenzorientierung
- kooperative Lehrlernformen

- projektbasiertes Arbeiten
- Individualisierung

Der vorliegende Band enthält folgende Artikel:

Daniela Caspari stellt in ihrem Artikel die Implementierung des Modells des reflexiven Lernens in didaktischen Modulen des Lehramtsstudiums der romanischen Sprachen an der Freien Universität Berlin dar und zeigt auf, wie Reflexionskompetenz im Lehramtsstudium entwickelt und gefördert werden kann.

Im Beitrag von **Daniela Caspari & Bergfelder-Boos** werden Erfahrungen im Bereich der Weiterbildung von Fremdsprachenlehrkräften mithilfe des Instruments der Aktionsforschung präsentiert und hierzu konzipierte Seminarformate vorgestellt.

Michaela Rückl stellt die Implementierung und Evaluierung eines Mentoring-Tandem-Projekts als Teil des Lehrveranstaltungskonzepts des einführenden Proseminars zur Fachdidaktik Italienisch an der Universität Salzburg vor. Es handelt sich um eine Kooperation zwischen der Romanistik und dem Fachbereich Psychologie.

Fabienne Korb, Christina Reissner und Philipp Schwender wenden sich in ihrem Beitrag dem Format des Schulprojektseminars zu und zeigen, wie dieses im Lehramtsstudium der Universität des Saarlandes zur Vernetzung von Lehre und Schulpraxis und zur Förderung von mehrsprachigkeitsdidaktischen Fähigkeiten eingesetzt wird.

Sylvie Mutet beschreibt und begründet in ihrem Artikel den Planungs- und Durchführungsprozess eines projektorientierten, mehrsprachig-theaterpraktischen Seminars (Bereich Sprachpraxis). Das spanisch-deutsch-französische Theaterprojekt nutzt Interkomprehensionsstrategien der Schauspieler*innen und des Publikums, um das am Ende des Projekts aufgeführte Theaterstück für alle erfahrbar und sprachlich verständlich zu machen.

Christian Koch zeigt anhand eines sprachwissenschaftlichen Seminars auf, wie Studierende ihr eigenes fremdsprachliches Sprechen erforschen und somit linguistische Untersuchungsmethoden zur Selbstanalyse und Selbstreflexion gebrauchen können.

Sylvia Verdiani stellt ein Seminarkonzept zur Förderung des akademischen Schreibens in der Erstsprache und in der studierten Fremdsprache Italienisch bzw. Deutsch vor, in denen Studierende mit Hilfe von im Internet frei zugänglichen Übersetzungssystemen Schreibprodukte anfertigen, analysieren und überarbeiten können.

Ebenfalls zum akademischen Schreiben arbeiten **Manuela Franke & Kathleen Plötner** in einem universitätsübergreifenden Seminarkonzept in der Fremdsprachendidaktik, in dem Studierende zweier Universitäten via Moodle Texte analysieren und sich Feedback geben bzw. erhalten sowie anschließend ihre Texte überarbeiten. Die Autorinnen stellen Problematiken während der Phase des Peer-Feedbacks und innerhalb der Textproduktion und -überarbeitung dar.

Aline Willems stellt in ihrem Beitrag ‚den Workshop' als eine Form des Micro-Teaching vor und erläutert theoriegeleitet den Nutzen dieser Seminarmethode zur Förderung von Planungskompetenz und *teaching skills* von angehenden Fremdsprachenlehrkräften.

Bibliographie

Arnold, Rolf. 2015. Bildung nach Bologna. Die Anregungen der europäischen Hochschulreform. Wiesbaden: Springer VS.

Arnold, Rolf & Erpenbeck, John. 2014. *Wissen ist keine Kompetenz. Dialoge zur Kompetenzreifung*. Baltmannsweiler: Schneider Verlag Hohengehren.

Bär, Marcus & Franke, Manuela. 2016. *Spanisch Didaktik*. Berlin: Cornelsen.

Chomsky, Noam. 1973. *Aspekte der Syntax-Theorie*. Frankfurt am Main: Suhrkamp.

Empfehlungen des Europäischen Parlaments und des Rates vom 23.4.2008 zur Einrichtung des Europäischen Qualifikationsrahmens für lebenslanges Lernen. In: *Amtsblatt der Europäischen Union C 111/1 vom 6.5.2008*. www.eu-bildungspolitik.de. Zugriff: 31.7.19.

Ertl, Hubert & Sloane, Peter F. E. 2005. *Kompetenzerwerb und Kompetenzbegriff in der Berufsausbildung in internationaler Perspektive*. Paderborn: Eusl-Verlagsgesellschaft, 26-29.

Europarat. 2001. *Gemeinsamer europäischer Referenzrahmen für Sprachen: lernen, lehren, beurteilen*. Berlin u.a.: Langenscheidt.

HAASLER, Bernd. 2015. „Kompetenzorientierte Standards der Lehrkräfteausbildung für berufsbildende Schulen? Zur Entwicklung der ländergemeinsamen Anforderungen an die Berufsschullehrerbildung am Beispiel der beruflichen Fachrichtung Metalltechnik". In: Jenewein, Klaus & Henning, Herbert. edd. *Kompetenzorientierte Lehrerbildung. Neue Handlungsansätze für die Lernorte im Lehramt an berufsbildenden Schulen*. Bielefeld: W. Bertelsmann Verlag, 330-344.

HOLZBAUR, Ulrich & BÜHR, Monika & DORRER, Daniela & KROPP, Ariane & WALTER-BARTHLE, Evamaria & WENZEL, Talea. 2017. *Die Projekt-Methode. Leitfaden zum erfolgreichen Einsatz von Projekten in der innovativen Hochschullehre*. Wiesbaden: Springer.

HUBER, Ludwig & PILNIOK, Arne & SETHE, Rolf & SZCZYRBA, Birgit & VOGEL, Michael. 2014. edd. *Forschendes Lernen im eigenen Fach. Scholarship of teaching and learning in Beispielen*. Bielefeld: Bertelsmann.

JENEWEIN, Klaus & HENNING, Herbert. 2015. „Kompetenzorientierung in der Lehrerausbildung für berufsbildende Schulen – Vorbemerkung und Einleitung". In: dies. edd. *Kompetenzorientierte Lehrerbildung. Neue Handlungsansätze für die Lernorte im Lehramt an berufsbildenden Schulen*. Bielefeld: W. Bertelsmann Verlag, 7-16.

JÜTTE, Wolfgang & WALBER, Markus & LOBER, Claudia. 2017. *Das Neue in der Hochschullehre. Lehrinnovationen aus der Perspektive der hochschulbezogenen Lehr-Lernforschung*. Wiesbaden: Springer VS.

KMK. ed. 2012. *Bildungsstandards für die fortgeführte Fremdsprache (Englisch/Französisch) für die Allgemeine Hochschulreife*. Beschluss vom 18.10.2012. http://www.kmk.org/fileadmin/veroeffentlichungen_be schluesse/2012/2012_10_18-Bildungsstandards-Fortgef-FS-Abi.pdf. Zugriff: 24.7.19.

KMK. ed. 2005. *Eckpunkte für die gegenseitige Anerkennung von Bachelor- und Masterabschlüssen in Studiengängen, mit denen die Bildungsvoraussetzungen für ein Lehramt vermittelt werden*. https://www.kmk.org/filea dmin/Dateien/veroeffentlichungen_beschluesse/2005/2005_06_02-Bachelor-Master-Lehramt.pdf. Zugriff: 25.7.19.

KMK. ed. 2003. *Bildungsstandards für die erste Fremdsprache (Englisch/Französisch) für den Mittleren Schulabschluss*. Beschluss vom 4.12.2003. http://www.kmk.org/fileadmin/veroeffentlichungen_beschlu esse/2003/2003_12_04-BS-erste-Fremdsprache.pdf. Zugriff: 24.7.19.

OECD. 2015. *Education Policy Outlook 2015. Making Reforms Happen. Summary*. Paris: OECD Publishing. http://www.oecd.org/edu/books andpapershtm.htm. Zugriff: 23.7.19.

OSTERROTH, Andrea. 2018. *Lehren an der Hochschule*. Stuttgart: J.B. Metzler.

POSCH, Peter. *Aktionsforschung und Kompetenzentwicklung.* https://uol.de/ fileadmin/user_upload/diz/download/Veranstaltungen/Tagung en/Nordverbund_Posch_Text.pdf. Zugriff: 19.08.2019.

ROTERS, Bianca & SCHNEIDER, Ralf & KOCH-PRIEWE, Barbara & THIELE, Jörg & WILDT, Johannes. 2009. *Forschendes Lernen im Lehramtsstudium. Hochschuldidaktik – Professionalisierung – Kompetenzentwicklung.* Bad Heilbrunn: Klinkhardt.

WEINERT, Franz Emanuel. ed. 2001. *Leistungsmessungen in Schulen.* Weinheim und Basel: Beltz.

ZAISER, Richard. 2016. *Kompetenz verleiht Flügel. Ursprung und theoretische Grundlagen der Kompetenzorientierung. Ausgewählte Kapitel aus dem Buch: Der Siegeszug der Kompetenzen,* Berlin: epubli. https://www.pe docs.de/volltexte/2016/12050/pdf/Zaiser_2016_Kompetenz_verlei ht_Fluelgel.pdf. Zugriff: 23.7.19.

Ausbildung von Reflexionskompetenz im fachdidaktischen Studium am Beispiel der romanischen Sprachen an der Freien Universität Berlin

Daniela Caspari

Die Ausbildung von Reflexionskompetenz ist ein zentrales Ziel der Lehrkräftebildung. In diesem Aufsatz werde ich zunächst einige Überlegungen zu Reflexion, Reflexionskompetenz und reflexivem Lernen wiedergeben. Sie bilden die Grundlage für das Konzept der Lehrkräftebildung im Bereich der Fachdidaktik der romanischen Sprachen (Französisch, Italienisch, Spanisch) an der Freien Universität Berlin, das ich im Anschluss an Beispielen aus Lehrveranstaltungen im Bachelor und Master konkretisiere. Während im Bereich der fachdidaktischen Lehrkräftebildung derzeit vor allem über die Implementierung neuer, oft von der Bildungspolitik vorgegebener Zielsetzungen wie „Inklusion", „Medienkompetenz" oder „Sprachbildung" nachgedacht wird, versteht sich dieser Aufsatz als Beitrag zu der Frage, wie mit „Reflexionskompetenz" eines der grundlegenden, weil für jegliches professionelle Handeln einer Lehrperson notwendigen Ziele im Verlauf der universitären Ausbildung systematisch angebahnt und eingeübt werden kann. Daher kann er auch Anregungen dafür geben, wie andere Ziele implementiert werden können.

1. Reflektieren und Reflexion im pädagogischen Kontext

„Reflektieren" ist vom lateinischen „reflectere" abgeleitet, was „seine Gedanken auf etwas hinwenden" bedeutet (DUDEN online, 23.02.2018). Damit verbunden sind eine hohe Intensität des Denkens sowie eine spezielle Haltung, die es ermöglicht, Dinge oder

Handlungen von einem anderen Standpunkt bzw. aus einem anderen Blickwinkel zu betrachten.

Roters (2012, 151) hat in ihrer Dissertation eine grundlegende Definition von „Reflexion" im pädagogischen Kontext vorgelegt:

> „Reflexion wird als **mentaler** Prozess gesehen, der darauf ausgelegt ist, ein Problem, eine Situation, eine neue Erfahrung kognitiv zu strukturieren, um über Reflexionsprozesse Handlungsalternativen zu generieren. Reflexion ist demnach **potentiell bewusstseinsfähig** und kann **indirekt** anhand schriftlicher Texte rekonstruiert werden. Es lassen sich Unterschiede in der **Qualität der Reflexion** ausmachen, die sich in unterschiedlichen Reflexionsniveaus zeigen. Die **Inhaltsbereiche fachdidaktisch-pädagogischer Reflexion** lassen sich in drei Aspekte aufteilen: die Reflexion über fremdsprachlichen Unterricht, die Reflexion über Lerner, ihre Lernprozesse und Lernziele und die Reflexion über fachbezogenes und forschungsmethodisches Wissen." [Hervorhebungen im Original]

M. E. sollte diese Definition durch zwei Komponenten ergänzt werden: Wie zahlreiche Untersuchungen zu *beliefs* und subjektiven Theorien von Lehrpersonen zeigen, können Reflexionen auch anhand mündlicher Texte (Einzelinterviews oder Gruppengespräche) rekonstruiert werden. Außerdem, auch das zeigen diese Untersuchungen, stellt die Reflexion über persönliche Einstellungen und das eigene Verhalten einen weiteren wichtigen Aspekt der Reflexion von Lehrpersonen dar.

In ihrem viel beachteten Aufsatz erweitert Abendroth-Timmer dieses Konzept von „Reflexion". Unter Bezugnahme auf Müller (2010) unterscheidet sie drei Qualitäten der Reflexion (vgl. Abendroth-Timmer 2017, 103-104):

1. *Reflex:* Reflexion des Gegenstandes, einschließlich der Selbstreflexion aus einer distanzierten Sicht. Das Ergebnis in Form von Beschreibungen oder Kommentaren verbleibt auf der Oberflächenebene.

2. *Reflekion* [sic]: Reflexion des Selbst (Selbstwert, Selbstkonzept, Selbstvertrauen) und Komponenten möglicher Handlungsweisen. Das Ergebnis sind i. d. R. Urteile und Begründungen des eigenen Verhaltens.

3. *Reflexion:* Reflexion von Subjekt (das Selbst als erkennende Person) und Objekt (das Selbst als Gegenstand der Reflexion) in einem Erkenntnisprozess sowie Reflexion des Erkenntnisprozesses selbst. Diese Prozesse führen zu einer Erweiterung und Beschränkung von Handlungsmöglichkeiten.

In Weiterführung der Müller'schen Qualitäten bezieht sie unter Bezugnahme auf den Agentiellen Realismus (vgl. Barad 2012) den Kontext als ko-konstruierenden Akteur der Reflexion ein. Dies beruht auf der Annahme der Untrennbarkeit von Beobachterin bzw. Beobachter und beobachteter Person und versteht den Diskurs als den Ort, an dem Wirklichkeit und Bedeutung erzeugt werden. Aus diesen Überlegungen folgt, dass es sich bei Reflexion nicht primär um eine individuelle, sondern vor allem um eine soziale Praxis handelt, bei der auch die Dimension der Körperlichkeit bedeutsam ist (vgl. Abendroth-Timmer 2017, 104-106).

2. (Selbst-)Reflexionskompetenz als Ziel universitärer Lehrkräftebildung

Ein professionelles, d.h. gezieltes, systematisches und umfassendes Nachdenken über die oben genannten, mit dem Lehrberuf zusammenhängenden Aspekte sowie über sich selbst als Lehrperson verlangt von den Lehrpersonen neben der Bereitschaft, dies zu tun, das entsprechende professionelle Sachwissen sowie metakognitives deklaratives und prozedurales Wissen. Mit letzterem ist das Wissen über die eigenen kognitiven Zustände und Prozesse sowie die Fähigkeit, diese regulieren zu können, gemeint (vgl. Schramm 2017, 251).

Der Erwerb einer solch komplexen (Selbst-)Reflexionskompetenz ist die Voraussetzung für professionelles Handeln. Dies bedeutet in einer ersten Phase, sich von eigenen Lern- und Lehrerfahrungen zu distanzieren und die als Schüler*in bzw. Student*in sowie als nicht ausgebildete Lehrperson, z.B. im Kontext von Nachhilfe, Vertretungsunterricht oder als Quer- bzw. Seiteneinsteiger*in, weiter verfestigten Handlungsroutinen aufzubrechen. Die

Wirkmächtigkeit der mitgebrachten Überzeugungen und Handlungsroutinen hat Altman bereits 1983 pointiert formuliert: „Teachers don't teach as they were tought to teach, but as they were thought". Aber auch im weiteren Verlauf der Lehrtätigkeit ist die kontinuierliche Analyse und Reflexion des eigenen Handelns Voraussetzung dafür, die während der Ausbildung und der Lehrtätigkeit erworbenen Wissensbestände und Erfahrungen wirksam werden zu lassen und dadurch das Erfahrungswissen auf- bzw. auszubauen.

Aus der Expertenforschung der 1990er Jahre (z.B. Berliner 1992, Bromme 1992), die die kognitiven Voraussetzungen wissensbasierten Handelns untersuchte, wie z.B. die Fähigkeit, Zusammenhänge zu erkennen, Sachverhalte zu strukturieren und vorhandenes Wissen situativ einzusetzen, ist bekannt, dass das Wissen von Lehrpersonen als Handlungswissen konzeptualisiert ist, d.h. als Amalgam aus fachlichem, fachdidaktischem und pädagogischem Wissen sowie aus Einstellungen und Erfahrungen.

Um dieses Wissen auf- und auszubauen, sind Ansätze reflexiven Lernens besonders geeignet. Hilzensauer (vgl. 2008, 8, wiedergegeben in Caspari 2018, 76) hat als Gemeinsamkeiten der zahlreichen pädagogischen Konzepte und Modelle zum reflexiven Lernen die individuelle Erfahrung als Grundlage sowie einen zyklischen Ansatz mit fortlaufender Kontinuität ausgemacht.

Aufgrund der vorstehenden Überlegungen stellt die systematische Entwicklung von Erfahrungswissen durch das zyklische Reflektieren und kritische Hinterfragen von Routinen und Handlungsalternativen ein zentrales Ziel fachdidaktischer Lehrkräftebildung dar. Dabei folgt unser Arbeitsgebiet dem Ansatz der „reflective practice", so wie er in den 1980er und 1990er Jahren z.B. von Dewey (1933, 2002), Schön (1983, 1988) und Altrichter / Posch (1990) entwickelt worden ist. In diesem Ansatz werden drei Zeitpunkte der Reflexion unterschieden: „reflection-for-action" in der Planungsphase, „reflection-in-action" während des Handelns sowie „reflection-on-action" nach der Handlung. Während der universitären Ausbildung stehen der erste und der dritte Zeitpunkt im Mittelpunkt.

Konkret bedeutet dies, dass wir im Verlauf der fachdidaktischen Lehrveranstaltungen systematisch Gelegenheiten schaffen für die individuelle und gemeinschaftliche Reflexion über

- die eigene Person
- die eigenen Erfahrungen
- das eigene Wissen und die persönlichen Überzeugungen
- das eigene Handeln sowie
- den eigenen Erkenntnisgewinn.

Diese Reflexion spezifizieren wir für die zukünftigen Fremdsprachenlehrerinnen und -lehrer u.a. in Hinblick auf

- die Bedeutung von Sprache für (die eigene) Identität und soziale Prozesse
- die Wahrnehmung und Einschätzung der eigenen sprachlichen Kompetenzen
- Vorstellungen von Sprache, Spracherwerb und Sprachenlernen
- fachliche Ziele von Fremdsprachenunterricht
- fachspezifische Konzepte und
- fachspezifische Unterrichtsmethoden.

Wie das konkret geschieht, führe ich im Folgenden an einigen Beispielen aus.[1]

3 Reflektives Lernen im fachdidaktischen Studium an der Freien Universität

Im Bachelor besuchen die Studentinnen und Studenten ein fachdidaktisches Modul (7 LP), das aus zwei Veranstaltungen besteht: der sprachenübergreifenden „Einführung in die Didaktik der romanischen Sprachen" und einem sprachenspezifischen Proseminar zu einem ausgewählten fachdidaktischen Thema.[2] Im Master of Education sind alle Veranstaltungen sprachenspezifisch ausgerichtet.

---

[1] Dabei greife ich auf Überlegungen aus Caspari 2014 und 2016 zurück.
[2] Studienordnung für den Bachelor: https://www.fu-berlin.de/service/zuv docs/amtsblatt/2015/ab012015.pdf (Abrufdatum: 12.08.2019).

Die Studentinnen und Studenten besuchen im ersten Semester im Modul „Ausgewählte Themen" eine i. d. R. eher forschungsorientierte Veranstaltung inkl. Hausarbeit (5 LP), im zweiten und dritten Semester folgt das Modul „Schulpraktische Studien" (11 LP), im vierten Semester ein von den im Praxissemester gemachten Erfahrungen ausgehendes Seminar, das mit einem Essay abschließt (5 LP).[3]

In allen Veranstaltungen orientieren wir uns an dem Prinzip des reflexiven Lernens. Dieser Prozess beinhaltet:

- das Anknüpfen am Vorwissen und den Vorerfahrungen der Studentinnen und Studenten
- den Vergleich mit dem Wissen bzw. den Erfahrungen anderer Studentinnen und Studenten
- den Vergleich mit theoretischem Wissen und wissenschaftlichen Erkenntnissen
- eine Bewusstmachung und kritische Reflexion sowie – je nach Veranstaltungstyp in unterschiedlichem Maße –
- eine Neustrukturierung des Wissens durch aktives, kooperatives und praktisches Lernen.

Selbstverständlich bieten alle Veranstaltungen über die im Folgenden dargestellten, ausgewählten expliziten Anregungen zur Reflexion zahlreiche implizite Angebote, allein schon durch die Vielfalt der durch die Studentinnen und Studenten eingebrachten Erfahrungen und Wissensbestände. Dabei werden die durch die Quereinstiegsstudierenden eingebrachten Erfahrungen als besonders bereichernd betrachtet. Andere Angebote ergeben sich dadurch, dass die Studentinnen und Studenten sich häufig gegenseitig das erarbeitete Wissen vorstellen müssen. In der Art der Darstellung, z.B. über empirische Erkenntnisse zum Fremdsprachenlernen hinsichtlich Alter, Geschlecht, Begabung, Emotionen etc. wird deutlich, dass diese sich von ihren mitgebrachten Überzeugungen i.d.R. stark unterscheiden. Ausgewählt habe ich im Folgenden die

---

[3]   Studienordnung für den Master of Education: https://www.fu-berlin.de/servi ce/zuvdocs/amtsblatt/2018/ab272018.pdf (Abrufdatum: 18.11.2019).

weitgehend standardisierten Veranstaltungstypen „Einführung"[4] und das Modul „Schulpraktische Studien"[5]. Wie dieser Ansatz in den anderen Veranstaltungstypen umgesetzt wird, hängt stark vom jeweiligen Thema ab.

3.1 Explizite Angebote zur (Selbst-)Reflexion in der Einführungsveranstaltung

Ein zentrales Ziel der Einführungsveranstaltung besteht darin, sich der eigenen Erfahrungen und Überzeugungen bewusst zu werden und zu erkennen, dass diese keinesfalls den einzigen und auch nicht unbedingt den geeignetsten Weg zum Erwerb einer Fremdsprache bedeutet. Der Reflexionsprozess beginnt gleich in der ersten Veranstaltung mit einer Positionierung im Raum hinsichtlich der Überzeugung, ob es sich beim „Unterrichten" primär um eine Kunst, ein Handwerk, die Umsetzung eines Konzeptes oder die Anwendung wissenschaftlicher Erkenntnisse zum Lehren und Lernen von Fremdsprachen handelt. Anschließend handeln die Studentinnen und Studenten in Kleingruppen aus, welches die für sie wichtigsten Lehrerrollen sind und wie sie sie definieren. Als vorbereitende Aufgabe für die zweite Sitzung fertigen sie eine Sprachlernbiographie an. Diese fließt während der Sitzung in die Anfertigung individueller Sprachenporträts (vgl. Caspari 2006) ein, die sich die Studentinnen und Studenten anschließend in Kleingruppen vorstellen. In der Regel gibt es hierbei eine Reihe von Aha-Effekten, weil sich sowohl die Sprachlernerfahrungen als auch die persönlichen Einstellungen zu den Sprachen und zum Sprachenlernen stark unterscheiden. Am Ende des Einführungsblocks sollen die Studentinnen und Studenten im „Think-Pair-Share"-Verfahren die aus ihrer Sicht zentralen Ziele des schulischen Fremdsprachenunterrichts zusammentragen, bevor wir sie mit dem Kompetenzmodell der Bildungsstandards vergleichen.

---

[4]   Eine Reihe von Anregungen für diese Veranstaltung stammt aus dem Expertenwissen von Michael K. Legutke und Friederike Klippel.

[5]   Dieses Modul wurde im Laufe der Jahre von allen Dozentinnen des Arbeitsgebietes mehrfach intern evaluiert und gemeinsam weiterentwickelt.

Ein anderer Schwerpunkt zur Selbstreflexion ist ungefähr in der Mitte des Seminars angesiedelt. Vor der Einführung in kompetenzorientierten Fremdsprachenunterricht gibt es eine Sitzung zu historischen Methodenkonzepten. Anhand von Lehrwerken aus der jeweiligen Epoche sollen die Studentinnen und Studenten die Charakteristika der jeweiligen Methodenkonzepte illustrieren. Normalerweise regt das Betrachten der Lehrwerke sie dazu an, sich über ihren eigenen Fremdsprachenunterricht und über ihre persönlichen Überzeugungen, wie man am besten Fremdsprachen lernt, auszutauschen. Die Verbindung dieses persönlichen Austausches mit dem Einordnen der eigenen Erfahrungen in ein Methodenkonzept führt häufig zu Irritationen und der Einsicht, dass es trotz ihrer i. d. R. ja erfolgreichen individuellen Lernerfahrungen mit „ihrer Methode" offensichtlich keine allgemeingültige Methodenkonzeption gibt.

Der dritte Schwerpunkt zur Selbstreflexion ist am Ende des Seminars angesiedelt. Da so gut wie alle Studentinnen und Studenten über feste Überzeugungen verfügen, wie Grammatik und Wortschatz „richtig" unterrichtet werden, werden sie explizit mit anderen Auffassungen konfrontiert. Im Falle des Wortschatzes sollen sie zunächst einen Bogen mit Fragen zu den eigenen Gewohnheiten und Überzeugungen ausfüllen, bevor sie mit einem Partner bzw. einer Partnerin ein Stationenlernen zu unterschiedlichen Aspekten des Wortschatzerwerbs und der Wortschatzarbeit durchlaufen. Im Falle der Grammatik müssen sie ein Rollenspiel mit vorgegebenen, relativ extremen Positionen zum Grammatikerwerb und -unterricht vorbereiten und durchführen. Die dadurch notwendige Distanzierung von der eigenen Überzeugung wird unterschiedlich aufgenommen, nicht selten wird explizit formuliert, dass es „besser" (ich vermute: „angenehmer") wäre, seine eigene Position darzustellen, anstatt sich Argumente für eine andere Position anzueignen und sie zu vertreten. Trotzdem, oder vielleicht gerade deshalb, zählt dieses als Podiumsdiskussion durchgeführte Rollenspiel zu den aus Sicht der Studentinnen und Studenten „besten" Sitzungen.

Für die „aktive Teilnahme" (vulgo: für das Bestehen des Seminars) müssen alle Studentinnen und Studenten eine „Reflexion ihres Lernprozesses" anfertigen, wobei die Schwerpunktsetzung ihnen selbst überlassen ist. Als Vorbereitung hierfür sollten sie am Ende jeder Seminarsitzung fünf Fragen beantworten: Was habe ich in den einzelnen Sitzungen gelernt (inhaltlich / methodisch)?, Was war (ganz) neu für mich?, Was hat mich überrascht, geärgert, gefreut ... ?, Welche fachdidaktischen Themen, Aspekte und / oder Fragestellungen fand ich besonders interessant?, Welche möchte ich in der Zukunft weiter verfolgen? Warum?

Ganz häufig formulieren die Studentinnen und Studenten in ihren abschließenden Reflexionen explizit nicht nur ihren Wissenszuwachs, sondern auch die Veränderung von mitgebrachten Überzeugungen. Da das Kriterium für diese Aufgabe nicht die Inhalte, sondern die Tiefe und Differenziertheit der Reflexion sind, gehe ich davon aus, dass es sich i. d. R. nicht um „erwünschte" Antworten handelt. Aus den Portfolios wird ersichtlich, zuweilen wird dies auch explizit formuliert, dass erst das nachträgliche, schriftliche Rekonstruieren ihres Lern- und Erkenntnisprozesses dazu geführt hat, dass sie sich ihres Wissens- und Erfahrungszuwachses bewusst geworden sind.

3.2 Explizite Angebote zur fachdidaktischen Reflexion im Modul Schulpraktische Studien

Dieses Modul besteht aus drei Veranstaltungen: dem Vorbereitungsseminar im Sommersemester, einem das fünfmonatige Unterrichtspraktikum im darauffolgenden Wintersemester begleitenden Seminar („Begleitseminar") und einer nach Abschluss des Unterrichtspraktikums stattfinden ganztägigen Veranstaltung („Nachbereitung"). Zusätzlich werden die Student*innen in den Schulen von Fachlehrer*innen (Mentor*innen) betreut und von universitären Dozent*innen im Unterricht besucht. Dazu besteht die Möglichkeit, in einem der beiden Unterrichtsfächer bei einem Fachseminarleiter bzw. einer Fachseminarleiterin aus der 2. Phase (Fachberater*in) den Unterricht und ein Fachseminar zu besuchen und eine Einführung in kollegiales Unterrichtscoaching zu erhalten.[6]

---

[6]   Innerhalb des Praxissemesters sind darüber hinaus das Modul „Schulpraktische Studien" im weiteren Unterrichtsfach sowie das Modul „Lernforschungsprojekt" mit Lehrveranstaltungen in den Erziehungswissenschaften und

Das zentrale Ziel des Moduls Schulpraktische Studien besteht im Erwerb von Kompetenzen zur Planung, Durchführung, Analyse und Reflexion von Unterricht.[7] Der Schwerpunkt liegt dabei auf dem Erwerb einer systematischen, theoriegeleiteten Reflexionskompetenz. Dies zeigt sich auch daran, dass die Note (im ersten Fach) bzw. die „aktive Teilnahme" (im zweiten Fach) auf der Basis der abschließenden Reflexion einer selbst geplanten und durchgeführten Unterrichtsreihe in Form einer Hausarbeit (im ersten Fach) bzw. in einer Präsentation (im zweiten Fach) beruht.

Wie aus dieser knappen Beschreibung deutlich wird, bietet das Praxissemester eine Fülle von Gelegenheiten zur Reflexion aller im Abschnitt 2 genannten Aspekte. Häufig stehen die Praktikantinnen und Praktikanten jedoch unter einem solch starken Handlungsdruck bzw. empfinden einen solchen, dass sie sich kaum Zeit für eine ausführliche bzw. tiefer gehende Reflexion nehmen. Dafür müssen daher in bzw. im Umfeld der universitären Lehrveranstaltungen Gelegenheiten geschaffen werden.

3.2.1 Vorbereitungsseminar

Das Vorbereitungsseminar beginnt mit dem Nachdenken darüber, was für jeden Studenten bzw. jede Studentin „guter Französisch- / Italienisch- / bzw. Spanischunterricht" bedeutet. Die Überlegungen werden gesammelt und im Verlauf des Seminars im Zusammenhang mit den jeweils bearbeiteten Themen immer wieder aufgegriffen.

Das häufigste methodische Vorgehen im Vorbereitungsseminar besteht in der Abfolge Handeln (Erarbeiten und Präsentieren) – kriterienorientiertes Reflektieren (Kommentieren, Rückmelden) – Überarbeiten der ersten Produkte. Die einzelnen Phasen können in Einzel-, Partner- oder Kleingruppenarbeit bzw. im Plenum sowie in Vorbereitung, als Nachbereitung oder während der Seminar-

---

DaZ / Sprachbildung zu absolvieren (vgl. Leitfaden Praxissemester, https://www.fu-berlin.de/sites/dse/studium/praxisanteile/Praxissemester /praxissemester-downloads/leitfaden_praxissemester_2019.pdf Abrufdatum 12.08.2019).

[7]   Vgl. https://www.fu-berlin.de/service/zuvdocs/amtsblatt/2018/ab272018.pdf, S. 682-683, (Abrufdatum: 12.08.2019).

sitzungen stattfinden. Aus Zeitgründen werden die Kriterien zur Reflexion bzw. Rückmeldung nicht gemeinsam entwickelt, sondern i. d. R. vorgegeben.

Angewendet wird dieser Dreischritt für folgende Aufgaben:

- Entwicklung, Präsentation und Überarbeitung von „Steckbriefen", in denen in Kurzform das Wichtigste zur Förderung und Bewertung der einzelnen Kompetenzbereiche zusammengestellt und allen Teilnehmerinnen und Teilnehmern des Seminars zur Verfügung gestellt wird.
- Rekonstruktion einer Lernaufgabe
- Vergleich von zwei studentischen Lerngruppenanalysen (weil die Studierenden zu diesem Zeitpunkt noch keinen Zugang zu ihren zukünftigen Lerngruppen haben)
- Überarbeitung von vorbereiteten Sachanalysen in Form einer Schreibkonferenz
- Entwicklung einer Unterrichtsreihe (Grobplanung) in Partner- oder Kleingruppenarbeit – Rückmeldung in Form von Stamm- und Expertengruppen sowie durch die Dozentin
- Weiterentwicklung der Unterrichtsreihen hinsichtlich differenzierender und sprachbildender Elemente.

3.2.2 Unterrichtspraktikum und Begleitseminar

Während des Unterrichtspraktikums sind die Studentinnen und Studenten i. d. R. alleine oder zu zweit an einer Schule und halten – neben vielen anderen Aufgaben – eine von ihnen geplante, ca. acht Stunden umfassende Unterrichtsreihe sowie ca. acht weitere Unterrichtsstunden, im Idealfall in anderen Lerngruppen. Während ihrer Unterrichtstätigkeit werden sie von ihren Mentorinnen bzw. Mentoren unterstützt, die vor allem unterrichtspraktische Hinweise und Rückmeldungen geben. Zusätzlich werden sie von ihren universitären Dozent*innen besucht, deren vorbereitende Unterstützung und Rückmeldung i. d. R. theoriegeleitet und wesentlich systematischer erfolgt. Damit ergibt sich eine gute „Arbeitsteilung". Während des Unterrichtsbesuchs und des Auswertungsgesprächs sind für gewöhnlich die eine oder die beiden Kommilitoninnen bzw. Kommilitonen anwesend, mit denen der besuchte Student bzw. die besuchte Studentin eine feste Gruppe

(Tandem bzw. Tridem) bildet. Auf diese Art und Weise erhalten die Praktikantinnen und Praktikanten Überlegungen und Rückmeldungen aus unterschiedlichen Perspektiven und mit unterschiedlichen Schwerpunkten.

Im parallel stattfindenden Begleitseminar, das aus Präsenzveranstaltungen und Blended-Learning-Aufgaben besteht, werden die Praktikantinnen und Praktikanten zum einen schrittweise bei ihren Unterrichtsplanungen unterstützt. Dies geschieht in Form von zumeist schriftlichen Feed-backs durch ihre Tandem- bzw. Tridem-Partner*innen und durch die Dozentin. Außerdem erstellen die Praktikantinnen und Praktikanten schriftliche Erfahrungsberichte, die von ihren Kommilitoninnen und Kommilitonen schriftlich kommentiert werden. Zum Begleitseminar gehört außerdem ein Mini-Forschungsprojekt, für das sich das Tandem / Tridem einen Beobachtungsschwerpunkt auswählt (z.B. Fehlerkorrektur, Gebrauch des Deutschen und anderer Sprachen im Unterricht, Wortschatzarbeit). Unter diesem Schwerpunkt beobachten sie in ihren Schulen einige Stunden Unterricht, stellen im Begleitseminar ihre Befunde dar und kontrastieren sie mit Überlegungen und Empfehlungen aus der fachdidaktischen Literatur. Weitere Reflexionsanlässe ergeben sich bei den kollegialen Hospitationen im Rahmen der Fachberatung.

3.2.3 Nachbereitungsseminar und Hausarbeit

Das Nachbereitungsseminar findet kurz nach Abschluss der Praktikumsphase statt, so dass die Praktikantinnen und Praktikanten bereits einen gewissen Abstand zu ihrer Unterrichtätigkeit gewonnen haben und nicht mehr unter Handlungsdruck stehen. Es findet als ganztägige Veranstaltung statt, so dass zeitnah zu ihren Erfahrungen eine intensive und vielfältige Reflexion ermöglicht wird. Die Studierenden mit Französisch, Italienisch oder Spanisch als zweitem Fach präsentieren die von ihnen durchgeführte Unterrichtseinheit in Bezug auf den gewählten didaktischen Schwerpunkt (z.B. Entwicklung des selektiven Hörverstehens, Evaluation von Sprachmittlungskompetenz, Anbahnung von kooperativen Arbeitsformen). Um ausführlichen und ermüdenden Beschreibungen vorzubeugen, sollen sie sich bei der max. zwanzigminütigen

Präsentation auf die kriteriengeleitete Reflexion ihrer Planungsent-scheidungen und auf ihre Erfahrungen bei der Durchführung in Bezug auf didaktischen Schwerpunkt konzentrieren. Die Rückfragen und Diskussionen erfolgen anhand von Leitfragen. Unserer Erfahrung nach bewirkt diese stark formalisierte, kriteriengeleitete Analyse, Reflexion und Rückmeldung eine tiefgehende Reflexion bei allen Beteiligten, die bei mündlichen Präsentationen sonst nur schwer zu erreichen ist.

Die Hausarbeit (für die Studentinnen und Studenten des 1. Faches) ist analog aufgebaut. Das von Anfang an bekannte Evaluationsraster signalisiert den Studentinnen und Studenten zusätzlich, dass die Differenziertheit, Erläuterung und Tiefe ihrer Reflexionen Grundlage für die Notengebung sind.

Zum Abschluss der Nachbereitungsveranstaltung vergegenwärtigen sich die Studentinnen und Studenten ihren persönlichen Entwicklungsprozess während des Moduls, indem sie auf einem Plakat mit Hilfe von bunten Klebepunkten den Stand ihres fachdidaktischen Wissens, ihrer Handlungskompetenz und ihrer emotionalen Befindlichkeit jeweils vor und nach den drei Abschnitten des Moduls markieren.

4   Abschließende Überlegungen

Die Beispiele zeigen, wie der Erwerb einer professionellen (Selbst-) Reflexionskompetenz im fachdidaktischen Studium angebahnt und eingeübt werden kann. Dabei stellt die Reflexionskompetenz kein zusätzliches Ziel dar, sondern ist auf den Erwerb bzw. die Erweiterung und Ausdifferenzierung von fachdidaktischem Grundlagen- und Handlungswissen ausgerichtet. Je nach Entwicklungsstand und Seminartyp stehen unterschiedliche Aspekte der Reflexionskompetenz im Mittelpunkt: in der Einführung ist sie stärker auf die Selbstreflexion, d.h. das Bewusstwerden und Hinterfragen der eigenen Erfahrungen und Überzeugungen, gerichtet, im Modul Schulpraktische Studien stärker auf das Erfahrungs- bzw. Handlungswissen in Bezug auf Fremdsprachenunterricht und die Rolle als Lehrer bzw. Lehrerin. Damit einher geht ein Voranschreiten von der Reflexion allgemeiner Konzepte und Auffassungen hin zur

Reflexion konkreten Planens und Handelns. Bewährt hat sich ein zyklisches Vorgehen von der Selbst-, über die Peerreflexion zur Reflexion im Plenum bzw. mit den Dozentinnen. Dadurch wird auch der Bedeutung des sozialen Kontextes Rechnung getragen. Bewährt hat sich das zyklische Vorgehen ebenfalls in der Form, dass die in Einzel- oder Kleingruppenarbeit erstellten Produkte mit Hilfe von Leitfragen nach bestimmten Kriterien reflektiert werden und die Reflexion in die anschließende Überarbeitung einfließt. Das geschilderte Vorgehen ist in einem dritten Sinne zyklisch, dass das erarbeitete Wissen immer wieder an das mitgebrachte Wissen und die persönlichen Erfahrungen rückgebunden wird.

Die Qualität der Reflexionen wird unserer Erfahrung nach durch das Schriftliche, auch in Form von Feedbacks, sowie durch die Vorgabe von Leitfragen und Kriterien stark verbessert. Gleichzeitig stellt dies ein Modell dar, wie die Studentinnen und Studenten auch ohne die Seminarunterstützung alleine oder mit anderen systematisch und theoriegeleitet reflektieren können (Erwerb prozeduralen Wissens). Die Orientierung an Leitfragen und Kriterien unterstützt nicht nur die Systematik des Vorgehens, sondern fokussiert gleichzeitig auf die jeweils relevanten Aspekte. Dies stellt angesichts des Umfangs, der Vielschichtigkeit und der Interdependenz fachdidaktischen Wissens und Handelns eine dringend notwendige Komplexitätsreduktion dar. Diese wird im Modul Schulpraktische Studien zusätzlich durch ein kleinschrittiges Vorgehen, eine inhaltliche Fokussierung sowie die mehrfache Überarbeitung von Produkten erreicht. Um die Zusammenarbeit der Studierenden auch über die unterschiedlichen Schulstandorte hinweg zu intensivieren und die unterschiedlichen Reflexionsaufgaben noch besser zu unterstützen, haben wir für dieses Modul nun ein *E-learning*-Projekt entwickelt (vgl. Caspari / Noack-Ziegler 2019).

Literatur

ABENDROTH-TIMMER, Dagmar. 2017. „Reflexive Lehrerbildung und Lehrerforschung in der Fremdsprachendidaktik: Ein Modell zur Definition und Rahmung von Reflexion". In: *Zeitschrift für Fremdsprachenforschung* 28, 1, 101-126.

ALTMAN, Howard B. 1983. „Training foreign language teachers for learner-centered instruction. Deep structures and transformations". In: Altis, James E. et al. edd. *GURT '83: Applied linguistics and the preparation of second language teachers; towards a rational.* Washington, D.C.: Georgetown University Press, 19-26.

ALTRICHTER, Herbert & POSCH, Peter. 1990. *Lehrer erforschen Ihren Unterricht. Eine Einführung in die Methoden der Aktionsforschung.* Bad Heilbrunn: Klinkhardt.

BERLINER, David C. 1992. „Some perspectives on field systems research for the study of teaching expertise". In: *Journal of Teaching in Physical Education* 12/1, 96-103.

BARAD, Karen. 2012. *Agentieller Realismus.* Berlin: Suhrkamp.

BROMME, Rainer. 1992. *Der Lehrer als Experte. Zur Psychologie des professionellen Wissens.* Bern: Huber.

CASPARI, Daniela. 2006. „‚Meine Sprachen'. Die Darstellung von Mehrsprachigkeit in studentischen Sprachenporträts." In: Martinez, Hélène & Reinfried, Marcus. edd. *Mehrsprachigkeitsdidaktik gestern, heute und morgen.* Festschrift für Franz-Joseph Meißner zum 60. Geburtstag. Tübingen: Narr, 79-93.

CASPARI, Daniela. 2014. „Aufgaben im Didaktikstudium: Wie unterstützen wir die Kompetenzentwicklung angehender Fremdsprachenlehrkräfte?". In: *Seminar* 2014/4, 102-108.

CASPARI, Daniela. 2016. „Reflexionskompetenz stärken: Angebote zur Selbst- und Fremdreflexion im fachdidaktischen Studium der Romanischen Sprachen an der Freien Universität Berlin". Vortrag auf dem Fremdsprachendidaktischen Kolloquium (FKBB) am 10.6.2016 an der Universität Potsdam.

CASPARI, Daniela. 2018. „Reflexives Fremdsprachenlernen – eine Chance zur Verbindung von Fachlichkeit und Bildungsauftrag im Fremdsprachenunterricht". In: *Fremdsprachen Lehren und Lernen* 27/1, 72-87.

CASPARI, Daniela & NOACK-ZIEGLER, Sabrina. 2019. „Kooperatives Lernen zur Förderung der Planungs- und Reflexionskompetenz – Ein Blended-Learning-Konzept für das Berliner Praxissemester. Apprentissage coopératif, compétences de réflexion et de planification – une conception de formation hybride pour le semestre de stage à Berlin". Vortrag auf der Tagung „Professionalisierung (angehender) Französischlehrer*innen im digitalen Zeitalter. Professionnalisation des (futur·e·s) enseignant·e·s de FLE à l'ère du numérique" am 16./17.5.2019 an der Universität Siegen.

Dewey, John. 1933. *How We Think. A Restatement of the Relation of Reflective Thinking to the Educative Process.* Boston: D.C. Heath.

Dewey, John. 2002. *Wie wir denken* (hrsg. von Rebekka Horlacher und Jürgen Oelkers). Zürich: Verlag Pestalozzianum.

DUDEN online. https://www.duden.de/. Zugriff: 18.11.2019.

Hilzensauer, Wolf. 2008. „Theoretische Zugänge und Methoden zur Reflexion des Lernens. Ein Diskussionsbeitrag". In: *Bildungsforschung* 5.2 [18 S.]. https://bildungsforschung.org/ojs/index.php/bildungs forschung/article/view/77. Zugriff: 16.06.2019.

Müller, Stefan. 2010. „Reflex, Reflektion und Reflexion. Dimensionen von Reflexivität in der Lehramtsausbildung". In: Liebsch, Katharina. ed. *Reflexion und Intervention. Zur Theorie und Praxis schulpraktischer Studien.* Baltmannsweiler: Schneider Verlag Hohengehren, 27-52.

Roters, Bianca. 2012. *Professionalisierung durch Reflexion in der Lehrerbildung. Eine empirische Studie an einer deutschen und einer US-amerikanischen Universität.* Münster: Waxmann.

Schramm, Karen. 2017. „Metakognition". In: Surkamp, Carola. ed. *Metzler Lexikon Fremdsprachendidaktik. Ansätze – Methoden – Grundbegriffe.* 2., aktualisierte und erweiterte Auflage. Stuttgart & Weimar: Metzler, 251.

Schön, Donald. 1983. *The reflective practitioner:* How professionals think in action. New York: Basic Books.

Schön, Donald. 1988. *Educating the Reflective Practitioner.* 3. Auflage. San Francisco: Jossey-Bass.

Aktionsforschung als Instrument der Lehrkräftebildung: Erfahrungen aus Weiterbildungsprojekten – für die Hochschule neu gedacht

Gabriele Bergfelder-Boos & Daniela Caspari

Der folgende Beitrag präsentiert die Methode der Aktionsforschung als hochschuldidaktisches Instrument der Lehrkräftebildung. Wir stützen uns dabei auf Ergebnisse und Erfahrungen mit Aktionsforschungsprojekten, die wir an der Freien Universität Berlin in drei Weiterbildungsstudiengängen „Romanische Sprachen" als Projektleiterinnen und Dozentinnen der Studiengänge, unterstützt von Weiterbildnerinnen, durchführten. Prozess und Ergebnisse der Projekte regten uns dazu an, Aktionsforschung für die Hochschule neu zu denken.

1.　Aktionsforschung in der Weiterbildungssituation

Erfahrungen mit den o.g. Projekten haben ergeben, dass die Weiterbildungssituation, hier ein mehrjähriges berufsbegleitendes Studium eines zweiten Unterrichtsfaches, durch den Einsatz von Aktionsforschung zweimal auf dreifache Weise zur professionellen Weiterbildung genutzt werden kann. Dies wird durch das besondere Setting der folgenden Aktionsforschung ermöglicht:

- Die Lehrkräfte übernehmen in dem Weiterbildungssetting **drei unterschiedliche Rollen**. Sie agieren als Unterrichtende (in ihren jeweiligen Schulen), als Studierende (in der universitären Weiterbildung) und darüber hinaus als Forschende (in der Weiterbildung und in ihren Schulen). Sie haben deshalb die Chance und erhalten den Anstoß, Lehr- / Lerninhalte der Weiterbildung, eigene Forschungsergebnisse und unterrichtspraktische Erfahrungen aufeinander zu beziehen.

- Es besteht ein **Drei-Gruppen-Bezug**. Nicht nur die Lehrkräfte professionalisieren sich. Auch die Weiterbildnerinnen und die an der Aktionsforschung beteiligten Schüler*innen entwickeln sich professionell weiter, jede und jeder in ihrer bzw. seiner Rolle, bezogen auf die jeweiligen Arbeitsfelder.

Um diese Zusammenhänge und die spezifische Art professioneller Weiterentwicklung durch Aktionsforschung aufzuzeigen, werden im Folgenden die Methode der Aktionsforschung in den Kontext aktueller Lehrkräftebildungskonzepte gestellt und die wichtigsten Merkmale der Methode und deren Leistung für die Weiterbildung anhand der o.g. Projektbeispiele erläutert. Als Fazit und Ausblick werden die Potenziale der Methode mit den Innovationsmerkmalen aktueller universitärer Lehre abgeglichen. Abschließend erfolgt die Darlegung von Gelingensbedingungen bei der Anwendung von Aktionsforschung in der Weiterbildung von Lehrkräften.

2. Konzepte für die Lehrkräfteweiterbildung

Das Konzept der Lehrkräfteweiterbildung durch Aktionsforschung stützt sich u.a. auf die von Jürgen Kurtz (2011) entwickelten drei Leitorientierungen universitärer Lehrkräftebildung und auf die von Abendroth-Timmer (2017) vorgenommene Präzisierung des Konzepts reflexiver Lehrerbildung.

In den **drei Leitorientierungen** setzt Kurtz (vgl. 2011, 85) die Professionalisierung der Lehrkräfte als wesentliches Ziel der Ausbildung und fordert zur Realisierung dieses Ziels die Herstellung von Bezügen zu unterschiedlichen Anwendungsfeldern. Diese sind:

- der Berufsfeldbezug, d.h. die Hinwendung zur künftigen beruflichen Praxis und deren Einbeziehung in die universitäre Ausbildung,
- der Wissenschaftsbezug, d.h. der Erwerb fachlicher Kompetenzen und reflektierten pädagogischen Handelns,

- der Subjektbezug, d.h. die Berücksichtigung subjektiver Theorien und die Entwicklung von Einstellungen und Haltungen künftiger Lehrkräfte.

Professionalisierung durch reflektiertes pädagogisches Handeln steht sowohl bei Kurtz (2011) als auch bei Abendroth-Timmer (2017) im Zentrum der konzeptionellen Überlegungen. Abendroth-Timmer bereichert die fachdidaktische Diskussion, indem sie im Rekurs auf Roters (2012) und andere Ansätze eine schärfere Konturierung des Begriffs Reflexion vornimmt. Sie definiert im Rückgriff auf Roters (2012, 151) Reflexion zunächst als einen „mentale[n] Prozess[…], der darauf ausgelegt ist, ein Problem, eine Situation, eine neue Erfahrung kognitiv zu strukturieren, um über Reflexionsprozesse Handlungsalternativen zu generieren". Über diese gängige kognitive Definition hinaus ergänzt Abendroth-Timmer den Begriff bzw. das Konzept der Reflexion von Lehrkräften durch die Einbeziehung weiterer Aspekte der Erkenntnisgewinnung und deren Umsetzung in professionelles Handeln. Dazu gehören affektive, soziale und interaktionale Aspekte, die die Körperlichkeit des Erlebens, des Handelns und Interagierens im unterrichtlichen Raum in den Blick nehmen. Dazu gehören auch motivationale Aspekte, die Eigenständigkeit der Erkenntnisgewinnung sowie der Mut, sich neuen Erfahrungen auszusetzen. Auf diese Weise kann dem prozesshaften Charakter einer reflektierten Weiterbildung Rechnung getragen werden.

Als **geeignete Verfahren**, reflexive Lehrkräftebildung in den o.g. Anwendungsfeldern und Dimensionen zu erschließen, bietet sich die Aktionsforschung (vgl. z.B. Caspari 2016, 364-369; Bergfelder-Boos 2018, 433-436) an, denn sie verbindet idealerweise professionelles Lehrerhandeln mit Reflexion. Wie und wodurch kann sie das leisten?

3. Was ist Aktionsforschung?

Altrichter / Posch (2007, 13) definieren Aktionsforschung im Bildungsbereich wie folgt:

„Aktionsforschung ist die systematische Untersuchung beruflicher Situationen, die von Lehrerinnen und Lehrern selbst durchgeführt wird, in der Absicht, diese zu verbessern."

Ihre Definition legt nahe, dass Aktionsforschung ein Instrument sein kann, um die o. g. Leitorientierungen und Prinzipien der Lehrkräftebildung praktisch umzusetzen. Die von Altrichter et al. (2010) erläuterten Etappen der Aktionsforschung geben Hinweise zur Anwendung der Methode. Es handelt sich um einen prozesshaften, zyklischen Verlauf, der sich schematisch wie folgt darstellen lässt:

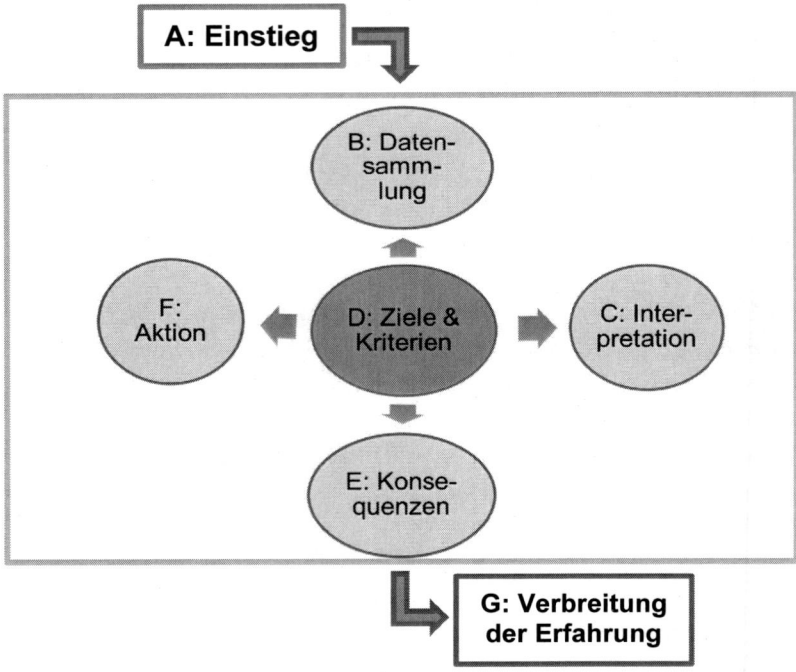

Abb. 1.   Der Kreislauf von Aktion und Reflexion, nach Altrichter et al. (2010, 806)

Von zentraler Bedeutung für die Aktionsforschungsmethode ist ihr Ausgangspunkt, der Einstieg (Punkt A). Er erwächst aus der Praxis der forschenden Lehrkräfte. Sie nehmen einen Aspekt ihres Unterrichts in den Blick, der sie besonders interessiert und zu dem sie

Veränderung wünschen. Dieser Aspekt kann in der Weiterbildung auch aus der Beschäftigung mit aktuell diskutierten Unterrichtsprinzipen, wie z.b. dem performativen oder dem kompetenzorientierten Fremdsprachenunterricht, erwachsen. Zu den gewählten Aspekten entwickeln die Lehrkräfte aus der Reflexion ihrer Unterrichtssituation und bezogen auf die aktuelle fachdidaktische Diskussion Aktionsforschungsfragen, wie z.b. die Frage nach Möglichkeiten, performatives Erzählen (vgl. Abschnitt 4.1) oder kreatives, kooperatives Schreiben (vgl. Abschnitt 4.2) oder freies, situatives Sprechen (Abschnitt 4.3) der Schüler*innen zu fördern. Ziel der Lehrkräfte ist es, sich mit Hilfe der Forschungsfragen neue Handlungsperspektiven zu erschließen.

Es folgen die Phase der Datensammlung aus dem Unterricht der Lehrkräfte (Punkt B), dann die Phase der Dateninterpretation (Punkt C). Diese Phase der Reflexion stellt für die forschenden Praktiker*innen eine der wichtigsten, aber auch schwierigsten Phasen dar, weil sie sehr viel Zeit und Vertrautheit mit der Anwendung von Forschungsinstrumenten verlangt. Deshalb ist die universitäre Begleitung dieser Phase durch Bereitstellung geeigneter Forschungsinstrumente und Unterstützung bei ihrer Anwendung besonders wichtig. Aus den Ergebnissen dieser Phase entwickeln die Lehrkräfte Handlungspläne (Punkt E), mit deren Hilfe sie ihre neuen Erkenntnisse in die Praxis umsetzen.

Nach diesen drei Phasen der Reflexion erfolgt die Aktion (Punkt F). Hier werden die Handlungspläne im folgenden Unterricht erprobt. Sind die entwickelten Handlungsstrategien noch stark verbesserungswürdig, dann sollte ein weiterer Aktionsforschungs-Zyklus erfolgen.

Im Zentrum des Modells (Punkt D) stehen die Ziele und Bewertungskriterien des Unterrichts sowie Theorien, die auf das Handeln der Lehrkräfte einwirken. Altrichter et al. (2010) haben deshalb für diesen Punkt Pfeile in Richtung der anderen Punkte vorgesehen. Aus den Erfahrungen mit den o. g. Weiterbildungsprojekten ergibt sich, dass auch der umgekehrte Weg möglich, ja anzustreben ist, denn die Kriterien der Unterrichtspraxis, Einstellungen und

Haltungen können sich durch Aktionsforschung im Rahmen von Weiterbildung verändern.

4. Drei Aktionsforschungs-Beispiele aus der Lehrkräfteweiterbildung

Den drei Beispielen gemeinsam sind der vorgegebene Rahmen der Weiterbildung und das Ziel der Erforschung des eigenen Arbeitsfeldes.

Beim ersten Beispiel handelt es sich um das Forschungsprojekt „Mündliches Erzählen als Performance" (vgl. Bergfelder-Boos 2018), das die Autorin Gabriele Bergfelder-Boos im Rahmen des Weiterbildungsstudiengangs Französisch durchführte.

Beim zweiten Beispiel handelt es sich um Aktionsforschungsprojekte des nachfolgenden Weiterbildungsstudiengangs „Romanische Sprachen". Hier fand sich das Weiterbildungs-Team zusammen und nutzte gemeinsam mit den teilnehmenden Weiterbildungsstudierenden und ihren jeweiligen Lerngruppen die Erfahrungen des ersten Projekts zur Weiterentwicklung des Konzepts. Der Schwerpunkt der Darstellung liegt auf der Erstellung von Master-Arbeiten im Anschluss an die Aktionsforschungsprojekte.

Beim dritten Beispiel wurden die Weiterbildnerinnen selbst zu Aktionsforscherinnen ihres universitären Arbeitsgebietes und erprobten Hospitation und Beratung.

4.1 Das erste Projekt: mündliches Erzählen als Performance

Das Besondere an diesem Beispiel ist die Doppelbesetzung der Forscherrollen. Es agierten eine universitäre Forscherin und die Lehrkräfte, die als Studierende an der Weiterbildung teilnahmen. Dabei übernahm die universitäre Forscherin gleichzeitig die Rolle der Weiterbildnerin und Unterstützerin, während die Lehrkräfte ihre Lerngruppen zu demselben Thema, aber mit unterschiedlichen Fragestellungen unterrichteten und dabei ihren Unterricht erforschten.

Einstieg: das Erzählcurriculum

Der Einstieg der Forschenden ging vom gemeinsamen Interesse am mündlichen Erzählen aus, das hier als Instrument der Weiterbildung, als Kompetenzziel des Fremdsprachenunterrichts und als Instrument der Unterrichtsgestaltung diente. Es wurde ein Weiterbildungs-Curriculum mit einem narrativen Schwerpunkt entwickelt, der sich wie ein roter (Erzähl-)Faden durch (fast) alle Lernbereiche des Grundstudiums zog.

Datenerhebung: Durchführung der Erzählprojekte

Jeweils zwei Weiterbildungsstudierende bildeten ein Team, das mit einer ihrer Lerngruppen ein Erzählprojekt durchführte. Die im Rahmen der Projekte durchgeführten Erzählstunden wurden videografiert. Es wurden Leitfadeninterviews mit den Weiterbildungsstudierenden und den Schüler*innen durchgeführt sowie Schülerarbeiten gesammelt.

Datenauswertung: Interpretation der Unterrichtsergebnisse

Die Interpretation der Ergebnisse erfolgte durch drei Akteurs-Gruppen mithilfe unterschiedlicher Instrumente. Die Weiterbildungsstudierenden (hier: Lehrende) und die von ihnen unterrichteten Schüler*innen (hier: Lernende) reflektierten die Erzählstunden in retrospektiven Interviews, die Lehrenden als Duo bzw. Trio, die Lernenden in Gruppen. Sie diskutierten die Konzeption der Erzählstunden, die Gestaltung der Erzählperformances durch die Lehrenden, ihre Erfahrungen bei der Durchführung bzw. der Rezeption der Performances, den Kontakt zwischen Erzählenden und Publikum sowie die Entwicklung der narrativen Diskurse durch die Lernenden. Die Lehrenden erstellten außerdem ein Dossier, in dem sie ihre Planung und Durchführung der Erzählstunden analysierten, ausgewählte Beispiele aus dem Datenmaterial (z.B. Schülerarbeiten und Transkriptionen der Schülerinterviews) untersuchten) und daraus Konsequenzen für ihre künftige Arbeit formulierten (vgl. auch Abschnitt 4.2).

Die wissenschaftliche Datenauswertung hat die universitäre Forscherin übernommen. Sie war auch diejenige, die den

Aktionsschritt F mit weiterer Forschungsarbeit übernahm und die gemeinsame Arbeit der drei an der Aktionsforschung beteiligten Gruppen in einer wissenschaftlichen Arbeit (Bergfelder-Boos 2018) auswertete und dokumentierte.

Ergebnisse des ersten Aktionsforschungsprojekts

Der Beitrag der universitären Forscherin bestand vor Beginn der Weiterbildung vor allem in der Aufarbeitung der Erzähl- und Performancetheorien und der Entwicklung von Modellen zur Analyse narrativer Aktivitäten sowie von Konzepten zur Gestaltung performativen Erzählens (vgl. Bergfelder-Boos 2018, Kap. 11). Der Beitrag der Lehrkräfte bestand in der Planung, Durchführung und Ausführung von narrativen Unterrichtseinheiten in verschiedenen Schulformen und Lerngruppen. Dabei kristallisierten sich vor allem folgende den Unterricht tragende Gebrauchsformen des mündlichen Erzählens heraus:

- die Erzählperformances, mit denen die Lehrkräfte die von ihnen ausgewählten Erzählungen dramatisierend und ästhetisch gestaltend vortrugen, und
- die bildlichen, die schriftlich-verbalen sowie die performativ gestalteten narrativen Rekonstruktionen der Erzählungen durch die Lernenden.

Wie das Narrative zum Forschungsgegenstand, zur Methode und zum Unterrichtsergebnis wurde, soll an ausgewählten Beispielen einer bildlich-narrativen Rekonstruktion gezeigt werden. Sie ist aus einer gezielt narrativen, gleichzeitig offenen Aufgabenstellung entstanden: Diese verlangte von den Schüler*innen, im Anschluss an die Rezeption der Erzählperformance ihrer Lehrerinnen Zeichnungen zu Szenen, Figuren, Ereignissen aus der in der Erzählperformance vorgetragenen Erzählung anzufertigen. Es ging um eine afrikanische Tauschgeschichte, bei der der Protagonist der Erzählung das Geschenk der Mutter, einen *oiseau rouge*, so lange eintauscht, bis er die Tochter des *chef du village* erobert.

Entstanden sind in einer 9. Klasse mit 2. Fremdsprache Französisch unterschiedliche narrative Zeichnungen (Bergfelder-Boos 2018, 275ff.) zu unterschiedlichen Stationen der Geschichte.

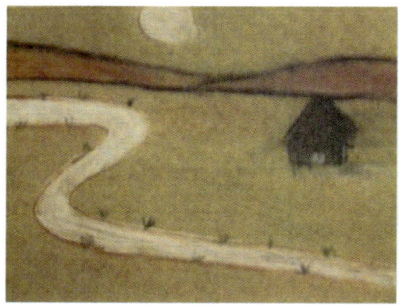   

Abb. 2: Schülerzeichnung   **Abb. 3: Schülerzeichnung**

So repräsentiert zum Beispiel ein Landschaftsbild (Abb. 2) den Weg des Protagonisten, ein Portrait zeigt die Mutter mit ihrem Geschenk (Abb. 3). Diese Einzelbilder enthalten Basisnarreme der Geschichte. Das eine illustriert einen Ort der Handlung, enthält aber keine weiteren narrativen Stimuli. Das andere liefert bereits Elemente der Handlung.

Zwei andere Bilder sind in Form einer *bande dessinée* bzw. Comic-Vignette gestaltet und lassen sich als Teil einer Bilderserie lesen. Sie zeigen den Protagonisten beim Trommeln unter dem *baobab* (Abb. 4) und im Gespräch mit dem *chef du village* (Abb. 5). Sie liefern damit mehrere Handlungselemente und sind szenisch ausgerichtet.

Abb. 4: Schülerzeichnung   **Abb. 5: Schülerzeichnung**

Die Gesamtheit der Zeichnungen aller Schüler*innen ergab die Ereignisfolge der Geschichte. Die Bilder wurden von den Schüler*innen mündlich zunächst einzeln präsentiert, wobei sie unterschiedliche Formen fanden, ihre Bilder zu versprachlichen. Es gab Präsentationen des Bildgegenstandes mit einfachen *présentatifs* wie *voilà, c'est* (*C'est la mère avec les oiseaux.*), Formulierungen einer Handlung (*Le garçon bat le tambour de danse.*) und Verknüpfung von Handlungen durch *connecteurs* und Verwendung wörtlicher Rede (*Le garçon bat le tambour et chante. Le chef rencontre le garçon et lui pose une question. Il lui demande : «Qu'est-ce que tu veux contre les poissons ?»*). Schließlich wurden die Einzelbilder zu einer Wort-Bilder-Sequenz zusammengestellt und die Geschichte damit (neu) erzählt.

Die Interviews mit den Akteuren des Unterrichts zeigen, welche Strategien, Potenziale, Herausforderungen sie durch Reflexion der Erzählstunden entdecken konnten.[1]

---

[1]   Es handelt sich um direkte Zitate aus den Interviews mit den Lehrerinnen und Schüler*innen und aus den Lehrkräfte-Dossiers.

„Man wird aufmerksamer, wenn man so direkt angesprochen wird."

Diese Äußerungen zeigen: Die **Schüler*innen** schätzten den direkten Kontakt mit dem bzw. den Erzählenden und nutzten ihn als Konzentrationshilfe.

„Durch die Zusammenhänge kann man das besser lernen, als wenn man, ehm, vorm Buch hockt und dann ständig Vokabeln abschreibt."

Sie bemerkten, dass sie ihre eigenen Zeichnungen als Verstehens- und als Narrativierungshilfe nutzen konnten. Sie entdeckten kontextbezogene Wortschatzarbeit und entwickelten daraus eigene Lernstrategien.

„Die Schüler, die gucken halt: Na, wir werden mal sehen, was der so erzählt."
„Da ist man schon etwas mehr gefordert, da muss man genauer erzählen."
„Man weiß, wenn man Fehler macht oder so…"

Diese drei Äußerungen der **Lehrkräfte** zeigen: Für sie stellt das freie Erzählen vor dem Lernenden-Publikum eine wichtige, auch körperliche Erfahrung und eine große Herausforderung dar. Sie müssen über ihren Schatten springen und sich etwas trauen.

Die Schülerinnen und Schüler betonen immer wieder, dass genau dieses Sich-Trauen der Lehrkräfte, das Ungewöhnliche der Kommunikation sie motiviert hat, dasselbe zu tun: sich zu äußern, sich „anstecken" zu lassen.

„Die Schüler sollten erfahren, wie eine Geschichte verstanden wird, nämlich spiralförmig, auf verschiedenen Stufen und mit verschiedenen Mitteln, die jeweils beim Verstehen unterstützen."

Diese schriftliche Reflexion aus einem Lehrkräfte-Dossier zeigt: Die Lehrenden konnten Antworten auf ihre Forschungsfrage nach den Möglichkeiten, das mündliche, narrative Verstehen der Schülerinnen und Schüler zu fördern, finden. Sie machten die Erfahrung, dass sich das Verstehen der

mündlich rezipierten Erzählung
bei der Bearbeitung vielfältiger
mündlich-narrativer Aufgaben
progressiv entwickelte. Sie konnten das in der Weiterbildung und
im Team diskutierte Erzählkon-
zept erproben und erweitern.

Dieses Aktionsforschungsprojekt brachte die beteiligten Gruppen
dazu, über dieselben Aspekte nachdenken: über die Anwendungs-
potenziale mündlichen Erzählens, über Unterrichtsprinzipien sowie über ihre Motivation, die damit verbundenen Herausforderungen anzunehmen. Jede Gruppe dachte darüber hinaus über ihre
spezifischen Ziele und Aufgaben nach. Diese sind vor allem Strategien, mit denen sie ihr „professionelles Handeln" steuern: die Lernenden ihre Lernstrategien und ihre Vorstellungen von gutem
Fremdsprachen-Lernen, die Lehrenden ihre Performance-Strate-
gien und ihre Lehr- / Lernkonzepte. Der Weiterbildnerin wurde
bei den Reflexionsgesprächen im Seminar bewusst, dass sie besondere Strategien zur Begleitung der Lehrkräfte benötigte. Sie musste
zwischen ihrer Rolle als Unterstützerin und ihrer Rolle als Forscherin trennen, d.h. sie musste eine Balance zwischen Nähe und Distanz finden.

Von diesem ersten zum folgenden Studiengang haben nicht
nur die Lehrkräfte, sondern auch die beiden Projektleiterinnen und
Autorinnen dieses Beitrags, die sich in wöchentlichen Teamsitzun-
gen über den Verlauf der Aktionsforschungsprojekte in den paral-
lelen, auf unterschiedliche Sprachen ausgerichteten Seminaren aus-
tauschten, gemeinsam eine Aktionsforschungsschleife vollzogen
und einen neuen Zyklus begonnen, bei dem einige Faktoren verändert wurden. Diese werden im nächsten Abschnitt erläutert.

4.2 Das zweite Projekt zum kompetenzorientierten
Fremdsprachenunterricht: Erfahrungen mit
Aktionsforschung als Grundlage für eine Masterarbeit

Vor Beginn des 3. Weiterbildungsstudiengangs war in Berlin der
erste kompetenzorientierte Rahmenlehrplan in Kraft getreten. Es

galt, die Studierenden mit diesem Paradigmenwechsel vertraut zu machen. Wir wählten dafür die Methode der Aktionsforschung, die neben dem „klassischen" Anwendungsgebiet, dass Lehrerinnen und Lehrer von sich aus ihren Unterricht verändern wollen, auch in anderen Theorie-Praxis-Situationen erfolgreich angewendet worden ist, darunter bei der Erprobung und Konkretisierung bildungspolitischer Neuerungen (vgl. Caspari 2016, 72). Ein Aktionsforschungsprojekt bot sich auch deswegen an, weil in dem Weiterbildungsstudiengang kein Praktikum vorgesehen war.

Aufgabe der Studierenden war es, im Team (zwei oder drei Personen) in einem Aktionsforschungszirkel gemeinsam eine kompetenzorientierte Unterrichtseinheit zu einem selbst gewählten Thema zu planen, diese in der Lerngruppe einer der Teammitglieder durchzuführen und dabei gegenseitig kollegial zu hospitieren. Darüber hinaus war die Unterrichtseinheit mit geeigneten forschungsmethodischen Verfahren zu begleiten, es waren die Ergebnisse auszuwerten und daraus Konsequenzen für die Unterrichtsreihe, das Unterrichten des entsprechenden Kompetenzschwerpunktes bzw. für sich selbst zu ziehen. Als Grundlage dafür mussten die Teams die Planungen, die erhobenen Daten und die Analyse der Daten in einem Dossier zusammenstellen. Da im Verlauf des Weiterbildungsstudiengangs das zugrunde liegende Lehrbildungsgesetz geändert wurde und statt einer Staatsprüfung nun plötzlich eine Masterarbeit zu absolvieren war, bot es sich an, das Aktionsforschungsprojekt als Grundlage für die Masterarbeit zu nehmen. Dies stellte eine unerwartete, andere Belastung für die Lehrkräfte dar als eine Staatsprüfung, ermöglichte es jedoch, die im Aktionsforschungsprojekt gemachten Erfahrungen wesentlich ausführlicher und fundierter darzustellen, als dies in einem „normalen" Abschlussbericht möglich gewesen wäre. Die Ergebnisse von Aktionsforschungsprojekten werden häufig nicht schriftlich niedergelegt, denn „Schreiben ist für viele Lehrer ungewohnt. Für die Lehrer sind der persönliche Erkenntnisprozess, die gewonnene Handlungssicherheit und die Erweiterung des Horizonts in vielen Fällen wesentlich wichtiger als das schriftliche Produkt ihrer Arbeit" (Posch o. J.: 17). Es stellt sich daher die Frage, ob sich der mit dem Schreiben der Masterarbeit verbundene Aufwand für den

Erfolg des Aktionsforschungsprojektes „gelohnt" hat. Dieser Fokus hat zur Folge, dass der Gewinn der Aktionsforschung für die Unterrichtsentwicklung und die persönliche Entwicklung der Weiterbildungs-Studierenden hier nicht bzw. nur durch den Fokus der Masterarbeit betrachtet wird. Wie in vielen anderen Aktionsforschungsprojekten auch waren die Teilnehmerinnen und Teilnehmer trotz der vielen Arbeit schlussendlich sehr zufrieden, wie die folgenden Zitate aus den abschließenden Gruppengesprächen belegen:

> „Der Forschungsansatz hat mich überrascht, weil ich damit wiedergefunden habe, was ich vorher intuitiv gemacht habe."
>
> „Die Schülerseite hat ein wahnsinniges Potenzial. Das Interessante von Aktionsforschung für mich ist, dass man Unterricht planen kann, indem man durch die Augen der Schüler guckt."
>
> „Zum ersten Mal habe ich einen fachdidaktischen Text mit Freude gelesen."
>
> „Mir ging es auch so. Da wurde die Fachdidaktik viel griffiger, weil man so eine konkrete Frage an die Fachdidaktik hat."
>
> „Das Bereicherndste war der Teamaspekt, wie es das so im Lehreralltag nicht gibt: für den eigenen Unterricht, das eigene Verständnis und das Bild, das man von sich hat."

Ausgangssituation, Rahmenbedingungen und formale Ergebnisse

Die insgesamt 12 Aktionsforschungsprojekte in den Fächern Französisch, Spanisch und Italienisch, die im 4. und 5. Fachsemester vorbereitet und durchgeführt wurden, mündeten in insgesamt 28 Master-Arbeiten.

Die Konzeption, Planung und Durchführung der Projekte wurden intensiv unterstützt, u.a. durch zwei Seminare zu den Grundlagen und Instrumenten der Aktionsforschung, durch Studientage, Colloquien sowie durch sprachenspezifische Begleitseminare, in denen die Weiterbildungsstudierenden ihre Projekte vorstellen und diskutieren konnten. Grundlage der Masterarbeiten waren die auf diese Art und Weise unterstützten Aktionsforschungsprojekte.

Die Einführung in kompetenzorientierten Fremdsprachenunterricht erfolgte durch Daniela Caspari. Die folgende Darstellung beruht in erster Linie auf den Gutachten zu den 28 Masterarbeiten (incl. der dort verwendeten Zitate aus den Master-Arbeiten), auf Reflexionsgesprächen mit den Weiterbildnerinnen und auf den Abschlussbefragungen der Studierenden.

Für die Begutachtung der Master-Arbeiten spielte das Gelingen der Unterrichtseinheit keine Rolle, stattdessen waren – wie in anderen Masterarbeiten in der Didaktik auch – neben den üblichen Kriterien wissenschaftlichen Arbeitens die Qualität der Fragestellung, der Darstellung des Kontextes, der fachdidaktischen und forschungsmethodischen Überlegungen, der Datenerhebung und -auswertung sowie die Qualität der aus dem Projekt gezogenen Konsequenzen die leitenden Bewertungskriterien. Darüber hinaus wurden Reflexionen zur Aktionsforschungsmethode positiv bewertet.

Die den Masterarbeiten zugrunde liegenden Unterrichtsreihen waren überwiegend in der Sekundarstufe I, aber auch in der Grundschule und in der gymnasialen Oberstufe angesiedelt und betrafen ganz unterschiedliche Kompetenzschwerpunkte: Am häufigsten wurde der Kompetenzbereich „freies Sprechen" gewählt, am zweithäufigsten das „Schreiben". Daneben wurden die neue, dienende Funktion des Erwerbs von Wortschatz / Redemitteln und Grammatik erprobt. Zwei Masterarbeiten zielten auf eine pädagogische Fragestellung (ideologiekritischer Unterricht im Kontext einer landeskundlichen Unterrichtseinheit) ab und drei Arbeiten nahmen den Aktionsforschungsprozess selbst ins Zentrum[2]. Alle Masterarbeiten wurden bestanden (in zwei Fällen aufgrund des zugrunde liegenden Dossiers), die Noten reichten von 1,0 (3 x) bis 4,0 (3 x), das Gros der Arbeiten siedelte sich im „sehr guten" (10

---

[2]   Die Titel dieser Master-Arbeiten lauten: „Untersuchung von Tondokumenten im Anfangsunterricht Spanisch zum Thema *Quedar con alguién* einer Fachoberschulklasse im Rahmen einer Lernaufgabe bei Spätlernenden der 2. Fremdsprache an einem OSZ", „Prozessorientierte Auswertung von Beobachtungsdaten (Beobachtungsbogen / Transkription) zur Feststellung von Schüleraktivität (im Spanischunterricht)", „Der Lehrer als Forschender und: Mein eigener Professionalisierungsprozess an Hand eines Aktionsforschungsprojektes im Rahmen der Weiterbildung zum Fremdsprachenlehrer".

Arbeiten) und „guten" (9 Arbeiten) Bereich an. Dies stellt für Lehrkräfte, die für die Weiterbildung zwar eine Unterrichtsermäßigung von zunächst drei, am Ende fünf Unterrichtsstunden erhielten, ansonsten aber parallel zum Studium alle ihre schulischen Verpflichtungen erfüllen mussten und fast ausnahmslos noch eine Familie zu versorgen hatten, eine herausragende Leistung dar.

Das fachdidaktische Ziel, die Planung, Durchführung und Reflexion einer kompetenzorientierten Unterrichtsreihe, wurde, unterstützt durch die Seminare, in allen Fällen erreicht. Auch dies ist, vergleicht man es mit anderen Formen der Implementierung bildungspolitischer Neuerungen, ein hervorragendes Ergebnis; es belegt zudem, dass grundlegende Veränderungen des Unterrichts nicht durch punktuelle Fortbildungsmaßnahmen, sondern nur durch einen länger angelegten, begleiteten Prozess zu erreichen sind.

Herausforderungen bei der Darstellung der Aktionsforschungsprojekte in Form einer wissenschaftlichen Abschlussarbeit

Das darüberhinausgehende Ziel, ein Aktionsforschungsprojekt durchzuführen, wurde unterschiedlich gut bewältigt. Während die Anstöße für die Entwicklung der Unterrichtseinheit aus den Lehrer*innen vertrauten, praxisbezogenen Kontexten (insb. Situation der Klasse bzw. der Schule, eigene Unterrichtserfahrungen, Unzufriedenheit mit dem Lehrwerk, Anforderungen des Rahmenlehrplans, Anregungen von Kolleg*innen bzw. aus einem praxisbezogenen Fachartikel) oder aus universitären Lehrveranstaltungen kamen, mussten sie das Projekt im Nachhinein explizit aus einer wissenschaftlichen, d.h. für sie „theoretischen" Perspektive betrachten (vgl. auch Posch o.J.: 16).

Ein nicht unerhebliches Problem stellte dabei die Entwicklung der **Forschungsfrage** für die Masterarbeit dar. Dies liegt zum einen daran, dass, wie es auch bei Regelstudierenden zuweilen vorkommt, es einigen Studierenden trotz Unterstützung nicht gelang, eine fundierte und ausreichend fokussierte Forschungsfrage zu formulieren, die den Prozess der Datenauswahl und -interpretation hätte leiten können. Hierzu ein Zitat aus einem Gutachten: „Im Vergleich zu diesem ausgezeichneten zweiten Kapitel [das den fachdidaktischen Stand der Überlegungen ausgezeichnet wiedergibt], fällt die Darstellung und Auswertung des empirischen Teils deutlich ab. Dies mag […] daran liegen, dass an keiner Stelle eine genaue Forschungsfrage formuliert worden ist."

Die Schwierigkeit, des Ableitens einer Forschungsfrage lag zum anderen auch daran, dass aus den übergeordneten Forschungsfragen, die sich die Teams zu Beginn für ihr Projekt überlegt hatten, für die Masterarbeit (Einzelleistung!) nachträglich individuelle Fragen entwickelt werden mussten. Viele der Weiterbildungsstudierenden hatten damit keine Schwierigkeiten. So wurden z.B. aus einem Projekt mit der übergeordneten Forschungsfrage nach der Förderung des freien Sprechens mithilfe eines italienischen *canzone* folgende drei Masterarbeits-Themen abgeleitet:

1. „Variabilität der Sprachproduktionen im Rahmen einer Unterrichtssequenz zum *canzone* ‚Tanto tanto tanto' von Jovanotti im Anfangsunterricht Italienisch". Dazu führt die Weiterbildungsstudentin aus: „Dieses Phänomen der Variabilität, d.h. der festgestellten Unterschiede in der Sprachproduktion, war Ausgangspunkt für die Formulierung einer Fragestellung, der in dieser Arbeit nachgegangen wird."

2. Der zweite Tridempartner blieb nah an der ursprünglichen Forschungsfrage, fokussierte sie aufgrund der Erfahrungen mit der Reihe im ersten Lernjahr jedoch neu: „Entwicklung des gelenkten freien Sprechens durch den Einsatz der *canzone* ‘Tanto' von Jovanotti im Anfangsunterricht Italienisch. Ein Aktionsforschungsprojekt".

3. Die dritte Tridempartnerin richtete ihr Augenmerk im Nachhinein auf einen ganz anderen Aspekt: „Integrierte Grammatikarbeit im Rahmen einer Unterrichtssequenz zu dem Lied ‘Tanto Tanto Tanto' von Jovanotti im Anfangsunterricht Italienisch".

Bei anderen Weiterbildungsstudent*innen veränderte sich die Forschungsfrage im Laufe des Prozesses von alleine. So stellte eine

Studentin fest, dass die Schüler*innen beim freien Sprechen im Anfangsunterricht viele Fehler machten, die in dem für sie gewohnten, stark gelenkten Unterricht nicht vorgekommen waren: „Es wurde deutlich, dass wir uns bei der Planung über unser Korrekturverhalten keine Gedanken gemacht hatten. Aus diesem Grunde hatten wir die Fehlerkorrektur auch nur am Rande mit in unsere Fragebögen aufgenommen. Deshalb erschien es mir wichtig, mich mit dem Thema Fehlerkorrektur im mündlichen Fremdsprachenunterricht intensiver auseinander zu setzen." Bei einer anderen Studentin lautete das ursprüngliche Thema des Projektes „Erarbeitung eines landeskundlichen Themas", erst im Nachhinein suchte sie in den Planungen und Daten nach Ansatzpunkten, die über das landeskundliche Lernen hinaus der Förderung interkultureller Kompetenzen dienten.

Während das der nachträglich notwendig gewordenen Masterarbeit geschuldete Finden eines eigenen Forschungsschwerpunktes nach dem Durchführen der Unterrichtseinheit von vielen Weiterbildungsstudent*innen als unnötig erachtet wurde, hat genau dies nach Beobachtung der Weiterbildnerinnen dem gesamten Forschungsprozess eine klare Orientierung und Struktur gegeben: Es bot die Möglichkeit, sich einer Frage zu widmen, die nicht von Anfang an als übergeordnetes Ziel der Reihe fungiert hatte, so dass ein für die Auswertung förderlicher größerer innerer Abstand bestand. Außerdem verstand es sich in dieser Situation von selbst, dass dieses neue Thema anhand von fachdidaktischer Literatur erarbeitet werden musste – und dass die ursprünglich zur Planung der Unterrichtsreihe verwendete Literatur hierfür nicht ausreichte. Die besten Master-Arbeiten waren dann auch die, die sich von der ursprünglichen Forschungsfrage des Teams lösen konnten.

Auch die weiteren Schritte des Aktionsforschungsprojektes wurden von den Weiterbildungsstudent*innen überwiegend gut bewältigt, jedoch traten dabei eine Reihe von Schwierigkeiten auf. Eine davon war die **Darstellung der theoretischen Grundlagen**, sowohl jene der Fachdidaktik als auch der Aktionsforschung. Möglicherweise war nicht allen Weiterbildungsstudent*innen in ausreichendem Maße bewusst, dass die Auseinandersetzung mit der entsprechenden Literatur die notwendige Grundlage für die

Erhebung, Darstellung und Interpretation der praxisbezogenen Forschungsfrage bildet (vgl. hierzu auch Posch o. J.: 16). Hierzu ein Zitat aus dem Gutachten für eine „ausreichende" Arbeit: „Für eine Masterarbeit wären jedoch eine sorgfältigere Beschäftigung mit der fremdsprachendidaktischen und der forschungsmethodischen Literatur notwendig gewesen, um zu vertieften Ergebnissen zu gelangen".

Dagegen kann die **Datenerhebung** in den allermeisten Fällen als gelungen betrachtet werden, was angesichts der Tatsache, dass empirische Forschungsmethoden für nahezu alle Student*innen vor den Aktionsforschungsseminaren völliges Neuland darstellten, besonders hervorzuheben ist. Teilweise wurden sehr umfangreiche Erhebungen realisiert und es kam eine Vielzahl von Instrumenten zum Einsatz, vor allem Schülerfragebogen vor und nach der Unterrichtsreihe, Beobachtungsbögen für einzelne Schüler, Tonaufnahmen, Videoaufnahmen, Unterrichtsbeobachtungen der Dozentin und Videographie. In den meisten Fällen wurden die Erhebungsinstrumente gut begründet, in einer Reihe von Arbeiten zudem konsequent aus der Situation des Aktionsforschungsprojektes und / oder der zugrunde gelegten fachdidaktischen Literatur abgeleitet. In einzelnen Arbeiten wird die Qualität der erhobenen Daten explizit diskutiert. So z.B. von einer Studentin, die im Nachhinein die Aussagekraft des ersten Datensatzes (anhand von Strichlisten erstellte Beobachtungsprotokolle) in Frage stellt, weil die Häufigkeit richtiger oder falscher Antworten keine Aussagen über die Qualität der Schüleräußerungen geben könne. Anhand einer qualitativen Auswertung könnten aussagekräftigere Angaben gemacht werden. Eine andere Studentin stellt im Nachhinein fest, dass die Qualität der erhobenen Daten zu relativieren ist: „So ergibt der Prüfprozess insgesamt, dass der Geltungsbereich unserer Datenanalyse vor allem auch in Bezug auf das aktive Schülerverhalten sehr eingeschränkt ist, weil uns hier ‚Klarheit' und ‚begriffliche Schärfe' fehlt."

Auch die Datenanalyse und -interpretation (in diesem Beitrag zusammengefasst mit dem Begriff „Auswertung") sind unterschiedlich, in der Regel aber „gut" bis „befriedigend", in Ausnahmefällen auch „sehr gut" gelungen. Dabei stellten der Bezug auf die

Forschungsfrage, die Erstellung und Orientierung an Kriterien sowie die Präzision im Umgang mit den erhobenen Daten die zentralen Herausforderungen dar. In „sehr guten" Arbeiten gelang es
darüber hinaus die erhobenen Daten zu triangulieren[3]. Während in
einzelnen Arbeiten die „Vermutungen und Erklärungen zur Deutung der Phänomene […] jedoch leider nur wenig in die Tiefe [ge-
hen]", zeichnen sich die „sehr guten" Arbeiten dadurch aus, dass
es der Verfasserin „ausgezeichnet gelingt, die erhobenen Daten as-
pektreich und tiefgehend zu analysieren und zu deuten" oder dass
„[d]ie sorgfältige Analyse und vorsichtige Reflexion der verschiedenen Daten […] aufgrund der Zusammenführung quantitativer
und qualitativer Daten eindrucksvolle Ergebnisse erbringt". Die
letztgenannte Arbeit „bestätigt nicht nur den – in Opposition zu allen Lehrwerken – stehenden methodischen Ansatz [der Gramma-
tikvermittlung], sondern auch die Tatsache, dass der Erwerb von
grammatischen Phänomenen ein langfristiger Prozess ist, für den
es die eine richtige Methode nicht gibt". Auf der Basis dieses fundierten und für die fachdidaktische Diskussion hoch interessanten
Aktionsforschungsprojektes ist denn auch eine Publikation entstanden (Wild & Caspari 2013).

Eine große Hilfe für die Datenerhebung und -auswertung
stellte neben der Unterstützung durch die Dozentinnen die Teamarbeit dar, ohne die eine solch anspruchsvolle und zeitraubende
Arbeit nicht möglich gewesen wäre. Eine andere große Unterstützung insbesondere zum Verfassen der Masterarbeiten stellte die
Tatsache dar, dass das Team vor der Erstellung der Masterarbeiten
gemeinsam – ähnlich wie in einem Forschertagebuch – alle relevanten Unterlagen, Daten, Überlegungen und Auswertungen als

---

[3]   Zitate aus zwei Gutachten: „Besonders hervorzuheben ist die gelungene Trian-
gulation der Daten und der Perspektiven sowohl in der Datenerstellung als
auch in der Auswertung. Zur Beantwortung der Frage nach dem gelenkt-freien
Sprechen werden die verschiedenen Dokumente und Perspektiven miteinander konfrontiert." „Insgesamt zeichnet sich die Darstellung des Forschungsprozess jedoch durch ein hohes Maß an methodischer Reflexion sowie die souve-
räne Zusammenführung mehrerer Datenquellen (Tonaufnahmen der *final task*,
Protokollnotizen eines Auswertungsgespräches, schriftliche Schülerprodukte)
aus."

Leistungsnachweis der Aktionsforschungsseminare in einem Dossier zusammenstellen musste.

Möglicherweise half dieses Dossier auch dabei, den Forschungsprozess abschließend kritisch zu reflektieren. Insbesondere in den „guten" und „sehr guten" Arbeiten gelingt es den Verfasser*innen, ihr Projekt mit kritischer Distanz zu würdigen und Verbesserungsvorschläge zu machen. Ein Student diskutiert am Ende seiner Masterarbeit „sehr gut die Ergebnisse des Projekts und gibt eine umfassende und kritische Reflexion des Forschungsprozesses vor dem Hintergrund der Fachliteratur und der gewonnen Ergebnisse. So relativiert er selbst die Aussagekraft einiger vom Team erhobener Daten, erkennt richtig die fehlende Operationalisierung der Beobachtungsbögen, die noch zu wenig auf die Entwicklung von Schreibstrategien ausgerichteten Aufgaben und entwickelt tragfähige Alternativen zum vorliegenden Konzept". In einigen Arbeiten wird abschließend zusätzlich der Aktionsforschungsprozess beleuchtet: „Die Reflexion des Forschungsprozesses nimmt den zu Anfang erläuterten Aspekt der Aktionsforschung auf und diskutiert kritisch die Ergebnisse des Unterrichtsprojekts vor diesem Hintergrund".

Gewinn durch die Darstellung der Aktionsforschungsprojekte in Form einer wissenschaftlichen Abschlussarbeit

Nach der Darstellung der Resultate, die auf das Erreichen von Gütekriterien abzielen, stellt sich abschließend die Frage nach dem Gewinn der Masterarbeiten für die beteiligten Weiterbildungsstudent*innen. Hier ist eine Diskrepanz festzustellen: In den Gruppendiskussionen, die wir nach der Abgabe der Masterarbeit durchgeführt haben, empfanden einige das Verfassen nach Abschluss der Unterrichtsreihe als zusätzliche Belastung ohne weiteren, zumindest aber ohne bedeutsamen weiteren Erkenntnisgewinn. Dagegen steht die Wahrnehmung anderer Student*innen, die gerade das Schreiben der Masterarbeit als Gewinn ihrer Forschungsarbeit ansahen, sowie der Weiterbildnerinnen, die sich auf die Beobachtung des Schreibprozesses, vor allem aber auf die Ergebnisse der Masterarbeiten stützt.

Insbesondere die Weiterbildungsstudent*innen, die nicht die ursprüngliche Forschungsfrage des Projektes, sondern eine neue Frage bearbeitet hatten, kamen am Ende zu tiefgehenden bzw. weitreichenden Ergebnissen, die sie zuvor nicht haben konnten. So schloss die Studentin, die der Frage nachgegangen war, warum die Schüler*innen nicht das lernen, was Lehrer*innen ihnen beibringen wollen, die Arbeit mit „einer mutigen persönlichen Stellungnahme. [...] Dabei stellt sie fest, dass die Schüler, anders als die Lehrkräfte vermutet hatten, viel gelernt haben, aber eben nicht genau das, was sie sich wünschten. Daraufhin [ging] sie die Ebenen der Unterrichtsplanung und Durchführung kritisch durch und zeigt[e] Aspekte auf, die zu den o.g. Ergebnissen geführt haben könnten: Unklarheiten in der Zielsetzung der Unterrichtsreihe, in der Aufgabenformulierung und der Datenerhebung." Eine andere Studentin betrachtete am Ende ebenfalls die Rahmenbedingungen der – in diesem Fall schon zuvor als „gelungen" evaluierten – Unterrichtseinheit: „In der abschließenden Reflexion diskutiert Frau [...] überzeugend die Möglichkeiten, das Potenzial von Lernaufgaben auszuschöpfen. Sie verweist ferner auf die besonders günstigen Voraussetzungen ihrer Lerngruppe, die sich mit dieser Lernaufgabe auf ein tatsächlich stattfindendes Ereignis, eine Studienfahrt, vorbereitete, ferner auf den kollegialen Austausch in der Teamarbeit der aktionsforschenden Lehrkräfte. Sie überlegt weitere Verbesserungsvorschläge [...] sowie weitere Produktverwendung in den nächsten Lernaufgaben. Ihren persönlichen Lernzuwachs kann sie ebenfalls überzeugend darlegen." Und eine andere Studentin nutzte die Gelegenheit, „in ihrer Gesamtreflexion [...] auf weitere, nicht direkt zum Thema gehörende Aspekte ein[zugehen] und u.a. die Rolle von Lehrenden und Lernenden im ganzheitlichen Fremdsprachenunterricht der Grundschule [zu erörtern]".

In wenigen Fällen stellten sich auch die Projektleiterinnen die Frage nach dem Ertrag: „Der ‚Ausblick und Schlussbemerkungen' (sic) weisen auf den zyklischen Charakter eines Aktionsforschungsprojektes hin und bewerten den Ertrag des Projektes für den Verfasser (Planungsalternativen) und die Schüler, [...] dass sich im Verlauf der Unterrichtsreihe am Schluss deutlich mehr einen wirklichen Einkauf zutrauen' (S. 32). Ob für dieses Ergebnis jedoch der

Aufwand des Aktionsforschungsprojektes notwendig war, ist fraglich".

Für einige andere Studentinnen und Studenten stellten sie zumindest in Teilbereichen einen Ertrag fest: „Positiv dagegen ist die selbstkritische Reflexion ihres Lehrer-Verhaltens zu vermerken. Sie erfüllt somit einen zentralen Aspekt von Aktionsforschung, die eigene Entwicklung [der Studentin] nachzuzeichnen: Vor und während der Projektdurchführung war ihr Planen und Handeln überwiegend auf Vermutungen gestützt, durch das Projekt gelangte sie dazu, nachzufragen, nach möglichen Gründen zu forschen sowie das eigenen Verhalten in Frage zu stellen. Frau […] zeichnet in ihrer Arbeit die für die Aktionsforschung wesentliche Aktions-Reflexions-Aktionsspirale nach.", „In dieser Masterarbeit wird deutlich, dass die Verfasserin in der Lage ist, ein für sie neues Prinzip fremdsprachlichen Unterrichts überzeugend in einer Lernaufgabe zu konkretisieren, diese angemessen zu realisieren und die dabei erbrachten Schülerleistungen umfassend zu evaluieren. Die Schwächen der Arbeit liegen denn auch eher im wissenschaftlichen Teil, d.h. der fundierten Ableitung einer präzisen Forschungsfrage, der begründeten Auswahl und Analysemethode der erhobenen Daten und der Reflexion des Forschungsprozesses".

Offensichtlich konnten vor allem die Weiterbildungsstudent*innen den größten Gewinn aus der nachträglichen Beschäftigung mit dem Aktionsforschungsprojekt ziehen, die sich auf die sorgfältige (Re-)Analyse der erhobenen Daten und damit auf den zyklischen Prozess der Aktionsforschung einließen: „Frau […] beweist in ihrer Masterarbeit die erfolgreiche Anwendung des erworbenen fachlichen und methodischen Wissens für die detaillierte Analyse und kritische Interpretation ihrer Unterrichtseinheit. Die Ergebnisse beweisen, dass sich diese Mühe lohnt, weil dadurch nicht nur Einzelaspekte für die methodische Verbesserung von Aufgaben und Übungen, sondern Erkenntnisse zu zentralen Aspekten der Sprechförderung gewonnen wurden." Dies gilt auch für den Fall, dass die Qualität der während des Projekts erhobenen Daten nicht hoch war: „Trotzdem [trotz eingeschränkter Qualität der Daten], so die differenzierte Beurteilung im abschließenden 4. Kapitel, sei das Aktionsforschungsprojekt nicht gescheitert: Auch wenn die Beobachtungsinstrumente ‚zwar durchaus objektiv, aber nicht reliabel oder valide' (S. 26) seien, so habe es sowohl auf unterrichtsmethodischer als auch auf forschungsmethodischer Ebene großen Erkenntnisgewinn für die Beteiligten gegeben – und gerade durch diesen prozesshaften Erkenntnisgewinn sei Aktionsforschung schließlich charakterisiert." Und es gilt sogar für den Fall, dass die Unterrichtseinheit nicht erfolgreich verlaufen war: „Dies bedeute nicht, den Weg der integrierten Grammatikarbeit aufzugeben, es bedeute eher, den forschenden Blick auf den Unterricht beizubehalten und weiterhin Aktionsforschung zu betreiben. Als ganz persönlichen Lernzuwachs sieht [die Studentin] das Einholen der Schülermeinung an, das ihr neue Perspektiven auf den Unterricht ermöglichte".

Einen wichtigen Beitrag zu einer solch distanzierten und nicht unmittelbar bewertenden Reflexion leistet unserer Beobachtung nach die kollegiale Unterrichtsbeobachtung innerhalb der Teams: „Zu diesem Erkenntniskomplex gehört auch zu erleben, dass gerade wir Lehrer dazu neigen, sehr schnell zu beurteilen und Verbesserungsvorschläge für Unterricht zu machen, anstatt erst einmal zu beobachten und nach bestimmten Kriterien zu analysieren, ohne zu bewerten" (Zitat aus einem Gruppengespräch). Aus diesem Grund würden wir für ein erneutes Aktionsforschungsprojekt trotz aller damit verbundenen organisatorischen Probleme wieder Projektteams bilden lassen.

Insgesamt bestätigen unsere Erfahrungen mit der Darstellung und Analyse des Aktionsforschungsprozesses im Rahmen einer Masterarbeit die von Posch (o.J.: 16-17) formulierten:

> „Das Schreiben von Studien und in diesem Rahmen vor allem die Analyse von Daten (der im engeren Sinn „theoretische Kern" der Aktionsforschung) bereiten den meisten Lehrer/innen [...] ebenfalls große Schwierigkeiten. Dies dürfte mit dem relativ geringen Stellenwert wissenschaftlicher Literatur zusammen hängen [sic]. Möglicherweise ist aber der Handlungsdruck, unter dem Lehrer/innen stehen, ein Grund, weshalb ihnen die wichtige Unterscheidung von Entwicklungsinteresse (Was möchte ich verbessern?) und Erkenntnisinteresse (Was genau ist vorgefallen?) schwer fällt [sic] und das Erkenntnisinteresse als eigenständige und für die Forschung grundlegende Kategorie erst bewusst werden muss. [...] Vielen wird erst bei Abschluss der Studien bewusst, dass die Herausforderungen, die mit den Bemühungen

um eine schriftliche Fassung ihrer Arbeit verbunden waren, einen wesentlichen Beitrag zu diesem Erkenntnisprozess geleistet haben".

4.3 Das dritte Projekt: Erprobung kollegialer Hospitation und Beratung

Nach Abschluss des zweiten Projekts hatte das aktuelle Team der Weiterbildnerinnen die Chance, sich selbst als Aktionsforscherinnen weiterzubilden und zu erproben, ob und wie die Methode auf andere Fortbildungssituationen übertragen werden kann, z.B. auf die 2. Phase der Lehrerbildung oder auf andere Qualifizierungsmaßnahmen etc. Die Funktion einer „Ausbildnerin *inter pares*" habe ich, G. Bergfelder-Boos, die ich inkl. eines hier nicht dargestellten Pilotprojekts nun schon drei Aktionsforschungszyklen durchlaufen hatte, übernommen.

Einstieg: Professionalisierung von Weiterbildnerinnen

Der Einstieg war diesmal die Absicht des Weiterbildnerinnen-Teams, sich für den Einsatz von Aktionsforschung weiter zu professionalisieren, und die Vermutung, dass dies am besten durch eigenes Ausprobieren gelingt – durch Aktionsforschungsprojekte, die Fragen des eigenen Berufsfeldes und der Weiterbildung miteinander verknüpfen. Insofern ist der Einstieg gleichzeitig als Aktion (Punkt F) einer Akteure-Gruppe des vorangegangenen Aktionsforschungs-Zyklus zu verstehen.

Datenerhebung: Forschungsinstrumente zur Verbesserung der Lehre

Als das jeweils zu erforschende Arbeits- bzw. Berufsfeld wurden die aktuellen Arbeitsfelder der Weiterbildnerinnen festgelegt. In einem Fall war es ein fachdidaktisches Seminar an der Freien Universität Berlin. Hier wurden Formen der Ergebnissicherung erforscht und erprobt. Im anderen Fall war es der schulische Fremdsprachenunterricht in Klasse 7. Hier zielte die Forschungsfrage auf die Erprobung von Aufgabenformaten und Lernarrangements, um situationsangemessen längere, ausführlichere mündliche Äußerungen der Schüler*innen gezielt zu unterstützen. Das Berufsfeld der Weiterbildung wurde dadurch integriert, dass in beiden Fällen einige

für die Fort- und Weiterbildung sowie für die schulische Aktionsforschung relevante Forschungsinstrumente erprobt wurden: das
Geben und Nehmen von (direkter und videogestützter) Beobachtung, die kollegiale Hospitation und Beratung sowie das Erstellen
und Auswerten von Beobachtungs- und von Fragebögen.

Datenauswertung: Interpretation der Unterrichtsergebnisse

Die Phase der Interpretation erfolgte zum einen mündlich-spontan
während der gegenseitigen kollegialen Hospitation und Beratung.
Zum andern erfolgte sie schriftlich durch Erarbeitung eines individuellen Dossiers zur Aktionsforschung.

Reflexionen der aktionsforschenden Weiterbildnerinnen

Die Reflexionen der Weiterbildnerinnen kreisen um die Potenziale
der Forschungsinstrumente zur Verbesserung der Lehre bzw. des
Unterrichts und um die Schwierigkeiten ihres Gebrauchs.[4]

Beobachten, Forschen und Beraten

„Wenn man eine For-
schungsfrage formuliert
und das selbst ausprobiert,
fallen einem die Knack-
punkte viel eher auf."

Die **Weiterbildnerinnen** stellen
fest: Das Ausprobieren von Aktionsforschung, vor allem das Verfolgen einer Forschungsfrage im
eigenen Unterricht bzw. in ihrer eigenen Lehre, führte sie zur Entdeckung von Kernpunkten ihrer Praxis.

---

[4]   Die Zitate stammen aus den Dossiers der Weiterbildnerinnen. Es handelt es sich
um retrospektiv niedergeschriebene Kommentare aus den Reflexionsgesprächen.

„Wenn man selbst schon mal beobachtet hat, setzt man beim Formulieren von eigenen Beobachtungsbögen quasi selbst die „Beobachterbrille" auf und merkt, was beobachtbar ist und was nicht."

Beim Erproben der Forschungsinstrumente entdeckten sie deren Potenziale für die Strukturierung des Unterrichts bzw. der Lehre. Das Entwerfen und Auswerten von Beobachtungsbögen machte sie u.a. aufmerksam auf die Formulierung von Kriterien beobachtbarer Aktionen. Darüber hinaus wurde ihnen bewusst, woran genau sie erwünschte Veränderungen festmachen können.

Die komfortable Situation, Zeit und Gelegenheit zur Aktionsforschung zu haben, bot die Chance, Forschungsinstrumente auszuprobieren. Sie machte aber auch auf die Grenzen der eigenen Möglichkeiten und vor allem auf die Problematik wissenschaftlichen Forschens unter Alltagsbedingungen in der Schule aufmerksam, denn:

„Bei Aktionsforschung gilt es,
den wissenschaftlichen Anspruch, der im Begriff „Aktionsforschung" steckt,
und die eigenen Möglichkeiten in eine fruchtbare Balance zu bringen."

Als besonders schwierig wurde die Beratungssituation empfunden, bei der Beobachtungen aus der Eigen- und Fremdwahrnehmung ausgetauscht werden, wobei Bewertungen von Seiten des bzw. der Feedback-Gebenden unbedingt zu vermeiden sind (Buhren 2011, 70). Eine besondere Herausforderung für die Feedback-Gebenden bestand in der Anwendung des „sokratischen Prinzips", mit dessen Hilfe die Gesprächspartner*innen dazu gebracht werden sollen, die entscheidenden Fragen selbst zu finden, um anschließend gemeinsam Lösungen zu besprechen und die Beratung in konkrete, praktisch umsetzbare Zielvereinbarungen münden zu lassen (vgl. die Kommunikationsregeln in Buhren 2011, 72-73). Von dem Beratungsteam wurde die Situation wie folgt empfunden:

Vom Weiterbildnerinnen-Team:

> „Gar nicht so einfach, keine Ratschläge zu geben, wenn man merkt, dass der andere das eigentlich möchte, und sich da an das „sokratische Prinzip" zu halten."

Von der „Ausbildnerin *inter pares*":

> „Gar nicht so einfach, keine Ratschläge zu geben, wenn man meint, es besser zu wissen."

Wie aber kann es gelingen, dass in einem Beratungsgespräch die zu Beratenden die Lösung des Kernproblems selbst finden und daraus einen Aktionsplan formulieren? Die Antwort wurde in Reflexionsgesprächen erörtert und in einem Leitfaden zur Konzeption von Beratungsgesprächen niedergelegt, in denen das o.g. sokratische Prinzip eine zentrale Rolle spielt. Der Leitfaden enthält u.a.

- einen Zeitplan, der die Vorbereitung der Beobachteten und der Beobachtenden auf das Gespräch, die Durchführung und Nachbereitung des Gesprächs auflistet,
- einen Ablaufplan des Gesprächs, der den Einstieg, die Abfolge von Beobachtungen beider Gesprächspartner*innen, die Auswertung der Beobachtungen anhand von gemeinsam festgelegten Kriterien, die Erarbeitung einer Lösung und Formulierung eines Zieles zur Veränderung der Unterrichtspraxis umfasst, sowie
- Regeln zur Gesprächsführung (vgl. Bergfelder-Boos 2011, Bannasch & Bergfelder-Boos 2019 i.V.).

5. Ergebnis der drei Projekte: Aktionsforschung als Beitrag zu einer umfassenden Professionalisierung

Die in den drei Projekten gewonnenen Erkenntnisse im Hinblick auf die Professionalisierung durch Aktionsforschung lassen sich mithilfe der von Nora Benitt (2014) entwickelten drei Dimensionen professioneller Entwicklung zusammenfassen. Diese sind:

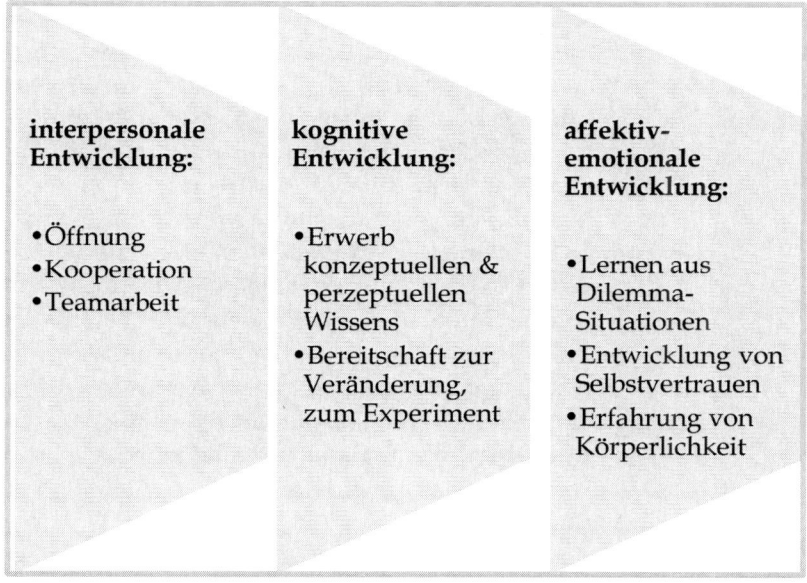

interpersonale Entwicklung:

- Öffnung
- Kooperation
- Teamarbeit

kognitive Entwicklung:

- Erwerb konzeptuellen & perzeptuellen Wissens
- Bereitschaft zur Veränderung, zum Experiment

affektiv-emotionale Entwicklung:

- Lernen aus Dilemma-Situationen
- Entwicklung von Selbstvertrauen
- Erfahrung von Körperlichkeit

Abb. 6   Drei Dimensionen professioneller Entwicklung (nach Benitt 2014)

Den Ergebnissen ihrer und der Forschung des Weiterbildnerinnen-Teams der Freien Universität Berlin folgend lässt sich der Gewinn von Aktionsforschung den drei Dimensionen entsprechend wie folgt zuordnen:

- Aktionsforschung bietet die Möglichkeit, interpersonale Fähigkeiten durch Öffnung des Unterrichts weiterzuentwickeln. Denn: Sie öffnet den Klassenraum für interessierte

Kolleg*innen innerhalb eines Faches oder fachübergreifend und bietet damit Anlässe zum pädagogischen Diskurs sowie ein Konzept zur Umsetzung eigener innovativer Ideen wie auch von außen herangetragener neuer Anforderungen, wie z.B. bei der Arbeit an Schulentwicklungsprogrammen oder an schulinternen Curricula. Aktionsforschung fordert und fördert Teamarbeit in einem tieferen Sinne, nämlich der Bereitschaft, sich als Kolleg*innen aufeinander einzulassen und von- und miteinander zu lernen.

- Aktionsforschung ermöglicht die Weiterentwicklung kognitiver Fähigkeiten. Es wird neues Wissen nicht nur über, sondern auch für den Unterricht erworben. In der Weiterbildungssituation handelt es sich um Wissen, das zum einen durch wissenschaftliche Auseinandersetzung mit praxisrelevanten Wissensbeständen erworben, zum anderen in der Praxis erfahren und aus ihr hervorgebracht wurde, also um konzeptionelles und perzeptionelles Wissen. Außerdem fördert es die Fähigkeit, einfache Erhebungs- und Auswertungsinstrumente zu verwenden, um über das eigene Bauch-Gefühl hinaus „objektive" Erkenntnisse über den eigenen Unterricht zu gewinnen. Wenn die Erforschung des eigenen Unterrichts mit (auch) positiven Erfahrungen und neuen Erkenntnissen verbunden ist, wie es in unseren Projekten der Fall war, fördert es die Bereitschaft zur Veränderung.

- Aktionsforschung fördert die affektiv-emotionale Entwicklung, was besonders das erste Aktionsforschungsbeispiel, das Erzählprojekt, zeigte. Hier wurde deutlich, dass die Bewältigung von Dilemma-Situationen bzw. das Meistern besonderer Herausforderungen das Selbstvertrauen steigerte. Die Körperlichkeit der Erfahrung war dabei ein wesentlicher Faktor.

Zur affektiv-emotionalen Entwicklung gehört ebenfalls der Prozess, sich darauf einzulassen, gemeinsam Unterricht zu planen und sich dabei der unterschiedlichen Vorstellungen von gutem Unterricht bewusst zu werden, die eigene Klassenzimmertür zu öffnen, vor und mit Kolleg*innen zu unterrichten und gemeinsam die – nicht immer schmeichel-

haften – Forschungsdaten auszuwerten und kriteriengelei-
tet zu interpretieren, ohne sie vorschnell zu bewerten oder
Verbesserungsvorschläge zu formulieren. Das Einüben einer solchen Haltung ist u.E. ein wesentlicher Beitrag zur
professionellen Entwicklung.

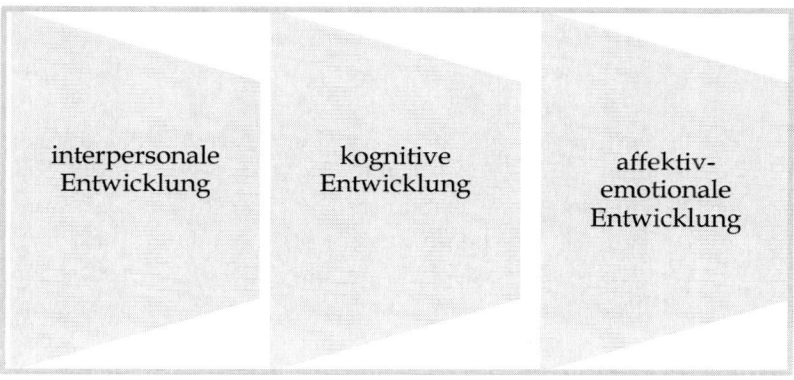

**Abb. 7   Umfassende Professionalisierung durch Aktionsfor-
schung**

Der Einsatz der Aktionsforschungsmethode führt zu einer umfassenden Professionalisierung, denn sie findet in allen drei Dimensionen statt, und die darin entwickelten Kompetenzen bedingen einander. Dies lässt sich auf die charakteristischen Merkmale von Aktionsforschung (vgl. Altrichter & Posch 2007, 13-18) und ihr Zusam-
menwirken zurückführen.

Aktionsforschung ist:

partizipatorisch – situativ & handlungsorientiert –
multiperspektivisch – kollaborativ.

- Aktionsforschung von Lehrkräften ermöglicht deren
  Partizipation an der Unterrichtsforschung, an aktueller
  fachwissenschaftlicher und (fach-)didaktischer Diskussion
  und Innovation, denn die Lehrkräfte agieren als Subjekte
  der Forschung.

- Partizipation an der Unterrichtsforschung wird im eigenen Handlungsfeld der Lehrkräfte realisiert. Forschungsfragen und -ziele sind auf den eigenen Unterricht bezogen, die Ergebnisse der Forschung werden auch dort umgesetzt. Die Forschung der Lehrkräfte ist somit situativ und handlungsorientiert. Die Weiterbildungssituation bietet darüber hinaus die Chance, Forschungsfragen und methodisches Vorgehen kontinuierlich an wissenschaftlichen Kriterien zu orientieren und zu überprüfen.

- Die Prinzipien der Partizipation und der Handlungsorientierung werden durch die Mehrperspektivität der Aktionsforschung verstärkt. Der Forschungsgegenstand wird aus der Perspektive der forschenden Lehrkräfte, ihrer Lerngruppen und der sie unterstützenden Begleitpersonen, z.B. Dozentinnen und Dozenten sowie Coaches der Fort- und Weiterbildung, in den Blick genommen. Aktionsforschung in der Weiterbildung bietet besondere Chancen, die Perpektiven von Wissenschaftler*innen und von Praktiker*innen sowie von Lehrenden und Lernenden zu vergleichen und zusammenzuführen.

- Die Mehrperspektivität von Aktionsforschung wird auf der Handlungsebene kollaborativ durch Teamarbeit realisiert. Als Team können die Handlungsforschenden selbst agieren (unserer Erfahrung nach am besten im Duo), am besten, indem sie einer gemeinsamen Forschungsfrage mit einer gemeinsam unterrichteten Lerngruppe nachgehen und dabei Teamteaching betreiben. Ein Team kann auch die gesamte Weiterbildungsgruppe bilden, indem sie ein gemeinsames Thema bearbeitet und sich über Fragen, Probleme, Ergebnisse und Erfolge ihrer Aktionsforschung austauscht. Wichtig ist, dass die beteiligten Personen einen (Frei-) Raum für ihre gemeinsame Arbeit erhalten und dass ihr Engagement unterstützt wird. Ohne dies drohen auch mit viel Engagement gestartete Aktionsforschungsprojekte in den vielfältigen, immer akuten täglichen Anforderungen an Lehrer*innen zu „versanden".

6. Potenziale von Aktionsforschung und pädagogisch-didaktische Innovationsmerkmale universitärer Lehre im Vergleich

Legt man die von Jütte & Walber & Lobe (2017, 6) vorgenommene Systematisierung pädagogisch-didaktischer Innovationsmerkmale universitärer Lehre zugrunde, so weisen die Potenziale von Aktionsforschung in der Weiterbildung ebenfalls ein hohes Innovationspotenzial auf. Die Verfasserinnen und Verfasser unterscheiden bei den Innovationsmerkmalen zwischen Inhalten, Programmen, Arbeitsformen und Zielgruppen bzw. der Reichweite der Innovationen.

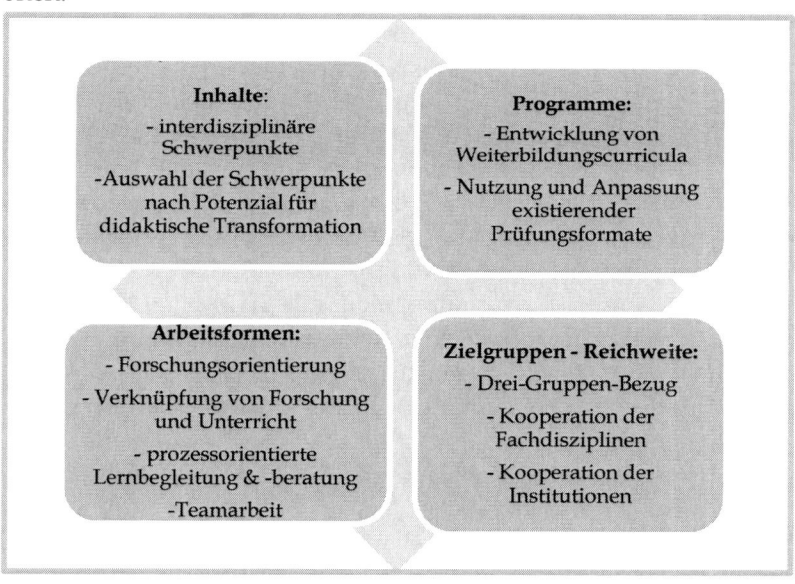

Abb. 8   Merkmale innovativer Lehre (nach Lütte & Walber & Lobe 2017, 6)

Ordnet man die Potentiale der Aktionsforschungsprojekte diesen Feldern zu, so ergibt sich folgendes Bild:

- Bezogen auf die Inhalte der Lehre beruht die Innovation in den Weiterbildungs-Beispielen auf der interdisziplinär angelegten Schwerpunktsetzung und auf der Auswahl der Schwerpunkte, die Potenzial zur didaktischen Transformation und zur Anwendung in der Praxis enthalten. Dazu gehören in unseren Fällen u.a. die Erforschung narrativer Kleinformen wie dem Erzählen oder von Diskursformen wie dem Erzählen, Beschreiben, Argumentieren auf literaturwissenschaftlicher, linguistischer, literaturdidaktischer und performativer Ebene oder die Erprobung von Unterrichtsmethoden und Arbeitsformen.

- Bezogen auf die in der Lehre genutzten Programme beruht die Innovation auf der Entwicklung eines spezifischen Weiterbildungs-Curriculums, das die Professionalisierung der Teilnehmenden des Studiengangs und die Anwendbarkeit des zu erwerbenden Wissens und Könnens in den Blick nimmt und das Aktionsforschungsmodul als Pflichtmodul in den Studiengang integriert. Neue Wege wurden auch mit der Anpassung der Prüfungsformate an die Studieninhalte und Arbeitsformen beschritten. So stellte beim ersten Projekt, das sich das Erproben des mündlichen Erzählens zum Ziel gesetzt hatte, die Durchführung und Dokumentation des Aktionsforschungsprojekts eine Prüfungsleistung im Bereich der Fachdidaktik dar. Beim zweiten Projekt, das sich die Erprobung von Lehr- / Lernformen des kompetenzorientierten Fremdsprachenunterrichts vorgenommen hatte und bei dem verschiedene wissenschaftliche Forschungsinstrumente zum Einsatz kamen, waren die Dokumentation und Reflexion des Aktionsforschungsprozesses und der Forschungsergebnisse für die Weiterbildungs-Studierenden Gegenstand der Masterarbeit.

- Bezogen auf die Arbeitsformen besteht die Innovation in der Forschungsorientierung der Lehre, d.h. in der Qualifizierung der Weiterbildungs-Studierenden für eigenes Forschen und der Begleitung ihrer Forschungsprojekte. Damit verbunden ist die Verknüpfung von Forschung und Unterricht sowie die prozessorientierte Lernbegleitung und -beratung durch die Dozentinnen der Weiterbildung. Nicht zu vernachlässigen ist überdies die verpflichtende Teamarbeit unter den Weiterbildungs-Studierenden, die angesichts ihrer vielfältigen anderen Verpflichtungen und der langen Wege zwischen den Schulen zunächst als „nicht machbar" abgelehnt wurde, schließlich aber als große, auch persönliche Bereicherung gewertet wurde.

- Bezogen auf die Zielgruppen bzw. die Reichweite der Programme beruht die Innovation auf der Kooperation der Fachdisziplinen (inhaltlicher Schwerpunkt des Curriculums auf „Narrativität") sowie der Kooperation der Institutionen und ihrer Akteur*innen (Institut für Romanische Philologie, Zentrum für Lehrerbildung, Senatsverwaltung, Schulen). So intervenierten im Arbeitsfeld der Hochschule sowohl universitäre Dozent*innen unterschiedlicher Fachdisziplinen als auch Fachkräfte der Fort- und Weiterbildung. Die Lehrkräfte der Weiterbildung nahmen sowohl an der regulären universitären Lehre als auch an speziell für sie eingerichteten Kursen teil, sodass sie sowohl mit Regel-Studierenden als auch mit ihren Kolleg*innen kooperierten. Diese Kooperation war bereits bei der Einrichtung der Weiterbildungsstudiengänge beschlossen worden, sie hat die erfolgreiche Durchführung der Aktionsforschungsprojekte unterstützt.

Es sind die vielfältigen Formen der Kooperation, die den eingangs dargestellten Drei-Gruppen-Bezug (vgl. Abschnitt 1) ermöglichen. Jede der drei beteiligten Gruppen zieht Gewinn aus der Aktionsforschung, jede Gruppe für ihr Arbeitsfeld und für ihre eigene professionelle Weiterentwicklung.

7. „Gelingensbedingungen" der Aktionsforschung in der Weiterbildung

Die Erfahrungen mit dem Einsatz von Aktionsforschung in der Weiterbildung „Romanische Sprachen" haben ergeben, dass für das Gelingen der Forschung vor allem die Rahmenbedingungen, das Finden und Formulieren der Forschungsfragen sowie die Wahl und Anwendung der Forschungsinstrumente von Bedeutung sind.

- Günstige Rahmenbedingungen sind gegeben, wenn entweder an bereits vorhandenen inhaltlichen Interessen der Teilnehmenden angeknüpft oder im Vorfeld Interesse für die Thematik geweckt werden kann. Bei den ersten beiden Projekten entstand dies insbesondere durch die im Vorfeld besuchten Lehrveranstaltungen und die Anforderungen des damals neuen Berliner Rahmenlehrplans hinsichtlich der Kompetenzorientierung. So kann am ehesten Motivation zur Öffnung und zur Veränderung des eigenen Unterrichts entstehen. Darüber hinaus sind verbindliche Absprachen und Regeln zur Planung und Durchführung der Forschung wichtig für das Gelingen der Projekte. Professionelle Begleitung und Unterstützung der Teams sowie regelmäßige Colloquien, bei denen die Teilnehmenden ihre Projekte vorstellen, reflektieren und gemeinsam mit den anderen Forschenden und den Dozentinnen beraten, bilden wesentliche Voraussetzungen für eine kontinuierliche, mehrperspektivisch reflektierte Realisierung der Forschungsetappen. Für die Aktionsforschung der Weiterbildnerinnen waren regelmäßige Colloquien sowohl zur Präsentation ihrer Forschungsprojekte als auch zur Erarbeitung und Anwendung der Forschungsinstrumente wichtig.

- Bei der Themenfindung sind nicht ausschließlich die persönliche Relevanz, der Bezug zur Unterrichtssituation und zur aktuellen fachdidaktischen Diskussion sowie das Potenzial zur Verbesserung der aktuellen Situation von Bedeutung. Wichtig für die Weiterbildungs-Studierenden ist darüber hinaus die funktionale Eingrenzung und präzise Formulierung der Projektforschungsfrage mit Hilfe erfahrener Forscher*innen. Denn nur wenn die Forschung unter den gegebenen Bedingungen auch tatsächlich durchgeführt und zu einem Ende gebracht wird, können die oben dargestellten Potenziale wirksam werden. Ansonsten ist die Gefahr groß, dass sich die Absicht in ihr Gegenteil verkehrt und das für Praktiker*innen im Vergleich zur „Praxis" in der Regel deutlich niedrigere Prestige selbst unterrichtsbezogener Forschung weiter sinkt.

- Die Frage der „Machbarkeit" der Forschung stellt sich auch im Hinblick auf Planung und Durchführung der Datenerhebung und -auswertung. Für die Aktionsforschung der Weiterbildungs-Studierenden haben sich als handhabbare Erhebungsinstrumente die schriftliche Befragung, die direkte und indirekte Beobachtung (Audio- und Videoaufnahmen) sowie das Sammeln und Dokumentieren von Schülerarbeiten erwiesen. Eine professionelle Transkription, z.B. von Videoaufnahmen, ist von den Lehrkräften nicht zu leisten. Für die Datenauswertung empfehlen sich daher die Sequenzierung der Audio- und Videoaufnahmen und die funktionale Transkription von zentralen Passagen. Eine vornehmlich theoriegeleitete kritielle Analyse erwies sich als handhabbares Instrument der Datenauswertung, wobei jedoch selbst in den Masterarbeiten nur kleinere Teile der erhobenen Daten tatsächlich ausgewertet werden konnten. Es ist daher zu überlegen, ob nicht auch die Datenauswertung stärker arbeitsteilig erfolgen sollte, was jedoch vermutlich die subjektive Bedeutsamkeit der Ergebnisse für die nicht in die Planung und Durchführung des Unterrichts involvierten Personen reduzieren dürfte. Eine andere Möglichkeit bestünde bei mehrjährigen Weiterbildungsmaßnahmen darin, zwei Aktionsforschungsprojekte durchzuführen, was eine größere Souveränität im Gebrauch der Forschungsinstrumente bewirken dürfte. Die Erfahrungen und Ergebnisse der Aktionsforschung der Weiterbildungsstudierenden bewog die forschenden Weiterbildnerinnen, die Einsetzbarkeit der o.g. Erhebungsinstrumente selbst zu erproben. Auch hier erwies sich die theoriegeleitete kritielle Analyse zentraler Passagen als handhabbares Instrument der Auswertung. Die arbeitsteilige Sequenzierung und Transkription ausgewählter Passagen wurde als besonders hilfreich angesehen.

Insgesamt plädieren wir aufgrund unserer Erfahrungen nachdrücklich für den Einsatz von Aktionsforschung in Weiterbildungsmaßnahmen für Lehrkräfte. Sie hat sich in allen drei Projekten als Instrument bewährt, um erfahrene Praktiker*innen davon zu überzeugen, dass eine zielgerichtete und nachhaltige Veränderung von Unterricht am besten kollaborativ, systematisch und unter Rückgriff auf die zu Beginn eher als Zumutung empfundene fachdidaktische und forschungsmethodische Literatur, d.h. theoriegeleitet, erfolgt. Unserer Überzeugung nach konnten wir durch diese Erfahrung einen nachhaltigen Beitrag zur Professionalisierung der Lehrkräfte leisten. Ob und in welcher Form Aktionsforschung sinnvoll in Lehrerfortbildungen eingesetzt werden kann, hängt stark von der Dauer der Maßnahmen und den Zielsetzungen ab. Aktionsforschung als Instrument der Ausbildung von Studierenden (vgl. u.a. García García 2019) erachten wir dagegen als nicht sinnvoll, weil sie zunächst die notwendigen Kompetenzen für die Planung und Durchführung von Fachunterricht inkl. Classroom-Management erwerben müssen, bevor sie innerhalb dieser Komplexität gezielt einzelne Aspekte erforschen und verändern können. Dagegen könnten Projekte innerhalb des Praxissemesters, in denen die Studierenden ihre Mentoren und Mentorinnen bei einem Aktionsforschungsprojekt unterstützen, für beide Beteiligten bereichernd sein (vgl. Caspari 2019, Bannasch & Bergfelder-Boos 2019 i.V.).

Literaturverzeichnis:

ABENDROTH-TIMMER, Dagmar. 2017. „Reflexive Lehrerbildung und Lehrerforschung in der Fremdsprachendidaktik: Ein Modell zur Definition und Rahmung von Reflexion". In: *Zeitschrift für Fremdsprachenforschung* 28, 1, 101-126.

ALTRICHTER, Herbert & Posch, Peter. 2007. Lehrerinnen und Lehrer erforschen ihren Unterricht. Unterrichtsentwicklung und Unterrichtsevaluation durch Aktionsforschung. 4., überarbeitete und erweiterte Auflage. Bad Heilbrunn: Klinkhardt.

ALTRICHTER, Herbert & AICHNER, Waltraud & SOUKUP-ALTRICHTER, Katharina & WELTE, Heike. 2010. „PraktikerInnen als ForscherInnen. Forschung und Entwicklung durch Aktionsforschung". In: Friebertshäuser, Barbara & Langer, Antje & Prengel, Annedore. edd. *Handbuch qualitative Forschungsmethoden in der Erziehungswissenschaft*. Weinheim: Juventa, 803-818.

BANNASCH, Claudia & BERGFELDER-BOOS, Gabriele. 2019. *Materialsammlung zur Aktionsforschung in Schule und Hochschule.* Online: http://www. geisteswissenschaften.fu-berlin.de/we05/romandid/fort-und-weite rbildung/aktionsforschung/ [i.V.].

BERGFELDER-BOOS, Gabriele. 2011. *Handreichung zum Aktionsforschungsmodul „Theorie-Praxis-Modul II: Aktionsforschung für Weiterbildungsstudierende".* WS 2011/12 an der Freien Universität Berlin. In: http://www. geisteswissenschaften.fu-berlin.de/we05/romandid/fort-und-weite rbildung/aktionsforschung/. Zugriff: 09.07.2019.

BERGFELDER-BOOS, Gabriele. 2018. Mündliches Erzählen als Performance. Die Entwicklung narrativer Diskurse im Fremdsprachenunterricht. Eine explorative Studie im Rahmen eines Weiterbildungsprojekts. Tübingen: Narr.

BUHREN, Claus G. 2011. Kollegiale Hospitation. Verfahren, Methoden und Beispiele aus der Praxis. Köln: Carl Link.

GARCÍA GARCÍA, Marta. 2019. „Investigar para enseñar: actitudes del profesorado novel de ELE hacia la investigación-acción". Vortrag auf dem *XXII. Deutschen Hispanistentag* an der Freien Universität Berlin vom 27.-30.03.2019.

BENITT, Nora. 2014. „Forschen, Lehren, Lernen – Aktionsforschung in der fremdsprachlichen Lehrerbildung". In: *Zeitschrift für Fremdsprachenforschung* 25, 1: 39-71.

CASPARI, Daniela. 2016. „Prototypische Designs". In: Caspari, Daniela & Klippel, Friederike & Legutke, Michael K. & Schramm, Karen. edd. *Forschungsmethoden in der Fremdsprachendidaktik. Ein Handbuch.* Tübingen: Narr, 67-78.

CASPARI, Daniela. 2019. Drei Phasen – ein Ziel. Unterschiede und Anknüpfungsmöglichkeiten der Phasen in der Aus-, Fort- und Weiterbildung von Fremdsprachenlehrer/inne/n. Vortrag auf dem XXII. Deutschen Hispanistentag an der Freien Universität Berlin vom 27.-30.03.2019.

JÜTTE, Wolfgang & WALBER, Markus & LOBER, Claudia. 2017. Das Neue in der Hochschullehre. Lehrinnovationen aus der Perspektive der hochschulbezogenen Lehr-Lernforschung. Wiesbaden: Springer VS.

KURTZ, Jürgen. 2011. „Die Fremdsprachenlehrerbildung im Spannungsfeld von Wissenschafts-, Berufsfeld- und Subjektorientierung – Denkwürdiges und Richtungsweisendes aus 30 Jahren Frühjahrskonferenz". In: Bausch, Karl-Richard & Burwitz-Melzer, Eva & Königs, Frank G. & Krumm, Hans-Jürgen. edd. *Fremdsprachen lehren und lernen: Rück- und Ausblick.* Tübingen: Narr, 84-96.

POSCH, Peter. o. J. „Aktionsforschung und Kompetenzentwicklung". In: https://uol.de/fileadmin/user_upload/diz/download/Veranstaltu ngen/Tagungen/Nordverbund_Posch_Text.pdf. Zugriff: 15.07.2019.

ROTERS, Bianca. 2012. Professionalisierung durch Reflexion in der Lehrer-bildung. Eine empirische Studie an einer deutschen und einer US-amerikanischen Universität. Münster et al.: Waxmann.

WILD, Katia & CASPARI, Daniela. 2013. „Hay, ser und estar implizit vermit-teln – Evaluation einer Lernaufgabe für das 1. Lernjahr Spanisch". In: Bär, Marcus. edd. Kompetenz- und Aufgabenorientierung im Spanischun-terricht. Beispiele für komplexe Lernaufgaben. Berlin: Frey, 232-245.

Individualisierte Lehr- / Lernförderung durch Mentoring-Tandems? Daten und Fakten zu einem fachdidaktischen Pilot-Lehrprojekt

Michaela Rückl

1. Ausgangslage: Rahmenbedingungen für Lehrer/innen/bildung

Der Berufswunsch ‚Lehrer/in' ist meist mit dem Anspruch verbunden, sich möglichst bald und auf vielfältige Weise in berufsrelevanten Situationen auszuprobieren. Bereits zu Studienbeginn Lerngelegenheiten anzubieten, in denen erarbeitete spracherwerbstheoretische und pädagogisch-didaktische Konzepte praktisch umgesetzt und reflektiert werden können, entspricht aber nicht nur den Erwartungshaltungen von Lehramtsstudierenden: Der Erwerb fundierter Fach-, Methoden-, Sozial- und Selbstkompetenz[1] wird durch Nationale Qualifikationsrahmen (NQR) für alle Hochschulstudien vorgegeben und kann nachweislich am effizientesten durch stringent aufeinander bezogene Theorie- und Praxisphasen gefördert werden (Braun 2007; Kopf et al. 2010; Ryschka et al. 2011). Der Lehrberuf gilt dabei als „ausbildungsintensive Profession", die durch „komplexe berufliche Anforderungen gekennzeichnet" ist,

---

[1] Diese vier Kompetenzklassen liegen den meisten Studienordnungen und Kompetenzmodellen zugrunde (Schied 2013, 49). Unter Fachkompetenz wird „inhaltliches Können" verstanden, das sich in der Fähigkeit zeigt, „erworbenes Wissen zu verknüpfen, zu vertiefen, kritisch zu prüfen sowie in Handlungszusammenhängen anzuwenden". Methodenkompetenz wird als „technisches Wissen" definiert, das auf die Fähigkeit zielt, „Fachwissen zu beschaffen und zu verwerten und allgemein mit Problemen umzugehen". Sozialkompetenz ist als „zwischenmenschliches Können" zu verstehen, was sich in gelungenem Umgang mit Menschen und der Fähigkeit, Beziehungen aufzubauen manifestiert. Selbstkompetenz schließlich ist als das „Persönliche Wollen und Können" zu verstehen und betrifft individuelle Einstellungen und Persönlichkeitsmerkmale (Schied 2013, 49–50).

was die Generierung von Handlungsoptionen bereits in der Ausbildung erfordert (Blömeke 2011, 13, 16).[2]

Im Europäischen Qualifikationsrahmen (EQR), an dem sich die aktuellen Lehramtscurricula ausrichten, werden Lernergebnisse dementsprechend nicht nur an ‚Kenntnissen' festgemacht, definiert als „Gesamtheit der Fakten, Grundsätze, Theorien und Praxis in einem Arbeits- oder Lernbereich", sondern auch an ‚kognitiven und praktischen Fertigkeiten', verstanden als „die Fähigkeit, Kenntnisse anzuwenden und Know-how einzusetzen, um Aufgaben auszuführen und Probleme zu lösen". Übergeordnetes Ziel ist der Aufbau von Kompetenzen, was die „Übernahme von Verantwortung und Selbstständigkeit" voraussetzt und sich in der Fähigkeit manifestiert, „Kenntnisse, Fertigkeiten sowie persönliche, soziale und methodische Fähigkeiten in Arbeits- oder Lernsituationen und für die berufliche und / oder persönliche Entwicklung zu nutzen" (Europäisches Parlament & Europarat 2008, Anhang I).

Das Verständnis von Kompetenz als Zusammenspiel von individueller Bereitschaft mit wissensbasierten Fähigkeiten und Fertigkeiten liegt auch den österreichischen Bildungsstandards und Lehrplänen zugrunde, die auf die bildungswissenschaftliche Kompetenzdefinition nach Weinert (2001, 27) rekurrieren: Verfügbare oder erlernbare kognitive Fähigkeiten und Fertigkeiten sowie „die damit verbundenen motivationalen, volitionalen und sozialen Bereitschaften und Fähigkeiten" sollen genutzt werden, um Probleme in „variablen Situationen erfolgreich und verantwortungsvoll" lösen zu können. Dieser handlungsorientierte Kompetenzbegriff, der die o.a. vier Kompetenzklassen umfasst, entspricht nicht zuletzt dem Verständnis von Lernen, Lehren und Beurteilen eines an neokommunikativen Prinzipien ausgerichteten Fremdsprachenunterrichts, der sich am *Gemeinsamen Europäischen Referenzrahmen für Sprachen* (GeR) orientiert. Hier geht es darum, „die kognitiven und emotionalen Möglichkeiten und die Absichten von Menschen

---

[2]   Kompetenzen angehender Lehrer/innen zu definieren, zu erfassen und zu quantifizieren ist Ziel der TEDS-TS Studie (Blömeke et al. 2011). Die Ergebnisse, u.a. aus Videostudien, weisen auf einen Zusammenhang von professioneller Kompetenz und Unterrichtsqualität hin (König 2014, 24, 35).

sowie das ganze Spektrum der Fähigkeiten, über das Menschen verfügen und das sie als sozial Handelnde (soziale Akteure) einsetzen", in den Spracherwerbsprozess einzubeziehen, um Schüler/innen zu befähigen, sprachliche und kommunikative Aufgaben zu bewältigen (Europarat 2001, 21).[3]

Die Neustrukturierung der Lehrer/innen/bildung in Österreich, die im Sommer 2013 gesetzlich beschlossen wurde, trägt diesen Entwicklungen Rechnung und sieht entsprechend der Empfehlungen eines eigens eingerichteten Qualitätssicherungsrates formale, strukturelle und inhaltliche Änderungen vor (Vorbereitungsgruppe PädagogInnenbildung NEU 2011). Die Überführung in die Bologna Struktur geht dabei mit einer Verlängerung der Studiendauer und einer gemeinsamen Ausbildung der Sekundarstufenlehrer/innen einher, die durch Kooperation von Universitäten und Pädagogischen Hochschulen zu bewerkstelligen ist. Inhaltlich werden einerseits die fachwissenschaftliche Professionsorientierung und andererseits die forschungsgeleitete fachdidaktische Lehre gestärkt. Wesentlich sind auch die höheren bildungswissenschaftlichen und schulpraktischen Anteile. Fachwissenschaftliche Inhalte „gepaart mit unterrichtlichen Handlungskompetenzen zu vermitteln" wird als Herausforderung und Chance gesehen (Hinger 2015, 25), wobei der Fachdidaktik eine wichtige Integrationsfunktion zugesprochen wird, wenn es darum geht, fach- und bildungswissenschaftliche mit schulpraktischen Aspekten und Inhalten zu vernetzen (Hinger 2015, 35 mit Bezug auf Reinhold 2004). Die konsistente curriculare Verzahnung von Theorie und Praxis bleibt aufgrund von zeitlichen und organisatorischen Beschränkungen jedoch weiterhin eine große Herausforderung. Insbesondere Begleitpraktika[4] zu einführenden fachdidaktischen Lehrveranstaltungen

---

[3] Zur Problematik der Ausrichtung auf die Bewältigung lebensweltlicher kommunikativer Herausforderungen im Rahmen des schulischen Fremdsprachenunterrichts vgl. Rohde (2014).

[4] Der schulpraktische Anteil während des Studiums wurde in den neuen Lehramtscurricula deutlich erhöht. Die einführenden Praktika, die einen ersten Kontakt zu Schule und Unterricht herstellen, werden durch bildungswissenschaftliche Lehrveranstaltungen begleitet. Eine Anbindung an die Fachdidaktik

fehlen weitgehend. Studierende haben dadurch kaum Möglichkeiten, im Sinne einer „Übernahme von Verantwortung und Selbstständigkeit" (Europäisches Parlament & Europarat 2008, Anhang I) ihr professionelles Wissen von Anfang an in beruflich relevanten Situationen einzusetzen.

2. Handlungsorientierte Lerngelegenheiten durch Mentoring

Mentoring wird in verschiedenen Kontexten, vielfältigen Formen und mit spezifischen Zielsetzungen durchgeführt, was eine übergreifende Definition derzeit außer Reichweite rücken lässt. Dem gegenständlichen Pilot-Lehrprojekt wird daher eine idealtypische Definition zugrunde gelegt, die wesentliche und wiederkehrende Aspekte des langjährig und interdisziplinär geführten Diskurses enthält:

> Mentoring ist eine zeitlich relativ stabile dyadische Beziehung zwischen einem/einer erfahrenen MentorIn und seinem/r/ihrem/r [sic] weniger erfahrenen Mentee. Sie ist durch gegenseitiges Vertrauen und Wohlwollen geprägt, ihr Ziel ist die Förderung des Lernens und der Entwicklung sowie das Vorankommen des/der Mentees [sic]. (Ziegler 2009, 11)

Dabei liegen empirische Befunde aus dem wirtschaftlichen Kontext in Form von Metastudien vor, die auf reziproke und kollaborative Effekte hinweisen: Nicht nur Mentees, sondern auch Mentorinnen / Mentoren profitieren von der Arbeit im Mentoring-Tandem (Ghosh & Reio 2013). Dabei können unterschiedliche, als „Lerntriade" dargestellte Lernformen in vollem Umfang eingesetzt werden (Ziegler 2009, 14, 24), durch die neben Fach- und Methodenkompetenz auch Selbst- und Sozialkompetenz aufgebaut werden: Durch Vorleben von Einstellungen zu Sprachen und Kulturen sowie von Strategien, die die Lernkompetenz steigern, können die erfahreneren Mentorinnen und Mentoren als Rollenmodelle fungieren (Modelllernen). Instruktionslernen erfolgt in individualisierter Form anhand von passgenauen Lernmaterialien, die sich am Vorwissen

---

ist erst ab dem zweiten Praktikum vorgesehen, in dem eigene Unterrichtseinheiten in den gewählten Fächern zu halten sind (PLUS 2018).

und am Lerntempo der Lernenden ausrichten. Auch Feedback kann personalisiert und spezifisch gegeben werden. Schließlich bietet Mentoring auch Gelegenheiten, um Erfahrungen weiterzugeben und auszutauschen (Stöger & Ziegler 2008). Im Bereich der Selbst- und Sozialkompetenz scheinen in diesem Setting insbesondere Beziehungsqualität, Vertrauenswürdigkeit und Motivationsfähigkeit effizient gefördert werden zu können (vgl. Tabellen 1 und 3).

Mentorinnen / Mentoren werden typischerweise als „individuals with advanced experience and knowledge who are committed to providing support" (Ghosh & Reio 2013, 107) definiert, wobei die Facetten der Eigenschaften und Rollen, die ihnen zugeschrieben werden, hochrelevant für soziale und personale Kompetenzen sind, die im Lehrberuf vorausgesetzt werden: Es geht um Empathie, Offenheit, soziale Interaktion und die Fähigkeit, Lerngelegenheiten zu schaffen, in denen Mentees einerseits ihre Fähigkeiten bestmöglich nutzen und zeigen können, um ihr Kompetenzerleben zu steigern, und andererseits aus der Komfortzone gelockt werden, um sie zu fordern.[5] Durch ihren Erfahrungsvorsprung können Mentorinnen / Mentoren das Handlungsrepertoire ihrer Mentees im Sinne einer Lern- und Kompetenzförderung erweitern (Ziegler 2009, 18, 20). Ihr eigener Zugewinn bezieht sich auf den Erwerb von Diagnosekompetenz, die ihnen ermöglicht, „Einblicke in Denkweisen und Verstehensschwierigkeiten ihrer Schülerinnen und Schüler sowie Anregungen, wie sie die Schülervorstellungen in ihrem Unterricht lernzielorientiert weiterentwickeln können" (Fischer et al. 2014, 11), zu erhalten. Dies ermöglicht eine Vorbereitung auf Binnendifferenzierung, die im Kontext von Heterogenität und Lernerorientierung zunehmend an Bedeutung gewinnt, wobei Individualisierung als „Höchstform der Differenzierung" gilt (Eberle et al. 2011, 5 zitiert nach Eisenmann 2016, 358).

Der in den Mentoring-Tandems angebahnte Perspektivenwechsel und der damit einher gehende Austausch von Feedback scheinen mit Blick auf die Ergebnisse der Hattie-Studie großes Potenzial zu haben, Mentees und Mentorinnen / Mentoren

---

[5]   Ghosh & Reio (2013) bieten eine umfassende Darstellung mit Bezug auf die zugrunde liegenden Studien.

gleichermaßen zu fördern und die Interaktion zwischen Lehrenden und Lernenden über eine reine Wissensvermittlung hinaus emotional stimmig zu gestalten, als Voraussetzung für einen Unterricht, der positive Lernemotionen hervorruft (Sann & Preiser 2008):

> It is teachers seeing learning through the eyes of students, and students seeing teaching as the key to their ongoing learning. The remarkable feature of the evidence is that the biggest effects on students learning occur when teachers become learners of their own teaching, and when students become their own teachers. (Hattie 2009, 22)

3. Zur Konzeption des fachdidaktischen Pilot-Lehrprojekts

Das Lehrveranstaltungskonzept des einführenden Proseminars zur Fachdidaktik Italienisch (Fachdidaktik I), das seit 2014 als Pilot-Lehrprojekt am Fachbereich Romanistik in Kooperation mit dem Fachbereich Psychologie der Universität Salzburg umgesetzt und evaluiert wird, sieht lehrveranstaltungsimmanente Praxisphasen in Form von Mentoring-Tandems vor: Indem die teilnehmenden Lehramtsstudierenden Lernende in einem für Mentoring typischen dyadischen Setting (Ziegler 2009, 11) beim gesteuerten Erwerb von Italienisch als Fremdsprache unterstützen, können sie sich bereits zu Beginn ihres Lehramtsstudiums mit zeitgemäßen Rollen von Lehrenden und Lernenden in Theorie und Praxis vertraut machen. Die schrittweise Übernahme der Lehrperspektive wird durch Mentee-Feedback begleitet, was Reflexionsprozesse als Voraussetzung für den Aufbau von Anwendungskompetenzen initiiert.

Das Lehrveranstaltungsprogramm setzt die curricularen Vorgaben der Universität Salzburg um, die bereits auf Basis der Vorgaben zur ‚Lehrer/innen/bildung Neu' erstellt wurden (PLUS 2013, 2016; Vorbereitungsgruppe PädagogInnenbildung NEU 2011), und orientiert sich darüber hinaus an Deskriptoren des *European Portfolio for Student Teachers of Languages* (Newby et al. 2007), die aufgrund der anwendungsorientierten Ausrichtung auch den Einsatz personaler und sozialer Kompetenz erfordern, was in universitären Lehrveranstaltungen nur schwer umsetzbar ist.

Der inhaltliche Schwerpunkt liegt auf der Einführung pädagogisch-didaktischer Grundlagen des Fremdsprachenerwerbs unter besonderer Berücksichtigung der Lernerzentrierung und Handlungsorientierung im Sinne des GeR (Europarat 2001, 21), der den österreichischen Lehrplänen für Fremdsprachenunterricht zugrunde liegt (BMB – Bundesministerium für Bildung 2017a, 2017b). Die Studierenden lernen gängige Diagnoseinstrumente und Unterrichtstechniken kennen, analysieren Lehrpläne und Lehrwerke, nach bzw. mit denen die Mentees unterrichtet werden, und entwickeln auf dieser Basis individualisierte Lernmaterialien zur Erarbeitung sprachlicher Mittel sowie Unterrichtskonzepte, die sie in drei zweistündigen Mentoring-Treffen mit ihren Mentees durchführen, was auch die Anwendung adäquater Interaktionstechniken erfordert. Das Interaktionsmodell nach Bierhoff & Jonas (2011) dient dabei als theoretischer Rahmen für die Beziehungsarbeit in den Mentoring-Tandems. Die beschränkte Anzahl der Treffen ist dem geringen *workload* von 4 ECTS, der der Lehrveranstaltung zugeordnet ist, geschuldet. Die Lehrveranstaltungsziele beziehen sich weiterhin auf die Fähigkeit der Studierenden, ihre Einstellungen zum Lehrberuf zu hinterfragen (,Identität') sowie Bedürfnisse und Motivationen der Schüler/innen beim Italienischlernen einzuschätzen und eigene Erwartungshaltungen in Bezug auf Unterricht und Lehrwerke zu reflektieren (,*Perspective Taking*', zu den konkreten Deskriptoren vgl. Newby et al. 2007, 10–11, 16–17, 28–29, 33–34, 43). In Tabelle 1 wird der Bezug der angestrebten Lernergebnisse zum EQR hergestellt. Sie betreffen alle vier Kompetenzklassen, wobei auch deutlich wird, dass eine „Übernahme von Selbstständigkeit und Verantwortung" (Europäisches Parlament & Europarat 2008, Anhang I) sowie die Förderung von Selbst- und Sozialkompetenz, die schwerpunktmäßig auf ,Beziehungsfähigkeit', ,Vertrauenswürdigkeit' und ,Motivationsfähigkeit' zielt, in unmittelbarem Zusammenhang mit dem integrierten Mentoring-Konzept stehen, das eine Relationalisierung von Theorie- und Praxisphasen ermöglicht.

Lernergebnisse nach EQR	Kenntnisse	Fertigkeiten (handlungsbezogene Kompetenzen)	Kompetenzen (Übernahme von Selbstständigkeit und Verantwortung)
Fachkompetenz	relevante Theorien und Forschungsergebnisse zu Sprache, Kultur und Lernen kennen	Unterrichtsaktivitäten, die Wechselwirkungen von Sprache und Kultur hervorheben, planen	spezifisch ausgerichtete Lehr- / Lernmaterialien für die Bereiche Wortschatz und Grammatik entwickeln und erproben
Methodenkompetenz		Diagnoseinstrumente zur Ermittlung von Lernpräferenzen und -schwierigkeiten, sowie Interaktionstechniken anwenden	Lehrwerke auswählen sowie Unterrichtsmaterialien analysieren und entwickeln, um den Erwerb von sprachlichen Fertigkeiten und Lernstrategien zu begleiten
Sozialkompetenz			Bedürfnisse und Motivationen der Mentees für das Erlernen von Italienisch als Fremdsprache kennenlernen (‚*Perspective Taking*')
Selbstkompetenz			eigene Einstellungen zum Lehrberuf ausloten und reflektieren (‚Identität'), Feedback zu eigenem Vorgehen annehmen, um weiteres Vorgehen darauf abzustimmen

Tabelle 1:   Bezüge der Lehrveranstaltungsziele zu EQR-relevanten Lernergebnissen

Das Lehrveranstaltungssetting bietet Mentorinnen / Mentoren die Gelegenheit, vielfältige Lehr- / Lernformen, die das volle Spektrum der Lerntriade umfassen (Ziegler 2009), zu erproben und dazu das Feedback der Mentees einzuholen: Es geht um Modelllernen (u.a. durch Vorleben von Sprach- und Lernkompetenz), Instruktionslernen (u.a. durch Entwicklung von Grammatik- und Wortschatzaufgaben) und das Anbieten von Erfahrungsgelegenheiten (u.a. um individuelle Lernstrategien aufzubauen).

Als unterstützende Maßnahme sind zwei Gruppensupervisionseinheiten vorgesehen, um die initiierte Beziehungsarbeit zu professionalisieren, ein Instrument, dessen Wirksamkeit durch Meta-Analysen zu Mentoring belegt werden konnte (DuBois et al.,

2002; Miller, 2007). Ziel ist es, die vielschichtige Mentorenrolle und den Wechsel zwischen der Lernenden- und der Lehrenden-Perspektive zu reflektieren.

Leistungsnachweise werden entsprechend des prüfungsimmanenten Charakters der Lehrveranstaltung durch eine schriftliche Prüfung und ein Leistungsportfolio mit den entwickelten Lernmaterialien und Logbüchern erbracht. Letztere dokumentieren die Themen, die Dauer und den konkreten Ablauf der Arbeit in den Mentoring-Tandems und halten das Mentee-Feedback sowie daraus resultierende Fragen und Themen für das nächste Treffen fest.

4. Zum Design und Erkenntnisinteresse der Evaluationsstudie

Der Frage, ob und wie Theorie und Praxis durch die Integration von Mentoring-Tandems auf Lehrveranstaltungsebene relationalisiert werden können, um komplexe berufsfeldbezogene Fach-, Methoden-, Sozial- und Selbstkompetenz systematisch aufzubauen, wurde anhand einer mehrperspektivischen Evaluierung des Lehrveranstaltungskonzepts im Rahmen einer Vollerhebung nachgegangen, wobei folgende Erhebungsinstrumente zum Einsatz kamen:

Erhebungsinstrumente	Erkenntnisinteresse
qualitative Auswertung der Logbücher der Studierenden	Hinweise auf (Probleme bei der) Verarbeitung und Umsetzung der eingeführten fachlichen und pädagogisch-didaktischen Grundlagen elizitieren;
quantitativ angelegte Online-Befragung der Mentorinnen / Mentoren und Mentees	Effekte der Mentoring-Tandems in Bezug auf angestrebte Lernergebnisse erheben, mit Fokus auf ‚Beziehungsfähigkeit‘, ‚Motivationsfähigkeit‘, ‚Vertrauenswürdigkeit‘, ‚Fähigkeit Lernstrategien zu fördern‘ und ‚Fähigkeit Lernmaterialien zu entwickeln‘ (zu den Konstrukten siehe Tabelle 3);
externe Evaluierung durch das Vizerektorat der PLUS	Vergleich mit Referenzgruppen an der Universität Salzburg (PLUS) herstellen;

Tabelle 2: Erhebungsinstrumente

Die eingereichten Logbücher sollten dabei einen vertiefenden, fallspezifischen Einblick in den Verlauf der Mentoring-Treffen ermöglichen und zeigen, wie die Studierenden die erarbeiteten fremdsprachentheoretischen und pädagogisch-psychologischen Konzepte und Diagnoseinstrumente konkret einsetzten, mit welchen Problemen sie sich konfrontiert sahen und an welchen Kriterien sie ihr Kompetenzerleben festmachten.

Die quantitativ angelegte, anonym durchgeführte Online-Befragung fokussierte die in Abschnitt 2 und 3 beschriebenen Konstrukte ‚Beziehungsfähigkeit', ‚Motivationsfähigkeit' und ‚Vertrauenswürdigkeit', Bereiche der Selbst- und Sozialkompetenz, die für Lehrpersonen besonders relevant sind. Entsprechend des Lehrveranstaltungskonzepts wurde auch erhoben, wie Mentorinnen / Mentoren und Mentees die ‚Fähigkeit Lernstrategien zu fördern' und ‚Lernmaterialien zu entwickeln' einschätzten. In Tabelle 3 sind entsprechende Beispiele zu den insgesamt 17 Items für Mentorinnen / Mentoren und 15 für Mentees angeführt. Die Skalen wurden selbst entwickelt, wobei sich die Skala zur Vertrauenswürdigkeit an Mayer & Davis (1999) orientierte. Der Zustimmungsgrad war von den Probandinnen und Probanden auf einer fünfstufigen Ratingskala zu bewerten.

Konstrukte	Beispielitems (Schüler/innen / Mentees)	Beispielitems (Lehramtsstudierende / Mentorinnen / Mentoren)
‚Beziehungsfähigkeit'	Ich habe mich auf die Treffen mit meiner Mentorin / meinem Mentor gefreut. Items gesamt: 5	Ich habe den Eindruck, dass ich eine gute Arbeitsatmosphäre herstellen konnte. Items gesamt: 5
‚Vertrauenswürdigkeit'	Meiner Mentorin / meinem Mentor waren meine Wünsche und Bedürfnisse sehr wichtig. Items gesamt: 6	Ich tat mein Möglichstes, um meine/n Mentee beim Italienischlernen zu unterstützen. Items gesamt: 6
‚Motivationsfähigkeit'	Meine Mentorin / mein Mentor konnte mich gut zur Mitarbeit motivieren. Items gesamt: 2	Ich konnte meine/n Mentee gut zu Sprachaktivitäten motivieren. Items gesamt: 2
‚Fähigkeit Lernstrategien zu entwickeln'	Meine Mentorin / mein Mentor konnte mich dabei unterstützen, eigene Lernstrategien zu entwickeln. Items gesamt: 2	Ich konnte meine/n Mentee anleiten, individuelle Lernprozesse zu reflektieren. Items gesamt: 2
‚Fähigkeit Lernmaterialien zu entwickeln'	Items gesamt: 0	Ich kann angepasst an die Lernstrategien meiner/meines Mentee/s Lernmaterial zusammenstellen. Items gesamt: 2

Tabelle 3: Konstrukte und Beispielitems für Online-Fragebögen

Vier offene Zusatzfragen bezogen sich auf die Durchführungsmodalitäten des Mentoring-Projektes: Es wurde erhoben, welche Schwierigkeiten und Erfolgserlebnisse auftraten, wie die Zuteilung bzw. Rekrutierung der Mentees erfolgen sollte und ob ein Mehrwert erkannt wurde.

Um einen institutionsweiten Vergleich mit Referenzlehrveranstaltungen zu gewährleisten wurden die Lehrveranstaltungen auch extern evaluiert und die Mittelwerte relevanter Bewertungskriterien errechnet. Insgesamt beruhte die externe Evaluierung auf der Einschätzung von 18 Items durch die Lehrveranstaltungsteilnehmer/innen auf einer siebenstufigen Ratingskala und der Erhebung des geschätzten *workload*.

Zur Erhöhung der Ergebnisvalidität wurde die Erhebung unter den gleichen Bedingungen in vier Folgejahren (2014-2017) repliziert (Larson-Hall 2016, 166–167). Insgesamt liegen Daten von 38 Mentorinnen / Mentoren und 32 Mentees aus den einführenden Lehrveranstaltungen vor (FD I, Versuchsgruppe). Der Rücklauf der Vollerhebung schwankte bei den Mentorinnen / Mentoren zwischen 100% und 67%, bei den Mentees zwischen 88% und 45%, was dem Anspruch auf Freiwilligkeit der Teilnahme geschuldet ist. Als zusätzliche Maßnahme wurden ab dem zweiten Erhebungsjahr Kontrollgruppen (KG) eingeführt (n = 45), die sich aus Teilnehmerinnen / Teilnehmern der einführenden Lehrveranstaltungen für die Unterrichtsfächer Französisch und Spanisch zusammensetzten, in denen keine Mentoring-Tandems integriert waren (Meindl 2011, 41). Die Versuchsreplikation im Proseminar ‚Mehrsprachigkeitsdidaktik' (MSD) im 3. Erhebungsjahr 2016, einer sprachenübergreifenden Lehrveranstaltung aus dem Wahlbereich für fortgeschrittene Studierende, diente der Überprüfung der Transfermöglichkeit des Lehrkonzepts.[6] Die Lehrveranstaltungen wurden getrennt und aggregiert ausgewertet. Tabelle 4 gibt einen Überblick zur Aufteilung der Stichprobe und zu den Rücklaufquoten.

---

[6]   Seit 2018 wird dieses Proseminar im Rahmen des Themenmoduls ‚Mehrsprachigkeit' abgehalten: Mentoring ist hier als Praxisphase implementiert, was eine Ausweitung der Intensität der Supervision sowie der Dauer der Mentoring-Tandems von 3 auf 8 Treffen ermöglicht. Für weitere Informationen vgl. PLUS (2018).

Stichprobe	VG: Mentorinnen/Mentoren	VG: Mentees	KG
SoSe 2014, FD I	16, Rücklauf 100%; n = 16	16, Rücklauf 87%; n = 14	--
SoSe 2015, FD I	11, Rücklauf 73%; n = 8	11, Rücklauf 45%; n = 5	n = 13
SoSe 2016, FDI	8, Rücklauf 88%; n = 7	8, Rücklauf 88%; n = 7	n = 24
SoSe 2016, MSD	18, Rücklauf 67%; n = 12	18, Rücklauf 50%; n = 9	--
SoSe 2017, FD I	8, Rücklauf 88%; n = 7	8, Rücklauf 63%; n = 5	n = 8
gesamt FDI	n = 38	n = 31	n = 45
gesamt MSD	n = 12	n = 9	--
aggregiert	n = 50	n = 40	--

Tabelle 4:   Aufteilung der Stichprobe und Rücklaufquote

5.   Auswertungsergebnisse und Diskussion

Zur Überprüfung der angenommenen Wirkung der integrierten Mentoring-Tandems wurden sowohl das Ausmaß als auch die Einschätzungen der Mentorinnen / Mentoren und der Mentees in Bezug auf ‚Beziehungsfähigkeit', ‚Vertrauenswürdigkeit' und ‚Motivationsfähigkeit' sowie in Bezug auf die ‚Fähigkeit Lernstrategien zu fördern' und die ‚Fähigkeit individualisierte Lernmaterialien zu erstellen' untersucht (FF 1 und FF 2). Weiterhin wurden die Unterschiede zwischen den Lehramtsstudierenden der Versuchsgruppe mit Mentoring (VG) und jenen der Kontrollgruppe ohne Mentoring (KG) analysiert (FF 3). Schließlich wurden auch die Rückmeldungen der Mentorinnen / Mentoren und Mentees aus den einführenden Lehrveranstaltungen (Fachdidaktik I) mit denen der weiterführenden Lehrveranstaltung (Mehrsprachigkeitsdidaktik) verglichen (FF 4).

5.1 Einschätzungen aus der Sicht der Mentees (FF 1)

Die Ergebnisse basieren auf der deskriptiv statistischen Auswertung der aggregierten Versuchsgruppe (n = 40). Ermittelt wurden Mittelwerte und Standardabweichungen in den Erhebungsjahren 2014-2017, wobei ein Konfidenzintervall von 95% angesetzt wurde (Meindl 2011, 138). Aufgrund der explorativen Datenanalyse zu den Voraussetzungen für die Varianzanalyse (Normalverteilung und Varianzhomogenität) wurde für alle Konstrukte der nicht parametrische Test für unabhängige Stichproben nach Kruskal-Wallis eingesetzt (Larson-Hall 2016, 181; Meindl 2011, 208).

Die Mentees aus den einführenden fachdidaktischen Lehrveranstaltungen (FD I) unterschieden sich von denen der Mehrsprachigkeitsdidaktik (MSD) in Bezug auf Geschlecht, Berufsstand und Sprachniveau. In Tabelle 5 sind die Eigenschaften der Mentees resümiert. Auffällig sind der höhere Anteil an männlichen und berufstätigen Mentees in der Mehrsprachigkeitsdidaktik und der höhere Anteil an A1- und A2-Niveaus in der Fachdidaktik I.

	Geschlecht	Berufsstand	Sprachniveau	Auswahlkriterien
FD I	82% weiblich 18% männlich	47% Schüler/in 24% Student/in 26% berufstätig 3% Sonstiges	42% A1 47% A2 11% B1	32% Bekanntenkreis 13% Nachhilfeschüler/in 26% Vorkenntnisse / Interesse 29% Sonstiges
MSD	50% weiblich 0% männlich	25% Schüler/in 8% Student/in 67% berufstätig	8% A1 17% A2 25% B1 50% keine Angabe	17% Bekanntenkreis 8% Nachhilfeschüler/in 17% Vorkenntnisse / Interesse 58% Sonstiges

Tabelle 5: Eigenschaften der Mentees

Auf einer fünfstufigen Ratingskala (1 = sehr schlecht, 2 = schlecht, 3 = mittelmäßig, 4 = gut, 5 = sehr gut) schätzten die Mentees die ‚Motivationsfähigkeit' ihrer Mentorinnen / Mentoren im Schnitt sehr hoch ein (MW = 4.50-4.72; SD = 0.36-0.50), ohne dass sich signifikante Unterschiede in den Erhebungsjahren ergaben ($\chi^2(3)$ = 1.51, p = .680).

Ähnlich hoch bewerteten sie die Fähigkeit der Mentorinnen / Mentoren, eine (lernförderliche) Beziehung aufzubauen (‚Beziehungsfähigkeit'). Hier lagen die Mittelwerte zwischen 4.59 und 4.88 (SD = 0.18-0.43). Signifikante Unterschiede zwischen den Erhebungsjahren zeichneten sich wieder nicht ab ($\chi^2(3)$ = 3.45, p = .327).

Auch die ‚Vertrauenswürdigkeit' der Mentorinnen / Mentoren wurde sehr hoch eingeschätzt. Die Mittelwerte lagen mit 4.44-4.80 (SD = 0.31-0.48) in allen Erhebungsjahren, wie bei ‚Motivations- und Beziehungsfähigkeit', weit über der Ausprägung ‚gut'. Es zeigten sich jedoch signifikante Unterschiede zwischen den Erhebungsjahren ($\chi^2(3)$ = 8.20, p = .042), die einen schwach signifikanten Trend zur Verbesserung erkennen ließen (J(4, 40) = 2.23, p = .026). Dieser kann einerseits auf die anfängliche Selbstkompetenz der Mentorinnen / Mentoren, andererseits auf eine Optimierung der

Lehrveranstaltungen in Bezug auf den Stellenwert des Konstrukts ‚Vertrauenswürdigkeit' zurückgeführt werden.

Sehr gut bewerteten die Mentees auch die Fähigkeit der Mentorinnen / Mentoren, sich an ihre Lernstrategien anzupassen und diese auszubauen (‚Fähigkeit Lernstrategien zu fördern'). Die Mittelwerte lagen zwischen 4.10 und 4.50 (SD = 0.54-0.65) und zeigten über die Erhebungsjahre hinweg keine signifikanten Unterschiede ($\chi^2(3) = 2.73$, p = .435).

Dies galt auch für die Bewertung des eigenen Lernerfolgs, der anhand von individualisierten, von den Mentorinnen / Mentoren entwickelten Lernmaterialien zu sprachlichen Mitteln erzielt werden sollte (‚Fähigkeit individualisierte Lernmaterialien zu entwickeln'). Die Mittelwerte fielen mit 4.40-4.81 (SD = 0.40-0.89) hier am höchsten aus, ohne signifikante Unterschiede zwischen den Erhebungsjahren ($\chi^2(3) = 3.53$, p = .317).

Insgesamt deuten die konstant hohen Bewertungen der Mentees auf die Effizienz der integrierten Mentoring-Tandems hin: Die Einschätzungen bezüglich ‚Motivationsfähigkeit', ‚Beziehungsfähigkeit', ‚Vertrauenswürdigkeit' und die ‚Fähigkeit Lernstrategien zu fördern' sowie ‚individualisierte Lernmaterialien zu entwickeln' nähern sich der Ausprägung ‚sehr gut' an und bleiben über die Jahre stabil. Die kleineren Konfidenzintervalle der Einschätzungen der Mentees im Vergleich zu jenen der Mentorinnen / Mentoren könnten jedoch auf soziale Erwünschtheit als Antworttendenz hinweisen. Die nachfolgende Auswertung aus Sicht der Mentorinnen / Mentoren soll daher auch die Ergebnisvalidität sichern.

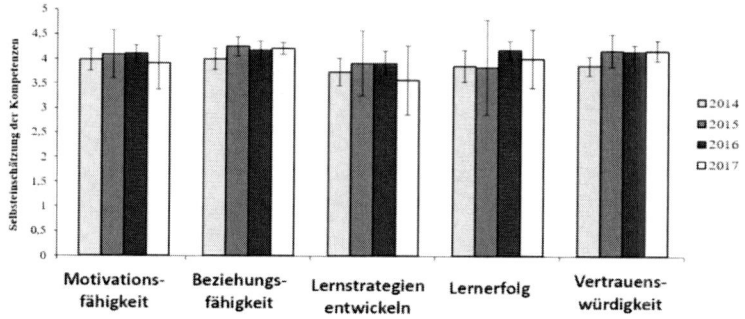

Abb. 1:   **Einschätzungen aus Sicht der Mentees (FF 1)**

5.2 Einschätzungen aus der Sicht der Mentorinnen / Mentoren (FF 2)

Die deskriptiv statistische Auswertung der aggregierten Versuchs-gruppen bezieht sich hier auf eine Stichprobe von n = 50. Entspre-chend der explorativen Datenanalyse konnte für das Konstrukt ‚Vertrauenswürdigkeit' ein *One-Way* ANOVA-Test eingesetzt wer-den. Für ‚Motivationsfähigkeit', ‚Beziehungsfähigkeit', ‚Fähigkeit Lernstrategien zu fördern' und ‚individualisierte Lernmaterialien zu erstellen' wurde der alternative, nicht parametrische Test für un-abhängige Stichproben nach Kruskal-Wallis herangezogen (Lar-son-Hall 2016, 181; Meindl 2011, 208).

Die Mentorinnen / Mentoren schätzten ihre ‚Motivationsfä-higkeit' mit Mittelwerten zwischen 3.93-4.21 (SD = 0.45-0.70) kriti-scher ein als die Mentees, und zwar ohne signifikante Unterschiede in den Erhebungsjahren ($\chi^2(3)$ = 3.21, p = .360). Die Bewertungen kumulierten um die Ausprägung ‚gut', während die Mentees ten-denziell ‚sehr gut' wählten.

Am höchsten bewerteten die Mentorinnen / Mentoren ihre ‚Fähigkeit (lernförderliche) Beziehungen aufzubauen': Hier lagen die Mittelwerte zwischen 4.13 und 4.57 (SD = 0.22-0.62) und somit wieder um etwa eine halbe Ausprägung unter denen der Mentees. Die Unterschiede zwischen den Erhebungsjahren waren marginal ($\chi^2(3)$ = 7.74, p = .52).

Auch bezüglich ihrer ‚Vertrauenswürdigkeit' waren sich die Mentorinnen / Mentoren sicher und schätzten sie mit Mittelwerten zwischen 4.08 und 4.44 (SD = 0.31-0.48) hoch ein, wobei auch hier die Einschätzungen um etwa eine halbe Ausprägung unter denen der Mentees lagen. Es zeigten sich wieder keine signifikanten Unterschiede zwischen den Erhebungsjahren ($\chi^2(3, 46) = 1.92$, p = .140).

Als ‚gut' bewerteten die Mentorinnen / Mentoren ihre ‚Fähigkeit Lernstrategien zu fördern'. Die Mittelwerte fielen mit 3.56-4.05 (SD = 0.60-0.71) wieder um etwa eine halbe Ausprägung geringer aus als die der Mentees. Es gab keine signifikanten Unterschiede über die Erhebungsjahre hinweg ($\chi^2(3) = 4.51$, p = .211).

Dies galt auch für die Bewertung der ‚Fähigkeit individualisierte Lernmaterialien zu entwickeln'. Die Mittelwerte entsprachen mit 4.06-4.25 (SD = 0.45-0.76) der Ausprägung ‚gut' und lagen wieder etwa eine halbe Ausprägung unter den Einschätzungen der Mentees, ohne signifikante Unterschiede zwischen den Erhebungsjahren ($\chi^2(3) = 0.72$, p = .869).

Die konstant hohen Bewertungen der Mentorinnen / Mentoren unterstützen die aus der Mentee-Befragung ableitbare Annahme der Effizienz der integrierten Mentoring-Tandems in Bezug auf die untersuchten Konstrukte. Das Ergebnis replizierte sich bei der getrennten Auswertung der Probandinnen / Probanden der einführenden fachdidaktischen Lehrveranstaltungen (n = 38) sowohl hinsichtlich des Ausprägungsgrades als auch der Konstanz der Selbsteinschätzungen über die Erhebungsjahre hinweg.

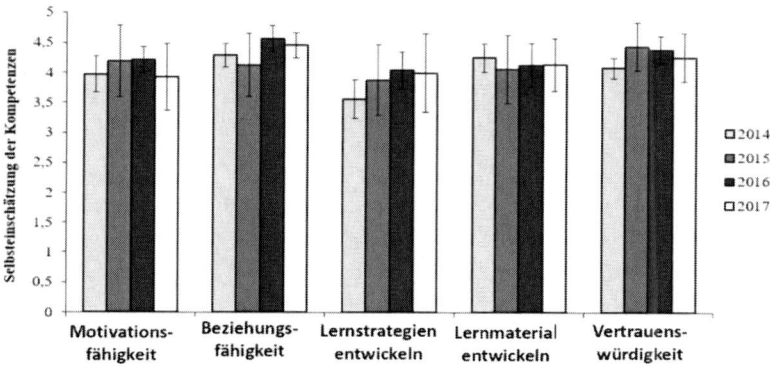

Abb. 2:   Einschätzungen aus Sicht der Mentorinnen / Mentoren (FF 2)

5.3 Effektivität der Mentoring-Tandems in den einführenden Lehrveranstaltungen (FF 3)

In dieser Auswertung wurde überprüft, ob sich die Einschätzungen der aggregierten Versuchsgruppe mit Mentoring (Fachdidaktik I und Mehrsprachigkeitsdidaktik, n = 50) von jenen der Kontrollgruppe ohne Mentoring (n = 45) unterschieden. Aufgrund der explorativen Datenanalyse (Normalverteilung teilweise nicht gegeben, Varianzhomogenität gegeben) wurde der Mann-Whitney-U-Test eingesetzt (Larson-Hall 2016, 179; Meindl 2011, 247).

Die Ergebnisse belegten, dass sich Probandinnen / Probanden mit Mentoring (MW = 4.13, SD = 0.50) in höherem Ausmaß zutrauten, Schüler/innen motivieren zu können als jene ohne Mentoring (MW = 3.81, SD = 0.72). Der Unterschied bei ‚Motivationsfähigkeit‘ war marginal signifikant (z = -1.92, p = .056).

Probandinnen / Probanden mit Mentoring (MW = 4.54, SD = 0.41) trauten sich auch in höherem Ausmaß zu, mit Schülerinnen / Schülern eine lernförderliche Beziehung aufbauen zu können als jene ohne Mentoring (MW = 4.07, SD = 0.50). Der Unterschied zwischen den Gruppen war bei ‚Beziehungsfähigkeit‘ hochsignifikant (z = -3.78, p < .001).

Auch die Werte der ‚Fähigkeit Lernstrategien zu fördern‘ waren bei Probandinnen / Probanden mit Mentoring höher (MW =

4.04, SD = 0.65) als bei jenen ohne Mentoring (MW = 3.73, SD = 0.78). Das Ergebnis war aber nicht signifikant (z = -1.58, p = .114).

Nicht signifikant höhere Werte (z = -1.02, p = .306) erreichte die Versuchsgruppe mit Mentoring auch bei der ‚Fähigkeit individualisierte Lernmaterialien zu entwickeln' (MW = 4.13, SD = 0.69) im Vergleich zu MW = 3.92, SD = 0.75 der Kontrollgruppe.

Insgesamt zeigten sich bei Lehramtsstudierenden der Versuchsgruppe im Vergleich zur Kontrollgruppe in allen Fähigkeitsbereichen bessere Werte, vor allem bei ‚Motivationsfähigkeit' (p <.10) und in noch höherem Ausmaß bei ‚Beziehungsfähigkeit' (***p <. 001).

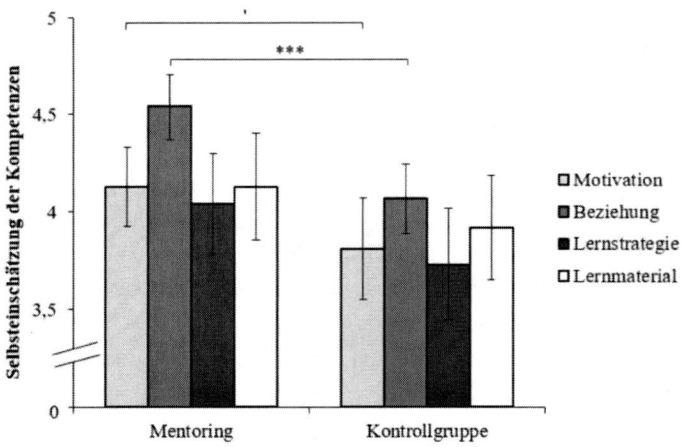

Abb. 3:   Unterschiede zwischen der Versuchs- und Kontrollgruppe (FF 3)

Wurden nur Lehramtsstudierende der Fachdidaktik I (Versuchsgruppe n = 38, Kontrollgruppe n = 45) in den Vergleich einbezogen, so replizierte sich das aggregierte Ergebnis nicht nur, sondern wurde verstärkt: In der Versuchsgruppe zeigten sich im Vergleich zur Kontrollgruppe bessere Werte in allen Fähigkeitsbereichen, vor allem bei ‚Motivationsfähigkeit' und in noch höherem Ausmaß bei ‚Beziehungsfähigkeit'. Bei ‚Motivationsfähigkeit' lagen die Mittelwerte der Versuchsgruppe bei 4.21 (SD = 0.45) im Vergleich zu 3.71

(SD = 0.71), was signifikant höher war (z = -2.74, p = .006). Bei ‚Beziehungsfähigkeit‘ lag der Mittelwert bei 4.57 (SD = 0.46) im Vergleich zu 4.08 (SD = 0.51) der Kontrollgruppe, was einem hochsignifikanten Unterschied entsprach (z = -3.33, p = .001). Die Mittelwerte zur ‚Fähigkeit Lernstrategien zu fördern‘ (Versuchsgruppe: MW = 4.05, SD = 0.64, Kontrollgruppe: MW = 3.63, SD = 0.74) waren ebenfalls höher, aber nicht signifikant höher (z = -1.93, p = .054). Dies galt auch für die ‚Fähigkeit individualisierte Lernmaterialien zu erstellen‘ (MW = 4.13, SD = 0.76 der Versuchsgruppe, im Vergleich zu MW = 3.88, SD = 0.77 der Kontrollgruppe; z = -0.97, p = .333).

5.4 Hinweise auf die Transfermöglichkeit auf andere fachdidaktische Lehrveranstaltungen (FF 4)

Um Hinweise auf eine Übertragbarkeit des Lehrkonzeptes zu erhalten wurde überprüft, ob sich die Einschätzungen der Mentorinnen / Mentoren aus Fachdidaktik I (n = 38) von jenen der Mehrsprachigkeitsdidaktik (n = 12) unterschieden.[7]

In Bezug auf ‚Motivationsfähigkeit‘ (FD I: MW = 4.04, SD = 0.57; MSD: MW = 4.25, SD = 0.45) zeigte sich kein Unterschied (z = -1.27, p = .206), was auch auf ‚Vertrauenswürdigkeit‘ zutraf (FD I: MW = 4.24, SD = 0.41; MSD: MW = 4.40, SD = 0.49; t(48) = -1.12, p = .267). Die ‚Fähigkeit Lernstrategien zu fördern‘ (FD I: MW = 3.78, SD = 0.64; MSD: MW = 4.13, SD = 0.68; z = -1.47, p = .141) fiel beiden Gruppen ähnlich leicht, was auch für die ‚Fähigkeit individualisierte Lernmaterialien zu entwickeln‘ galt (FD I: MW = 4.21, SD = 0.53; MSD: MW = 4.00, SD = 0.83; z = -1.003, p = .316). Ein signifikanter Unterschied zeigte sich hingegen bei ‚Beziehungsfähigkeit‘ (FD I: MW = 4.32, SD = 0.46; MSD: MW = 4.62, SD = 0.38; z = -2.14, p = .032). Die höheren Werte der Mentorinnen / Mentoren der Mehrsprachigkeitsdidaktik könnten

---

[7]   Die explorative Datenanalyse zeigte, dass die Voraussetzungen für einen t-Test nur bei ‚Beziehungsfähigkeit‘ gegeben waren (Meindl 2011, 181). Bei ‚Motivationsfähigkeit‘, ‚Vertrauenswürdigkeit‘ und ‚Förderung von Lernstrategien‘ war nur Varianzhomogenität nicht Normalverteilung gegeben, bei ‚Erstellen individualisierter Lernmaterialien‘ weder Varianzhomogenität noch Normalverteilung. In diesen Fällen war daher der Mann-Whitney-U-Test anzuwenden.

aufgrund der fortgeschrittenen Studiendauer durch höhere Eingangswerte bedingt sein.

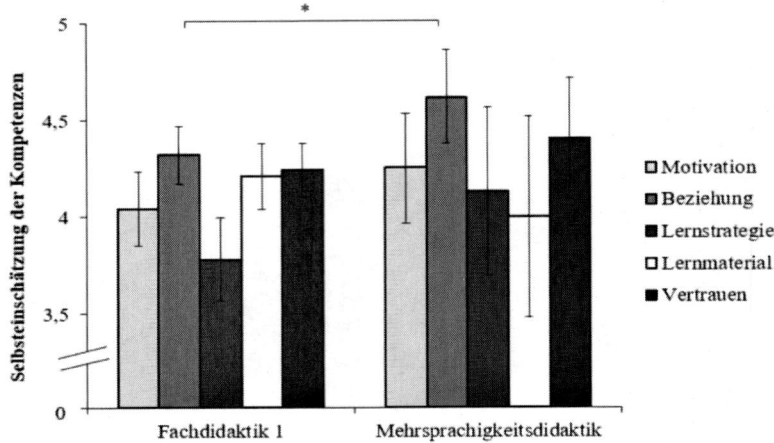

Abb. 4:   Unterschiede zwischen Fachdidaktik I und Mehrsprachigkeitsdidaktik (FF 4)

Um statistische Gründe, bedingt durch die unterschiedliche Gruppengröße, auszuschließen, wurde die Untersuchung auf Basis der Stichprobe aus dem Erhebungsjahr 2016 durchgeführt (FD I: n = 7; MSD: n = 12), was zu einer Replikation des u.a. Ergebnisses führte. Statistische Gründe können somit weitgehend ausgeschlossen werden. Aufgrund der kleinen Gruppengröße waren die Konfidenzintervalle allerdings größer.

5.5 Auswertung der offenen Fragen zur Durchführung des Mentoring-Projekts (FF5)

Organisatorische Belange wurden anhand von vier offenen Fragen erhoben. Dabei zeigte sich, dass mit 70% ein großer Anteil der Kontrollgruppe (n = 45) Schwierigkeiten erwartete, besonders in Bezug auf die Termingestaltung, während nur 14% der Versuchsgruppe (n = 50) angab, tatsächlich Schwierigkeiten gehabt zu haben. Dies weist darauf hin, dass durch integrierte Mentoring-Tandems die angenommen organisatorischen Erleichterungen erreichbar sind, u.a. durch eine flexiblere Gestaltung der Praxisphasen, die an keine fixen Stundenpläne gebunden sind. Mentorinnen / Mentoren optierten dabei für die Möglichkeit, Mentees selbst zu rekrutieren (64%), statt sie zugeteilt zu bekommen (20%), während die Probandinnen / Probanden der Kontrollgruppe zu 72% eine Zuteilung favorisierten. Nur 23% trauten sich zu, selbst Mentees zu finden, was auf eine Stärkung der Eigeninitiative durch das Mentoring-Projekt hindeutet. Als Argumente für die Eigenrekrutierung wurden einerseits Vorteile bei der Terminfindung genannt, andererseits ein entspannteres Arbeitsklima und Vorteile bei der Einschätzung der Vorkenntnisse und Vorerfahrungen von Mentees aus dem eigenen Bekanntenkreis sowie offeneres Feedback. Als wesentlicher Grund für eine Fremdzuteilung wurde von beiden Gruppen eingebracht, dass diese als authentischer empfunden wurde, wobei die Kontrollgruppe in viel höherem Ausmaß auch ein einfacheres Prozedere und eine objektivere Herangehensweise ins Treffen führte.

Der erwartete Mehrwert war hingegen in beiden Gruppen sehr hoch, in der Kontrollgruppe mit 79% jedoch niedriger als in der Versuchsgruppe mit 96%. Die Mentorinnen / Mentoren schätzten vor allem, sich in einem geschützten Raum ausprobieren, ihre Anpassungsfähigkeit verbessern und eine andere Perspektive einnehmen zu können. Besonders häufig wurde auch der Praxisbezug genannt sowie die Möglichkeit, Feedback der Mentees zu erhalten und sich mit der Rolle der Lehrperson vertraut zu machen. Schwierigkeiten in Bezug auf den Erwerbsprozess unmittelbar erkennen zu können wurde ebenfalls als Mehrwert genannt. Die Probandinnen / Probanden der Kontrollgruppe erwarteten hauptsächlich einen stärkeren Praxisbezug durch die Möglichkeit, sich in einem geschützten Raum ausprobieren und die Rolle einer Lehrperson schrittweise einnehmen zu können.

Kriterien	Mentorinnen / Mentoren (VG)		LA-Studierende ohne Mentoring (KG)	
Schwierigkeiten	14% Ja	86% Nein	70% Ja	30% Nein
Mentee selbst rekrutieren	64% Ja	36% Nein	23% Ja	77% Nein
Mentee zugeteilt bekommen	20% Ja	80% Nein	72% Ja	28% Nein
Mehrwert	96% Ja	4% Nein	79% Ja	21% Nein

Tabelle 6: Ergebnisse der offenen Fragen zu organisatorischen Belangen im Überblick

5.6 Externe Evaluierung (FF 6)

Der institutionsweite Vergleich ergab insgesamt sehr hohe Werte, die über jenen der Referenzlehrveranstaltungen lagen. Tabelle 7 gibt einen Überblick zu den Ausprägungsgraden bei Bewertungskriterien, die für das Mentoring-Projekt besonders relevant sind: Alle Werte lagen über Stufe 6 der siebenteiligen Ratingskala. Die für die Fachdidaktik I errechneten Mittelwerte unterschieden sich kaum von jenen der Mehrsprachigkeitsdidaktik und blieben über die Jahre hinweg stabil. Am höchsten wurde die 'aktive Beteiligung der Studierenden' eingeschätzt, die mit 6.6 (FD I) und 6.8 (MSD) beinahe den höchsten Ausprägungsgrad erreichte, gefolgt von der 'eigenen Auseinandersetzung mit dem Inhalt' der Lehrveranstaltung (FD I und MSD mit je 6.5). Beide Kriterien deuteten auf eine „Übernahme von Verantwortung und Selbstständigkeit" hin, was entsprechend des EQR als Voraussetzung für Kompetenzaufbau gilt (Europäisches Parlament & Europarat 2008, Anhang I).

Durch die integrierten Mentoring-Tandems konnte offensichtlich auch die 'Motivierung der Studierenden' gesteigert (FD I und MSD mit je 6.3) und die 'Relevanzeinschätzung der Lehrveranstaltungsinhalte' besonders in Fachdidaktik I erhöht werden (FD I: 6.6; MSD: 6.1). Die hohe Einschätzung der 'Zielorientiertheit der Lehrveranstaltungen' deutete zudem darauf hin, dass die Studierenden das Mentoring-Konzept als stimmig empfanden (FD I: 6.4; MSD: 6.3). Die Bewertung der 'Qualität der studentischen Beiträge' (FD I: 6.3; MSD: 6.1), die um den Ausprägungsgrad 6 kumulierte, war kompatibel mit den Ergebnissen der Online-Befragung in Bezug auf die 'Fähigkeit individualisierte Lernmaterialien zu entwickeln', die mit Werten von 4.06-4.25 eingeschätzt wurde, was ebenfalls der zweithöchsten Ausprägungsstufe ‚gut' entsprach.

Der *workload* der einführenden fachdidaktischen Lehrveranstaltungen, der in den ersten Erhebungsjahren noch deutlich über 100% lag, konnte durch Optimierung des Lehrveranstaltungsprogramms reduziert und angepasst werden.

extern vorgegebene Bewertungskriterien	2014	2015	2016	2017	FD I (MW)	MSD
aktive Beteiligung der Studierenden	6.3	6.7	6.4	6.8	6.6	6.8
Motivierung der Studierenden	6.2	6.2	6.3	6.5	6.3	6.3
eigene Auseinandersetzung mit dem Inhalt	6.5	6.5	6.5	6.5	6.5	6.5
Qualität der studentischen Beiträge	6.1	6.2	6.3	6.5	6.3	6.1
Zielorientiertheit der Lehrveranstaltung	6.5	6.3	6.4	6.5	6.4	6.3
inhaltliche Relevanz der Lehrveranstaltung	6.6	6.7	6.5	6.6	6.6	6.1
Gesamturteil	6.3	6.5	6.4	6.5	6.4	6.7
workload	132%	112%	108%	100%	113%	93%

Tabelle 7: **Überblick zu Ergebnissen relevanter, extern vorgegebener Bewertungskriterien**

5.7 Fallbezogene qualitative Auswertung

Ein ausführlicher fallbezogener Bericht zum Verlauf der Mentoring-Treffen, die in den Logbüchern detailreich dokumentiert und kommentiert wurden, würde den Rahmen dieses Artikels sprengen. Nachfolgend soll daher nur ein kurzer Einblick in die Arbeitsweise der Studierenden gegeben werden. Die exemplarischen Auszüge zeigen, wie sie die erarbeiteten fremdsprachenerwerbstheoretischen und pädagogisch-psychologischen Konzepte und Diagnoseinstrumente konkret um- bzw. einsetzten, mit welchen Problemen sie sich konfrontiert sahen und an welchen Kriterien sie ihr Kompetenzerleben festmachten. Die individuellen Zugänge zur

Reflexion, die das vorgestellte Lehrkonzept anstoßen kann, zeigten sich in Bezug auf alle in Abschnitt 3 erläuterten Lernergebnisse:[8]

Einstellungen zum Lehrberuf reflektieren ('Identität')

Für meinen eigenen Unterricht merke ich mir, dass nicht nur das Lehrbuch eine klare Struktur haben soll. Es ist fast wichtiger, den Unterricht klar zu gestalten, um die Lernenden nicht zu überfordern. (Proband/in KH1949SC)

Es hat mich gefreut, der Schülerin ein positives Gefühl mitgeben zu können und ich werde ihr auch nach diesem Projekt noch gerne öfter beim Lernen helfen. (Proband/in UM1970RI)

X und ich werden unsere Treffen aufrechterhalten, denn sie scheinen uns beide stark voran zu bringen. (Proband/in LM1889BR)

Schülerbedürfnisse und Motivationen für das Sprachenlernen einschätzen ('Perspective Taking')

Ich bin überzeugt, dass X damit positive Erfahrungen machen wird und dass seine Sprachkenntnisse sich stark verbessern werden. X braucht nämlich diese praktische Anwendung von Sprache. Nur damit kann er sich 100%ig motivieren. (Proband/in AC1973HA)

Wir haben durch die Lexikonarbeit entdeckt, dass ein Sprachenvergleich X motiviert und ihm hilft, sich an ein Wort zu erinnern. Sein Enthusiasmus für die englische Sprache kann so ein wenig auf das Italienische übertragen werden. (Proband/in HI1842SL)

Auf die Lösung dieser Arbeitsaufgabe war ich besonders gespannt, weil ich sie für durchwegs fordernd halte. X bekundete ihre Begeisterung für diese Aufgabe, nachdem sie nach einiger Überlegung selbstständig die Lösungen gefunden hatte. Die positive Rückmeldung hat mich bestärkt, mehrere fordernde Aufgaben in der Lexikonarbeit unterzubringen. (Proband/in PB1966BP)

Diagnoseinstrumente anwenden

Danach haben wir uns auf den 'SILL-Test'[9] gestürzt, um mehr über ihre Lernstrategien in der Fremdsprache herauszufinden. Um die Strategien des Sprachenlernens auszubauen, werde ich die Lexikonarbeit, welche im dritten Treffen mit dem Mentee ausgearbeitet wird, zum Thema Sport gestalten. Da Sport eine große Rolle im Leben von X spielt, sehe ich dies als gute Gelegenheit sein Interesse zu wecken und möglichst viele Strategien mit ihm durchzugehen. Mein Augenmerk werde ich dabei auf Strategiefelder richten, bei welchen X die niedrigsten Werte hatte ("sich besser erinnern" und "mit Emotionen umgehen"). (Proband/in HG1965KI)

---

8   Für Beispielitems zu den Kompetenzbereichen nach dem EQR auf Basis der Evaluierungsergebnisse aus den Erhebungsjahren 2014 und 2015 vgl. Rückl & Mackinger (2015). Diese deuteten darauf hin, dass komplexe Lernergebnisse, wie sie der EQR für Fertigkeiten und Kompetenzen beschreibt, durch Lerngelegenheiten im Zusammenhang mit den integrierten Mentoring-Tandems erreicht werden können.

9   Dabei handelt es sich um das *Strategy Inventory für Language Learning* nach Oxford & Burry (1995).

Interaktionstechniken anwenden

Gemeinsam schafften wir es, alle Übungen erfolgreich zu erledigen und kleinere Unklarheiten zu beseitigen. Besonders hilfreich fand sie den Dialog, da er ein Kundengespräch darstellt und somit ihren Alltag widerspiegelt. (Proband/in UG1960BR)

individualisierte Lernmaterialien entwickeln

Mich freut besonders, dass sich X für die Erarbeitung der Grammatik motivieren und begeistern ließ. Laut ihrer Aussage, hat sie das Erlernen von […] Regeln als lustig empfunden, was mich im Hinblick auf meine Arbeit bestärkt und bestätigt hat. Zwar glaube ich, dass gewisse Übungen zu leicht und dann wieder zu schwierig waren, jedoch zeigt mir dies, dass ich in Hinblick auf den Schwierigkeitsgrad in Zukunft sensibler reagieren muss. Damit meine ich, dass ich versuche, die Übungen genau auf das Können meiner Schüler/innen abzustimmen. (Proband/in MJ1952HA)*

Bei der Lexikonarbeit fiel mir auf, dass ich mehr Bearbeitungshinweise geben sollte. […]. Des Weiteren könnten manche Übungen vom Layout her verbessert werden (größere Spalten, mehr Überblick, etc.). (Proband/in NR2243HI)

Tabelle 8: Exemplarische Logbuchauszüge nach angestrebten Lernergebnissen

6. Fazit und Ausblick

Studierende beim Aufbau berufsrelevanter Kompetenzen zu unterstützen gehört zu den wichtigsten Aufgaben der Lehrer/innen/bildung. Im vorgestellten Lehrkonzept haben Studierende die Möglichkeit, als Mentorinnen / Mentoren im eins-zu-eins Setting mit Mentees als Rollenmodell zu fungieren sowie fremdsprachenerwerbstheoretische und pädagogisch-psychologische Konzepte einzusetzen, um Mentees selbstständig und eigenverantwortlich zu fördern. Diese komplexe Lernaufgabe wird einem handlungsorientierten Kompetenzbegriff (Weinert 2001, 27) und den komplexen beruflichen Anforderungen eher gerecht (Blömeke 2011, 13, 16). Die Mentorinnen / Mentoren erproben dabei vielfältige Lehr- und Lernformen, bekommen Mentee-Feedback und werden supervidiert.

Die vorliegenden mehrperspektivischen Evaluierungsergebnisse weisen die integrierten Mentoring-Tandems als facettenreiches Lernumfeld aus, um Fach-, Methoden-, Sozial- und Selbstkompetenz von Lehramtsstudierenden auf individualisierte Art und Weise zu fördern. Sie stützen den postulierten Mehrwert von Mentoring-Tandems durch relationalisierte Theorie-Praxisphasen:

Sowohl die Lehramtsstudierenden als auch die Lernenden erleben die Arbeit in den Mentoring-Tandems als gewinnbringend und die realitätsnahe Erfahrung als nützlich und bereichernd. Dies bestätigt die postulierten reziproken und kollaborativen Effekte von Mentoring (Ghosh & Reio 2013). Die repliziert besseren Ergebnisse der Versuchsgruppe mit Mentoring weisen auf eine Steigerung der Sozial- und Selbstkompetenz in den Bereichen ‚Beziehungsfähigkeit‘, ‚Motivationsfähigkeit‘ und ‚Vertrauenswürdigkeit‘ hin sowie auf eine höhere Fach- und Methodenkompetenz in Bezug auf die ‚Fähigkeit Lernstrategien zu fördern‘ und die ‚Fähigkeit individualisierte Lernmaterialien zu entwickeln‘, was eine entsprechende Diagnosekompetenz voraussetzt, die Mentorinnen / Mentoren anhand konkreter Praxisfälle aufbauen können (Fischer et al. 2014, 11).

Die vergleichbaren Ergebnisse für die einführende fachdidaktische Lehrveranstaltung (Fachdidaktik I) und die weiterführende interdisziplinäre Lehrveranstaltung (Mehrsprachigkeitsdidaktik) weisen auf eine flexible Einsatzmöglichkeit des Lehrkonzepts hin. Ein Transfer auf andere Lehrveranstaltungen wird auch durch die generelle Ausrichtung der neuen Lehramtscurricula am EQR begünstigt. Integrierte Mentoring-Tandems nach dem vorgestellten Lehrkonzept werden derzeit in den einführenden fachdidaktischen Lehrveranstaltungen zu Englisch und Französisch an der Pädagogischen Hochschule Burgenland und der Universität Graz pilotiert (Rückl 2017). An der Universität Salzburg werden Mentoring-Tandems weiterhin auf fakultativer Basis in die einführenden fachdidaktischen Lehrveranstaltungen integriert. Im Rahmen des Themenmoduls ‚Mehrsprachigkeit‘ werden sie seit 2018 jedoch als reguläre, supervidierte Praxisphasen in einer Lehrveranstaltung zur Förderung (fremd-)sprachlicher Lernprozesse im Kontext von Mehrsprachigkeit im Ausmaß von 2 ECTS eingesetzt, die begleitend zum Proseminar ‚Mehrsprachigkeitsdidaktik‘ stattfindet. Dies ermöglicht eine Ausweitung der Praxisphasen in den Mentoring-Tandems und eine Intensivierung der Supervision (PLUS 2018).

Literaturverzeichnis

BIERHOFF, Hans-Werner & JONAS, Eva. 2011. „Soziale Interaktion". In: Frey, Dieter & Bierhoff, Hans-Werner. edd. *Bachelorstudium Psychologie: Sozialpsychologie – Interaktion und Gruppe.* Göttingen: Hogrefe, 131–159.

BLÖMEKE, Sigrid et al. edd. 2011. *Kompetenzen von Lehramtsstudierenden in gering strukturierten Domänen. Erste Ergebnisse aus TEDS-LT.* Münster et al.: Waxmann.

BLÖMEKE, Sigrid. 2011. „Teacher Education and Development Study: Learning to Teach (TEDS-LT) – Erfassung von Lehrkompetenzen in gering strukturierten Domänen". In: Blömeke, Sigrid et al. edd. *Kompetenzen von Lehramtsstudierenden in gering strukturierten Domänen. Erste Ergebnisse aus TEDS-LT.* Münster et al.: Waxmann, 7–24.

BMB – BUNDESMINISTERIUM FÜR BILDUNG. 2017a. „Berufsbildende Schulen – HLW", https://www.abc.berufsbildendeschulen.at/schulen-fuer-wirtschaftliche-berufe/. Zugriff: 30.3.2019.

BMB – BUNDESMINISTERIUM FÜR BILDUNG. 2017b. „Semestrierter Lehrplan AHS", https://www.ris.bka.gv.at/GeltendeFassung.wxe?Abfrage=Bundesnormen&Gesetzesnummer=10008568&FassungVom=2017-09-01. Zugriff: 30.3.2019.

BRAUN, Edith. 2007. „Ergebnisorientierte Lehrveranstaltungsevaluation: Das Berliner Evaluationsinstrument für studentische Kompetenzen", in: Kluge, Annette & Schüler, Kerstin. edd. *Qualitätssicherung und Qualitätsentwicklung an Hochschulen: Methoden und Ergebnisse.* Lengerich: Pabst, 73–82.

EISENMANN, Maria. 2016. „Binnendifferenzierung". In: Burwitz-Melzer, Eva et al. edd. *Handbuch Fremdsprachenunterricht.* Tübingen: Francke, 358–361.

EUROPÄISCHES PARLAMENT & EUROPARAT. 2008. „Empfehlung des europäischen Parlments und des Rates zur Einrichtung des Europäischen Qualifikationsrahmens für lebenslanges Lernen", https://ec.europa.eu/ploteus/sites/eac-eqf/files/journal_de.pdf. Zugriff: 30.3.2019.

EUROPARAT. 2001. *Gemeinsamer Europäischer Referenzrahmen für Sprachen: lernen, lehren, beurteilen.* Berlin et al.: Langenscheidt.

FISCHER, Astrid et al. edd. 2014. *Diagnostik für lernwirksamen Unterricht.* Baltmannsweiler: Schneider Hohengehren.

GHOSH, Rajashi & REIO, Thomas G. 2013. „Career benefits associated with mentoring for mentors: A meta-analysis". In: *Journal of Vocational Behavior* 83/1, 106–116.

HATTIE, John. 2009. *Visible Learning: A Synthesis of over 800 Meta-Analyses Relating to Achievement.* London et al.: Routledge.

HINGER, Barbara. 2015. „LehrerInnenbildung Neu aus der Sicht der Romanistik". In: *Quo vadis, Romanistik?* 44, 17–38.

KÖNIG, Johannes. 2014. „Kompetenzen in der LehrerInnenbildung aus fächerübergreifender Perspektive der Bildungswissenschaften". In: Bresges, André et al. edd. *Kompetenzen diskursiv. Terminologische, exemplarische und strukturelle Klärungen in der LehrerInnenbildung.* Münster et al.: Waxmann, 17–46.

KOPF, Martina et al. 2010. *Kompetenzen in Lehrveranstaltungen und Prüfungen Handreichung für Lehrende.* Mainz: ZQ.

LARSON-HALL, Jenifer. 2016. *A Guide to Doing Statistics in Second Language Research Using SPSS and R.* London et al.: Routledge.

MAYER, Roger C. & DAVIS, James H. 1999. „The effect of the performance appraisal system on trust for management: A field quasi-experiment". In: *Journal of Applied Psychology* 84/1, 123–136.

MEINDL, Claudia. 2011. *Methodik für Linguisten. Eine Einführung in Statistik und Versuchsplanung.* Tübingen: Narr.

NEWBY, David et al. 2007. *European Portfolio for Student Teachers of Languages (EPOSTL). A Reflection Tool forLanguage Teacher Education.* Graz: Council of Europe.

OXFORD, Rebecca L. & BURRY-STOCK, Judith A. 1995. „Assessing the use of language learning strategies worldwide with the ESL/EFL version of the Strategy Inventory for Language Learning (SILL)". In: System 23/1, 1–23.

PLUS. 2013. „Curriculum für das Bachelorstudium Lehramt an der Universität Salzburg (Version 2013)", http://www.uni-salzburg.at/index.p hp?id=30467&MP=44700-200607%2C200731-200747%2C107-44803. Zugriff: 30.3.2019.

PLUS. 2016. „Curriculum für das Bachelorstudium Lehramt an der Universität Salzburg (Version 2016)", https://www.uni-salzburg.at/filead min/multimedia/Romanistik/documents/Curriculum_Lehramt_2 016.pdf. Zugriff: 30.3.2019.

PLUS. 2018. „Themenmodul ‚Mehrsprachigkeit'", https://www.uni-salzb urg.at/index.php?id=205715&MP=110-200907. Zugriff: 30.3.2019.

ROHDE, Andreas. 2014. „Sprachwissen, Sprachkönnen und deren Alltagstauglichkeit. Zur Kompetenzorientierung in der Fremdsprachendidaktik". In: Bresges, André et al. edd. *Kompetenzen diskursiv. Terminologische, exemplarische und strukturelle Klärungen in der LehrerInnenbildung.* Münster et al.: Waxmann, 105–120.

RÜCKL, Michaela. 2017. „Förderung berufsrelevanter Kompetenzen durch Mentoring-Tandems. Ein fachdidaktisches Pilot-Lehrprojekt". In: Dalton-Puffer, Christiane & Boeckmann, Klaus-Börge & Hinger, Barbara. edd. *Symposium Sprachlehr/lernforschung in Österreich. 10 Jahre ÖGSD*. Graz: ÖGSD, 65–70.

RÜCKL, Michaela & MACKINGER, Barbara. 2015. „Erwerb von berufsrelevanten Kompetenzen in Mentoring-Tandems: eine Win-win-Situation für Lehramtsstudierende und Schüler/innen". In: *Zeitschrift für Hochschulentwicklung* 11/1/15, 239–256.

RYSCHKA, Jurij et al. edd. 2011. *Praxishandbuch Personalentwicklung: Instrumente, Konzepte, Beispiele*. Wiesbaden: Gabler.

SANN, Uli & PREISER, Siegfried. 2008. „Emotionale und motivationale Aspekte in der Lehrer-Schüler-Interaktion". In: Schweer, Martin K. W. ed. *Lehrer-Schüler-Interaktion. Inhaltsfelder, Forschungsperspektiven und methodische Zugänge*. Wiesbaden: Verlag für Sozialwissenschaften, 209–226.

SCHIED, Mirelle. 2013. *Schulpraktische Studien im Rahmen der Lehrerausbildung. Konzeptionalisierung und Evaluierung nach dem Gmünder Modell*. Bad Heilbrunn: Klinkhardt.

STÖGER, Heidrun & ZIEGLER, Albert. 2008. *Trainingshandbuch selbstreguliertes Lernen II. Grundlegende Textverständnisstrategien für Schüler der 4. bis 8. Jahrgangsstufe*. Lengerich: Pabst.

VORBEREITUNGSGRUPPE PÄDAGOGINNENBILDUNG NEU. 2011. „Empfehlungen der Vorbereitungsgruppe im Auftrag vom BMUKK und BMWF", http://www.qsr.or.at/dokumente/1870-20140529-093034-Empfehlungen_der_Vorbereitungsgruppe_062011.pdf. Zugriff: 30.3.2019.

WEINERT, Franz E. 2001. „Vergleichende Leistungsmessung in Schulen – eine umstrittene Selbstverständlichkeit". In: Weinert, Franz E. ed. *Leistungsmessungen in Schulen*. Weinheim & Basel: Beltz, 17–31.

ZIEGLER, Albert. 2009. „Mentoring: Konzeptuelle Grundlagen und Wirksamkeitsanalyse". In: Stöger, Heidrun & Ziegler, Albert & Schimker, Diana. edd. *Mentoring: Theoretische Hintergründe, empirische Befunde und praktische Anwendung*. Lengerich: Pabst, 7–30.

Mehrsprachigkeit in der Schule – praxisnahe Impulse für die Gestaltung von Seminaren zum sprachenvernetzenden Lehren und Lernen

Fabienne Korb, Christina Reissner & Philipp Schwender[1]

1. Einleitung

Die Vernetzung von Forschung, Lehre und Schulpraxis gewinnt bei der Gestaltung von universitären Lehrangeboten für angehende Lehrkräfte zunehmend an Bedeutung. Dies äußert sich nicht zuletzt in weitreichenden BMBF-Förderprogrammen wie der *Qualitätsoffensive Lehrerbildung*, die seit 2015 hochschuldidaktische Projekte mit der Zielsetzung der Profilierung und Optimierung der Lehrerbildung sowie Verbesserung der Praxisbezüge im Lehramtsstudium fördert. Zusätzlich spielt in Zeiten der Digitalisierung der Einsatz mobiler Endgeräte und digitaler Medien im Unterricht eine immer wichtigere Rolle, was sich ebenfalls auf die Lehrerbildung auswirkt und neue Inhalte in das Lehramtsstudium trägt. Diese für die aktuelle Hochschuldidaktik bedeutungsvollen Handlungsfelder gehen in sprachlichen Fächern außerdem mit sprachspezifischen Konzepten einher, die etwa durch die europäische Sprachenpolitik und die Einführung der bundesweit geltenden Bildungsstandards vorangetrieben werden. So sollen Fremdsprachenlehrkräfte neben fachwissenschaftlichen und -didaktischen Kompetenzen auch über eine (funktionale) Mehrsprachigkeitskompetenz[2] verfügen und diese an ihre Schüler[3] vermitteln können. Sowohl

---

[1] Wissenschaftliche Mitarbeiter am *Institut für Sprachen und Mehrsprachigkeit* (ISM). Das ISM ist Teil des Verbundprojektes *SaLUt* an der Universität des Saarlandes, das im Rahmen der *Qualitätsoffensive Lehrerbildung* des BMBF gefördert wird.

[2] Bei der funktionalen Mehrsprachigkeit steht nicht die perfekte Sprachkompetenz in einer Sprache, sondern die kommunikative Handlungsfähigkeit in mehreren Sprachen im Fokus.

[3] Schüler und Schülerinnen wird im Folgenden mit Schüler abgekürzt.

mehrsprachigkeitsdidaktische Konzepte wie Sprachenbewusstheit und Interkomprehension als auch die Vermittlung von Sprachlern-kompetenzen erweisen sich hierfür als besonders geeignet (vgl. Gnutzmann 1997, Morkötter 2005, 2016, Bär 2009) und werden im universitären Lehrangebot für angehende Fremdsprachenlehr-kräfte zunehmend aufgegriffen. Oftmals fehlt es jedoch an ihrer Konkretisierung und praxisnahen Einbindungsmöglichkeiten, was die Integration sprachenvernetzender Ansätze in den täglichen Fremdsprachenunterricht weiterhin erschwert.

Im Folgenden wird das Theorie-Praxis-Seminar „Mehrspra-chigkeit in der Schule" vorgestellt, das bereits seit 2010 an der Uni-versität des Saarlandes angeboten wird (Polzin-Haumann / Reiss-ner 2013, Reissner 2015a) und im Rahmen der *Qualitätsoffensive Lehrerbildung* unter anderem in Hinblick auf die Arbeit mit digita-len Medien weiterentwickelt werden konnte. Der vorliegende Bei-trag möchte damit Anregungen und Impulse für das sprachenver-netzende Lehren und Lernen im Sinne eines handlungs- und pro-duktionsorientierten Unterrichts geben.

2.   Zur Entstehung und Zielsetzung des Lehrformats „Schulprojektseminar"

Die Aktivitäten zum sprachenvernetzenden Unterricht haben ihre Wurzeln in dem Frankfurter Projekt EuroCom (Akronym für *Euro-pean InterComprehension*), das sich mit der europäischen Interkom-prehension befasst. Das von Horst G. Klein und Til D. Stegmann an der Goethe-Universität Frankfurt entwickelte Konzept beruht auf der Sichtbarmachung und Nutzung der sprachlichen Gemeinsam-keiten innerhalb der romanischen Sprachfamilie. Das Grundlagen-werk *EuroComRom – Die Sieben Siebe: Romanische Sprachen sofort le-sen können* (Klein / Stegmann 2000) stellt erstmals strukturiert das linguistische Transferinventar aus einer sprachenübergreifenden Sicht zusammen. Es bietet zugleich ein auf andere Sprachfamilien übertragbares Muster der didaktisch nutzbaren Transferbasen in-nerhalb von Sprachfamilien generell und wurde auf die Gruppe der germanischen Sprachen ausgeweitet (Hufeisen / Marx 2007); auch

Arbeiten zur slavischen Interkomprehension liegen vor (Zybatow / Zybatow 2006, Tafel 2009).

Im Folgenden werden verschiedene Aspekte betrachtet, die
für die Entwicklung des EuroCom-Ansatzes und seine Implemen-
tation in Universität und Schule von Bedeutung sind, beginnend
mit sprachenpolitischen Rahmenbedingungen über allgemeine
Überlegungen zum Konzept im Rahmen des multiplen Sprachenlernens bis hin zum Wissenstransfer von der Theorie in die Praxis,
den das spezifische Seminarformat ermöglicht.

2.1 Sprachenpolitische Überlegungen

Europäische Union und Europarat betrachten Mehrsprachigkeit als
zentrale Schlüsselqualifikation und bedeutsames Element der
Wettbewerbsfähigkeit Europas (Europäisches Parlament 2019). Der
(Mehr)Sprachenerwerb ist seit Langem eine wichtige Priorität, so
wurden in den letzten Dekaden zahlreiche Programme und Projekte finanziert (für einen Überblick vgl. Reissner 2015b). Die Kommission sieht auch aktuell vor, dass es im „einheitlichen europäischen Bildungsraum" bis 2025 „gängig ist, dass man neben der
Muttersprache zwei weitere Sprachen spricht" (Europäische Kommission 2017, 2018, 2).

Seit ihrer Gründung ist die Europäische Union der Mehrsprachigkeit und Förderung der sprachlichen und kulturellen Diversi-
tät verpflichtet (Europäisches Parlament 2019, 2), seit den 1990er
Jahren ist die Förderung der Mehrsprachigkeit eine der elementaren Zielsetzungen der gemeinsamen europäischen Politik. Bereits
im Europäischen Weißbuch zur allgemeinen und beruflichen Bildung (Europäische Kommission 1995) sind die Aktionsleitlinien
der europäischen Politik verankert, darunter die Förderung der
Sprachenvielfalt und die Zielsetzung der Beherrschung von „Muttersprache + 2" (Europäische Kommission 1995, 62f.). Zentrale For-
derungen sind dabei etwa die Kompetenzdifferenzierung und das
Nutzen der sprachlichen Nahverwandtschaft zum (Mehr)Spra-
chenlernen.

Damit werden zwei der zentralen Aspekte angesprochen, die dem Interkomprehensionsgedanken zugrunde liegen: In erster Linie liegt der Fokus auf dem Aufbau rezeptiver Kompetenzen in nahverwandten, nicht formal erlernten Sprachen. Die typologische Nähe der jeweiligen Sprachen erleichtert dabei den Identifikationstransfer und wird in der Interkomprehensionsdidaktik gezielt genutzt. Diese Aspekte wurden in das von Klein und Stegmann entwickelte EuroCom-Konzept integriert und für die Förderung der europäischen Mehrsprachigkeit systematisch aufbereitet. Seit 2009 ist der romanistische Zweig des EuroCom-Projektes an der Universität des Saarlandes angesiedelt, seither umfasst das Lehrangebot in den romanistischen Studiengängen vielfältige Veranstaltungen zum Thema Mehrsprachigkeit und ihrer Vermittlung. Insbesondere in der romanistischen Lehramtsausbildung bildet die Sensibilisierung und Professionalisierung der Studierenden für sprachenvernetzendes Unterrichten einen wichtigen Schwerpunkt.

Im Folgenden wird zunächst das zugrundeliegende Konzept des EuroCom-Ansatzes kurz skizziert, nicht zuletzt, um das große Potential zu verdeutlichen, das ihm für das (Mehr)Sprachenlernen im Europa des 21. Jahrhunderts innewohnt.

2.2 Das EuroCom-Konzept

Den Anfang nahm das Konzept mit Lesekursen zum Simultanerwerb der romanischen Sprachen seit den 1980er Jahren an der Goethe Universität Frankfurt. In die Vorarbeiten flossen neben den Erfahrungen aus der akademischen Lehre vielfältige Erkenntnisse aus verschiedenen linguistischen Disziplinen ein, die von historischer und kontrastiver Sprachwissenschaft über die verschiedenen Zweige der Kognitionswissenschaften bis zur Sprachlehr- und Sprachlernforschung und Didaktik reichen. Der pluridisziplinäre Ansatz führt die Erkenntnisse verschiedenster Disziplinen zusammen und nutzt die vorhandenen Synergien aus einer sprachen- und fächerübergreifenden Perspektive für einen anderen Zugang zum Sprachenlernen als es ‚traditionelle' Ansätze tun (vgl. Reissner 2007).

Auf dieser Grundlage wurden unter praktischen Anwendungsaspekten die bereits genannten ‚Sieben Siebe' entwickelt (Klein / Stegmann 2000), die metaphorisch die sieben Kategorien bezeichnen, in denen die potentiellen sprachlichen Transferinventare anhand sechs romanischer Sprachen[4] systematisiert werden. Dabei stehen diejenigen Phänomene im Vordergrund, die für möglichst viele nahverwandte Sprachen gelten und zudem in Gebrauchstexten möglichst hochfrequent sind. Die Siebe umfassen den Internationalen Wortschatz, den Panromanischen Wortschatz, Lautentsprechungsregularitäten, Graphien und Aussprachen, panromanische syntaktische Strukturen, morphosyntaktische Elemente sowie die sogenannten Eurofixe, vor allem Prä- und Suffixe, die die Sprachfamilie miteinander teilt. Neben diesen sprachlichen Ressourcen verfügen Lerner jedoch über weit mehr Wissensreservoire und Fähigkeiten, die für das interkomprehensiv basierte Verstehen genutzt werden können. Dazu gehören das individuelle Welt- oder enzyklopädische Wissen allgemein (vgl. Doyé 2005), aber bspw. auch Lese- und Sprachlernstrategien sowie metasprachliches Wissen und Können, also prozedurale Transferressourcen. Sie betreffen die Nutzung des vorhandenen Wissens und Könnens, also deren Operationalisierung. Modelle zur Beschreibung multiplen Sprachenlernens wie etwa das Faktorenmodell (Hufeisen 2010) berücksichtigen die neueren Erkenntnisse und Paradigmen und untermauern diese Sichtweise, ebenso die Interkomprehensionsdidaktik (vgl. z.B. Meißner 2004, 2010), das Gesamtsprachencurriculum (vgl. Hufeisen 2011) und weitere Ansätze zum sprachenübergreifenden Lehren und Lernen (vgl. Behr 2010, 2011).

Zusammenfassend ist festzuhalten, dass EuroCom einem transversaldidaktischen Ansatz und dem konstruktivistischen Lernparadigma folgt, wodurch den Lernenden großer Freiraum für das autonome und entdeckende Lernen eingeräumt wird. Zugleich werden die für das Sprachenlernen zentralen Elemente der Sprachlernkompetenz sowie der Sprach(en)bewusstheit (*Language Awareness* und *Language Learning Awareness*) gefördert (Bär 2009, Morkötter 2010).

---

[4]   Französisch, Italienisch, Katalanisch, Portugiesisch, Rumänisch und Spanisch.

Ein weiterer innovativer Aspekt des EuroCom-Konzeptes ist die Entwicklung von Lehr- und Lernszenarien unter Einbeziehung der (damals) sogenannten „Neuen Medien", die von Anfang an integriert wurden. So entstanden bereits ab 2002 Materialsammlungen und Lerneinheiten auf CD-Rom und die ersten virtuellen Selbstlernszenarien (vgl. Reissner 2007, 50ff., Klein / Strathmann 2011).[5]

Das EuroCom-Konzept hat sich inzwischen innerhalb der vielfältigen Szenarien der Interkomprehension als einer der *pluralen Ansätze* etabliert, die Gegenstand des *Referenzrahmens für plurale Ansätze zu Sprachen und Kulturen* (REPA, Candelier 2012) sind. Im Zuge des allgemeinen Paradigmenwechsels zum lernerorientierten und sprachenübergreifenden / -vernetzenden Lehren und Lernen finden diese Ansätze zur Förderung und Vermittlung von Mehrsprachigkeit immer häufiger auch Eingang in schulische und universitäre Curricula. An der Universität des Saarlandes sind sie inzwischen in den romanistischen Studiengängen Gegenstand der grundständigen Lehrveranstaltungen zur europäischen Mehrsprachigkeit und ihrer Vermittlung (Polzin-Haumann / Reissner 2018).

2.3 Transfer von der Theorie in die Praxis: das Seminarformat

Seit 2004 wurden erste Schulprojekte in Hessen realisiert, die die EuroComRom-Vorgehensweise im Rahmen einwöchiger Schulprojekte umsetzten (Klein 2004, Bär 2009, Klein / Strathmann 2011). Bereits damals wurde multimedial, unter Einsatz von PowerPoint, Videos und Tondokumenten gearbeitet, lange bevor diese Medien nennenswerten Einzug in die Schulen fanden. Diese ersten Projekte wurden von Lehrenden der Universität durchgeführt. Hier stand das Aktionsforschungsmodell im Vordergrund (vgl. z.B. Posch / Zehetmeier 2010). Die praktischen Erfahrungen und daraus resultierenden Erkenntnisse wurden genutzt, um die Szenarien und Materialien für die Zielgruppe der schulischen Lerner fortzuentwickeln, aber auch um übergeordnete Forschungsfragen, bspw. im

---

[5]   Das Internetportal zu EuroComRom wird derzeit neu aufgestellt; mit einer Fertigstellung ist 2020 zu rechnen.

Rahmen von Abschlussarbeiten und Dissertationen, zu untersuchen.

Der Gedanke der Verknüpfung mit universitären Lehrveranstaltungen wurde erst nach dem Umzug des Projekts an die Universität des Saarlandes entwickelt; seit 2010 werden dort Schulprojektseminare zur Mehrsprachigkeit durchgeführt. Die Konzeption beruht auf dem Grundgedanken, im Sinne eines Kontinuums universitäre Lehre, schulisches Lehren und Lernen und die wissenschaftliche Forschung zusammenzuführen: Die Studierenden erhalten die Möglichkeit, die theoretischen Inhalte der Lehrerausbildung unmittelbar in den Schulen anzuwenden und werden dabei begleitet; die Schüler (und ihre Lehrkräfte) werden für Mehrsprachigkeit sensibilisiert, und schließlich tragen die Ergebnisse zur Weiterentwicklung der Forschungen auf dem Gebiet des Mehrsprachenlehrens und -lernens bei (vgl. Reissner 2013).

Von Anfang an basierte die Lehrveranstaltung auf dem Grundsatz, den Studierenden sowohl die theoretischen Inhalte erfahrbar zu machen als auch, ihnen die eigene Umsetzung der erworbenen Kenntnisse in der schulischen Praxis zu ermöglichen. Gemeinsam mit Kooperationsschulen wurden erste Projektwochen organisiert, die sich der Sensibilisierung für Sprache(n) sowie dem Mehrsprachenlernen widmeten. Inhaltlich waren die Projektwochen zum einen auf das eigene Sprachenlernen, die Sprachen in der Klasse und in der alltäglichen Umgebung gerichtet[6], zum anderen war der interkomprehensive Zugang zu vermeintlich fremden Sprachen ein Schwerpunkt der Aktivitäten. Hier kamen unter anderem Materialien aus dem EuroComRom-Konzept zum Einsatz; es wurde zunächst stark textbasiert gearbeitet, aber auch Bild- und Tondokumente wurden von Anfang an eingesetzt.

In der theoretischen Einführung zu den Seminaren wurden die Studierenden mit vielen der möglichen Aufgabenstellungen in

---

[6]   So wurden etwa folgende Szenarien entwickelt: Schüler erkunden die *Linguistic Landscape* in der Fußgängerzone oder im nahegelegenen Supermarkt und befragen dort Mitarbeiter und Kunden; Schüler befragen Passanten in der Fußgängerzone zu ihren Sprachen; Schüler machen Interkomprehensionsexperimente mit Passanten.

der Lernerrolle konfrontiert, indem sie etwa ihre eigenen Sprachen-
portraits erstellten oder die Sprachenlandschaft der Universität
(*Linguistic Landscaping*) erkundeten, aber auch Erschließungsaufga-
ben in ihnen unbekannten, nahverwandten Sprachen lösten und
sich auf diesem Weg der interkomprehensiven Herangehensweise
näherten. Die eigenen (Lern-)Erfahrungen dienten der Sensibilisierung für die Thematik und förderten das Erkennen der transversalen Schlüsselrolle von Sprache(n) für das lebenslange Lernen.

Auch hier wurden von den Studierenden eigene Aufgabenformate entwickelt und in der Projektwoche umgesetzt. Der Aufbau
des Seminars umfasste neben dem theoretischen Einführungsteil
das selbständige Arbeiten der Studierenden, die unter anderem einen Entwurf für eine Unterrichtseinheit zu einem Thema und im
Format ihrer Wahl erstellten, mit der einzigen Maßgabe, dass konsequent mehrere Sprachen in das Szenario eingebettet sind. Bei der
Erstellung und Durchführung der Unterrichtseinheiten wurde der
Begleitung durch die Lehrenden und dem Austausch unter den
Kommilitonen von Anfang an großer Wert beigemessen, um eine
fortwährende Reflektion des eigenen Handelns zu initiieren und
damit im Sinne der Aktionsforschung die Kultur des Lehrens und
Lernens dynamisch zu gestalten (Altrichter et al. 2018, 12).

3. Das Theorie-Praxis-Seminar „Mehrsprachigkeit in der Schule – sprachenvernetzenden Unterricht gestalten"

Im Zuge der *Qualitätsoffensive Lehrerbildung* an der Universität des
Saarlandes und der damit einhergehenden personellen Aufsto-
ckung sowie institutionellen Verstetigung wird das beschriebene
Seminarkonzept seit 2017 weiterentwickelt. Entwicklungsprozesse
wurden insbesondere bei der praktischen Umsetzung und der inhaltlichen Ausrichtung des Seminars angestoßen. Dabei wurde sowohl auf aktuelle Erkenntnisse der Hochschuldidaktik sowie der
Mehrsprachigkeitsforschung und -didaktik zurückgegriffen als

auch neue Inhalte aus dem Bereich des digitalen Lehrens und Lernens in das bestehende Konzept des Theorie-Praxis-Seminars aufgenommen.

3.1. Agile Hochschuldidaktik als Basis des Theorie-Praxis-Seminars

> „In der Realität ist Lehre immer eine Mischung aus Ungeplantem und Geplantem, nur in unterschiedlichen Zusammensetzungen." (Arn [2]2017, 9)

Arn ([2]2017, 19) beschreibt mit seinem Konzept der agilen Hochschuldidaktik universitäre Lehre unter anderem als „Jetzt-Didaktik", „Co-Didaktik" oder „Begegnungsdidaktik", die Kommunikation und Aktion mit den Studierenden in den Vordergrund der Lehrtätigkeit stellt. Lehren und Lernen werden konsequent als aktive Prozesse verstanden, in denen momentane Situationen und Gegebenheiten gegenüber geplanten didaktischen Entscheidungen bevorzugt werden. Ausgehend von diesen Überlegungen lassen sich die beiden Pole „radikale agile Didaktik" und „radikale Plan-Didaktik" definieren. Unter ersterem wird eine Lehre beschrieben, in der didaktische Entscheidungen nur während der Lehrtätigkeit getroffen werden. Im Kontrast dazu wird Plan-Didaktik als Lehre angesehen, in der alle didaktischen Entscheidungen vor der Lehrtätigkeit erfolgen und nur die zuvor entwickelte Planung umgesetzt wird (vgl. Arn [2]2017, 23). Beide Pole sind in der täglichen Hochschullehre jedoch irreal, da ohne vorangegangene Planungsphase die Lehre Gefahr läuft, die inhaltliche Orientierung und Präzision zu verlieren. Außerdem repräsentieren ad hoc getroffene didaktische Entscheidungen nur die Auswahl von bereits vorhandenen Varianten an Handlungsmöglichkeiten des Lehrenden. Umgekehrt unterliegt jede Planung der aktuellen Lehrsituation, sodass stets Handlungen entstehen, die nicht zuvor fixiert wurden. Lehrhandlungen lassen sich demnach in der Regel auf einem Kontinuum verorten, das zwischen radikaler Plan-Didaktik und radikaler agiler Didaktik verläuft:

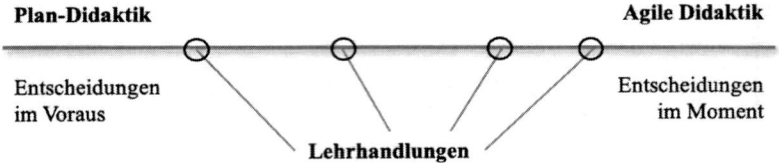

Abb. 1: Lehrhandlungen auf dem Kontinuum zwischen radikal agiler Didaktik und radikaler Plan-Didaktik (nach Arn ²2017, 23)

Für das Theorie-Praxis-Seminar, das einen handlungs- und produktionsorientierten Ansatz verfolgt, bedeutet dies, dass innerhalb des geplanten inhaltlichen, methodischen sowie didaktischen Rahmens Situationen und Zeiträume geschaffen werden sollen, die einen uneingeschränkten und vom Moment bestimmten inhaltlichen Austausch zwischen Lehrenden und Lernenden ermöglichen. Damit wird, wie Arn (²2017, 25) beschreibt, eine Verschachtelung von Plan- und agiler Didaktik entworfen, die abwechslungsreiche und motivierende Lehr- / Lernsituationen kreiert. Ein solcher Ansatz ist aus historischer Perspektive keine Neuerung, plädieren doch bereits die Reformpädagogik und konstruktivistische Ansätze für Handlungen und Lernerfahrungen, in denen Prozess- und Schülerorientierung die bestimmenden Prinzipien sind. Jedoch sind diese Ansätze und Ausrichtungen immer noch zu selten in der Hochschuldidaktik zu finden, insbesondere in der Lehrerbildung, und dies, obwohl sie in den Praxisphasen und den Schulpraktika während des Lehramtsstudiums eingefordert werden. Das Theorie-Praxis-Seminar orientiert sich mit seiner Konzeption an der skizzierten agilen Didaktik und eröffnet Studierenden die Möglichkeit, aktiv erste Erfahrungen mit einer solchen Lehr- / Lernpraxis zu sammeln. In den folgenden Ausführungen zum Aufbau und Ablauf des Seminars soll aufgezeigt werden, wie agile Didaktik in die klassische Seminarstruktur eingebunden werden kann.

3.2 Aufbau und Ablauf des Theorie-Praxis-Seminars

In fünf Präsenzveranstaltungen erfolgt die wissenschaftliche Fundierung der Seminarinhalte. Dies geschieht im klassischen universitären Format eines Proseminars mit wöchentlich wechselnden Themenblöcken. Jedoch werden im Sinne der agilen Hochschuldidaktik die relevanten Konzepte der Mehrsprachigkeitsforschung sowie -didaktik konsequent mit Praxisbezug und in lerneraktivierender Form vermittelt, das heißt didaktische und methodische Überlegungen der Hochschullehre zielen bereits auf die spätere schulische Praxis und insbesondere auf die im Seminar verankerte Praxisphase ab. Entsprechend werden Methoden in die Präsenzveranstaltungen eingebunden, die leicht auf den (Fremd-)Sprachenunterricht übertragbar sind.

In einer zweiten Phase wird dieser Praxisbezug ausgeweitet und intensiviert. Die Studierenden erhalten die Aufgabe, in Zweierteams Unterrichtsstunden zum Mehrsprachenlernen zu konzipieren. Dies geschieht zunächst autonom: Die Studierenden treffen sich, sammeln Ideen und erstellen erste Materialien. Die dabei entstandenen Vorschläge und Unterrichtsentwürfe werden anschließend in verbindlichen Sprechstunden vorgestellt. Dabei nehmen die Dozenten eine Beratungsfunktion ein, was den Grundsätzen der agilen Hochschuldidaktik im besonderen Maße entspricht. Ausgehend von den entwickelten Grobplanungen arbeiten die Studierenden ihre Unterrichtsentwürfe in den folgenden Wochen weiter aus. In einer weiteren Präsenzveranstaltung werden die Unterrichtsstunden im Plenum vorgestellt und im Sinne einer Peer Review gemeinsam positive Aspekte, aber auch mögliche Schwachstellen und Handlungsalternativen diskutiert.

In der letzten Phase des Seminars werden Projekttage an einer Kooperationsschule durchgeführt. Damit wird ein außercurriculares, zusätzliches Angebot geschaffen, das für die Schüler eine intensive Auseinandersetzung mit dem Thema Mehrsprachigkeit erlaubt. An jeder Schule werden jeweils mindestens drei Schultage in Folge von den Studierenden gestaltet. Dabei wird angestrebt, dass jedes Team seine Unterrichtseinheit zweimal durchführen kann, damit die Studierenden die Möglichkeit haben, ihre gesammelten

Erfahrungen und Reflexionen sowie das Feedback der Dozenten aus der ersten Stunde in die zweite mitzunehmen und sie gegebenenfalls zu optimieren. Es entsteht ein situatives Lernen aus Erfahrungen und Reflexionsprozessen, das zur Professionalisierung der Lehramtsstudierenden beitragen soll. Oftmals erleben sie zum ersten Mal, wie sich Variablen des Unterrichts, bspw. Klassengröße oder sprachlicher Kenntnisstand der Klasse, auf die Unterrichtsplanung auswirken können. Die Studierenden berichten mitunter, dass Unterrichtsphasen, die in einer Klasse erfolgreich verliefen, bei der zweiten Durchführung problematischer erschienen und umgekehrt. Solche Erkenntnisse formen und unterstützen die weitere Unterrichtsarbeit auch außerhalb des Theorie-Praxis-Seminars und dienen dem Aufbau von Praxiskompetenzen, die spätestens in der zweiten Phase der Lehrerbildung von zentraler Bedeutung sind.

Die Verstetigung des Seminars in den Modulplänen der Lehramtsstudiengänge der Fächer Französisch und Spanisch ermöglicht es, jedes Semester mindestens ein solches Schulprojekt mit den Studierenden zu gestalten und umzusetzen. So wird das Theorie-Praxis-Seminar regelmäßig im Sommersemester an einer Gemeinschaftsschule in der 6. Klassenstufe und im Wintersemester in der 7. Klassenstufe eines Gymnasiums durchgeführt, daneben finden aber auch weitere Projekttage in anderen Schulformen und Klassenstufen statt.

Das Seminar sowie das Schulprojekt werden wissenschaftlich begleitet und evaluiert. Dadurch ermöglicht es in hohem Maße die unmittelbare Verknüpfung der Praxis mit vielfältigen Forschungsfragen der Sprachlehr- und der Unterrichtsforschung sowie der Mehrsprachigkeitsforschung (vgl. auch Korb / Schwender 2019).

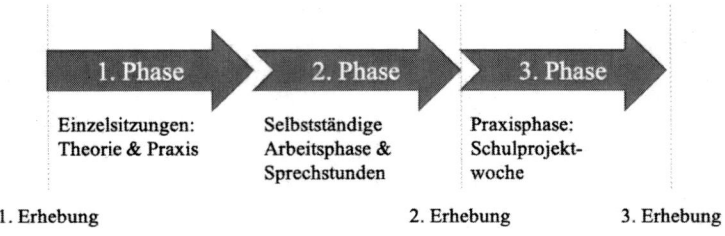

Abb. 2:   Evaluationszeitpunkte des Theorie-Praxis-Seminars

In Kooperation mit den Bildungswissenschaften sind Fragebögen entstanden, die zu Beginn, in der Mitte und am Ende des Seminars zum Einsatz kommen (vgl. Abbildung 2). Die Items decken die folgenden Bereiche ab: Mehrsprachigkeit als Teil des Fremdsprachenunterrichts, Seminarinhalte, Seminarmethoden, Umgang mit Wissenslücken, Hilfestellungen / Feedback geben, Lehrerselbstwirksamkeit, Selbstbestimmung und selbstreguliertes Lernen. Über die Fragebögen werden Daten erhoben, die Aufschluss über die Einstellungen der Studierenden und ihre Auseinandersetzung mit Mehrsprachigkeitsdidaktik sowie mit der Seminarkonzeption geben. Diese Vorgehensweise ermöglicht, das Seminar auch aus der bildungswissenschaftlichen Perspektive weiter zu optimieren. Zudem können damit weitere – empirisch fundierte – Grundlagen für die theoretische Auseinandersetzung mit Mehrsprachigkeit sowie Mehrsprachigkeitsdidaktik in der Hochschullehre erzeugt werden.

3.3 „Mehrsprachigkeit in der Schule" – Modell für die Konzeption eines Theorie-Praxis-Seminars

Der in der folgenden Abbildung dargestellte prozesshafte Ablauf des Theorie-Praxis-Seminars verdeutlicht das Zusammenspiel von der Vermittlung der einschlägigen Theorie, autonomen Arbeitsphasen während der Konzeption von sprachenvernetzenden Unterrichtseinheiten (mit anschließender Revisionsschleife) sowie der abschließenden Praxisphase in einer Kooperationsschule.

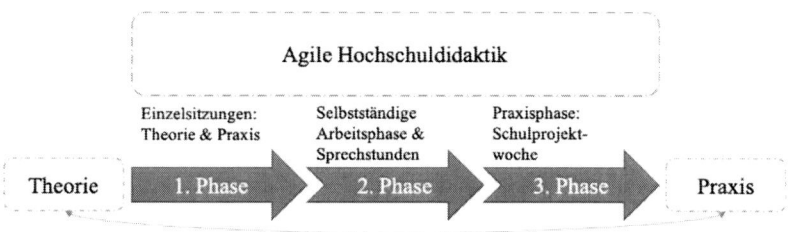

Abb. 3:   **Modell des Theorie-Praxis-Seminars „Mehrsprachigkeit in der Schule"**

Agile Hochschuldidaktik findet sich demnach nicht nur innerhalb der handlungsorientierten Einzelsitzungen zu Beginn des Seminars wieder, sondern wird in unterschiedlicher Intensität in allen Phasen aufgenommen und umgesetzt. Dabei stehen Theorie und Praxis stets in enger Beziehung zueinander. Bei der Vermittlung von theoretischen Konzepten wird auf für den späteren Unterricht relevante Methoden zurückgegriffen, die im folgenden Kapitel konkretisiert und anhand von ausgewählten Beispielen verdeutlicht werden sollen. In der zweiten Phase arbeiten die Studierenden größtenteils autonom, erhalten jedoch im Laufe des Prozesses Feedback und Überarbeitungsimpulse von den Dozenten sowie Kommilitonen aus einer (mehrsprachigkeits-)didaktischen Sichtweise. Auch die in der Praxisphase erprobten Unterrichtseinheiten werden anschließend evaluiert und optimiert.

Die Studierenden erleben so, dass sich Theorie und Praxis in einem gegenseitigen Verhältnis bedingen. Eine solche „bidirektionale Kommunikation" (Arn ²2017, 117) unterstreicht die Notwendigkeit sowie Relevanz beider Ausrichtungen für die Professionalisierung der späteren Lehrtätigkeit. Die Studierenden können durch den Perspektivwechsel bestehende Theorien aus der Sicht der Praxis hinterfragen, kritisieren oder gar weiterentwickeln. Umgekehrt werden didaktische Entscheidungen und Handlungen begründbar und mit theoretischen Konzepten in Verbindung gebracht. So eröffnet sich ein neuer Fragenkomplex, der Möglichkeiten und Potenziale des Mehrsprachenlernens in den Vordergrund stellt: Welche Voraussetzungen haben die Schüler an der Kooperationsschule? Welche Konzepte des Mehrsprachenlernens kann ich hier anwenden? Welche digitalen Medien und Technologien sind für mein Stundenziel umsetzbar und relevant? Welche didaktischen und methodischen Handlungsalternativen sollten bedacht werden? Antworten auf diese Fragen ermöglichen es, theoretisches Wissen mit Handlungen in der Praxis zu verbinden und insbesondere ihr Zusammenspiel zu testen.

Führt man die bisherigen Überlegungen einer agilen Hochschuldidaktik mit den weiterentwickelten Inhalten, Methoden sowie dem zugrundeliegenden Umsetzungsformat des Seminars zusammen, lässt sich ein Modell für das hier vorgestellte Theorie-Praxis-Seminar „Mehrsprachigkeit in der Schule" abstrahieren. In den folgenden Kapiteln soll nun anhand der eingesetzten Methoden und der Erkenntnisse der fortlaufenden Evaluation das Modell „Mehrsprachigkeit in der Schule" konkretisiert werden.

4. Einblicke in die Gestaltung und Durchführung

Das zugrundeliegende Modell des Theorie-Praxis-Seminars liefert bereits einen ersten Eindruck des angestrebten Zusammenspiels von Theorie und Praxis sowie den lerneraktivierenden Seminarphasen. Darauf aufbauend werden im Folgenden in zweierlei Hinsicht praktische Einblicke in das methodisch-didaktische Vorgehen skizziert: Zunächst wird aufgezeigt, wie Methoden aus der Schule auch an der Universität eingesetzt werden können, bevor der Fokus auf den Potenzialen der Integration digitaler Medien in die (Hochschul-)Lehre liegt.

4.1 Methoden aus der Schule in die Hochschullehre übertragen

Um den Studierenden zu vermitteln, wie Lehr- / Lernmaterialien zum sprachenvernetzenden Arbeiten gestaltet und umgesetzt werden können, werden im Seminar bei der Vermittlung der fachwissenschaftlichen Inhalte bereits erprobte Unterrichtsmaterialien eingesetzt. Diese stammen entweder aus vorangegangenen Schulprojekten oder wurden von Mitarbeitern des ISM entwickelt (vgl. z.B. Korb / Schwender 2019). Der Einsatz der Materialien erfolgt dabei in mehreren inhaltlichen Einzelsitzungen des Seminars. Zum Thema Mehrsprachigkeitsdidaktik und Interkomprehension bearbeiten und reflektieren die Studierenden nach einer theoretischen Einführung in die Sieben Siebe des EuroComRom-Konzepts (vgl. Klein / Stegmann 2000, Kapitel 2.2) verschiedene Arbeitsblätter, die bereits in der Schule eingesetzt wurden und jeweils eines oder mehrere Siebe des EuroComRom-Konzeptes konkret aufgreifen. Dabei dienen abwechslungsreiche thematische Kontextualisierungen, wie z.B. Fasching, Tiere, Sport, Musik oder Reisen, als Beispiele für eine kreative Herangehensweise an die Gestaltung sprachenvernetzenden Unterrichts.

Auch in der Sitzung zum Thema digitales Mehrsprachenlernen werden digital angereicherte Lehr- / Lernmaterialien eingesetzt, um Möglichkeiten aufzuzeigen, wie solche Lernangebote in den Unterricht einbezogen werden können. Die Studierenden sammeln dabei erste Erfahrungen mit webbasierten Tools wie *learningsnacks* (https://www.learningsnacks.de) oder *learningsapps* (https://learningapps.org/)[7] und erhalten Impulse, wie diese bspw. mit Arbeitsblättern kombiniert werden können.

Eine vertiefte Auseinandersetzung mit bereits vorhandenen Lehr- / Lernmaterialien zum sprachenvernetzenden Arbeiten erfolgt in der vorletzten Sitzung, in der sich die Studierenden in einer Stationenarbeit verschiedene Unterrichtseinheiten in Kleingruppen anschauen, darüber diskutieren und sie kritisch reflektieren. Festgehalten werden die Gruppenergebnisse mithilfe eines *padlet*[8], das vorab von den Dozenten vorbereitet wird. Dies ermöglicht im Anschluss an die Stationenarbeit einen schnellen Einstieg in die Diskussion und Reflexion der Unterrichtseinheiten. Diese Art der Vernetzung von Theorie und Praxis kann als grundlegend für die Vorbereitung der Studierenden auf die Entwicklung und Durchführung eigener Unterrichtseinheiten angesehen werden.

Auch in weiteren Lehrphasen des Seminars wird auf Methoden aus der Schule, wie bspw. die *Placemat*-Methode[9], zurückge-

---

[7] vgl. auch Kapitel 4.2

[8] Mit *padlet* können webbasierte kollaborative Pinnwände erstellt werden. In diesem Beispiel wurde für jede Unterrichtseinheit ein Pin erstellt, der kommentiert sowie mit Sternen bewertet werden konnte. Die Pinnwände können individuell gestaltet und mit Fotos, Videos, etc. versehen werden. Sie eignen sich bspw. auch zum Brainstormen, Ideen sammeln und Aktivieren von Vorwissen. In der Basisversion können private Nutzer aktuell bis zu drei Pinnwände kostenlos erstellen, das kostenpflichtige Upgrade bietet neben einer unbegrenzten Pinnwandanzahl weitere Gestaltungs- und Supportfunktionen. Eine Registrierung mit einer E-Mail-Adresse ist zur Kontoeröffnung erforderlich. Für Schulen und Lehrkräfte gibt es darüber hinaus weitere kostenpflichtige Angebote.

[9] „Beim *placemat*-Verfahren sitzt eine Vierergruppe um ein großes Blatt Papier, das in fünf Schreibbereiche eingeteilt ist. Zunächst denkt jeder allein über ein Thema, ein Problem oder eine Frage nach und schreibt seine Ideen auf seinen Teil des Blattes. Dann tauschen sich die Gruppenmitglieder aus und einigen sich auf gemeinsame Begriffe, die sie in die Mitte des Bogens schreiben." (Grieser-Kindel 2016, 182).

griffen. Sie eignet sich als Einstieg, zur Ideenfindung oder zur Diskussion zu einem Thema. Im Seminar wird sie dazu genutzt, mögliche Ziele des Mehrsprachenlernens und sprachenvernetzenden Unterrichts zu sammeln. Damit wird das Vorwissen der Studierenden aktiviert und Diskussionen angeregt, die anschließend im Plenum vertieft werden und zum Thema der Mehrsprachigkeitsdidaktik überleiten. Darüber hinaus fördert die *Placemat*-Methode als ‚Eisbrecher' die Kommunikation unter den Studierenden.

Bei der Arbeit mit dem interkomprehensiven Ansatz steht zunächst die Förderung rezeptiver Kompetenzen im Vordergrund. Vorbereitend auf die Sitzungen zu diesem Thema erhalten die Studierenden einen Text in einer ihnen unbekannten romanischen Sprache[10] mit ersten Leitfragen. Die Aufgabe besteht darin, den Text zunächst unter Rückgriff auf ihre bisherigen Sprachenkenntnisse sinngemäß zu erschließen. Die vertiefte Auseinandersetzung mit dem Text erfolgt schließlich im Seminar und wird von der *Vokabelfußball*-Methode (vgl. z.B. Hoppe 2014) eingeleitet.[11] Die Lerngruppe wird dazu in zwei Mannschaften eingeteilt und die ‚Spieler' werden, wenn möglich, von eins bis elf durchnummeriert. Auf der Tafel wird ein Spielfeld eingezeichnet und eine ausgeschnittene Ballvorlage fungiert als Spielball. Die Lehrperson hat mindestens elf Aufgabenstellungen vorbereitet, die von den Studierenden gelöst werden müssen. Aus beiden Mannschaften muss jeweils die aufgerufene ‚Spielernummer' die jeweilige Frage beantworten. Der Ball der Mannschaft, die als erste die Frage richtig beantwortet, wird an der Tafel auf das Tor zubewegt. Da jede ‚Spielernummer' aufgerufen wird, werden alle Studierenden aktiviert und sind stets aufmerksam. Auch wenn die Methode bereits in der Grundschule angewendet werden kann und vor allem für das spielerische Lernen genutzt wird, eignet sie sich ebenso für die Hochschullehre. Einige der Studierenden wählten diese Methode anschließend im Schulprojekt, bspw. zur Ergebnissicherung.

---

[10]   Bisher wurden Texte in Katalanisch oder Galicisch eingesetzt.
[11]   Ursprünglich wird die Methode zum Abfragen von Vokabeln verwendet, sie kann allerdings auch auf andere Kontexte übertragen werden.

Die Förderung der interkulturellen Kompetenz spielt im Kontext der Mehrsprachigkeitsforschung und -didaktik eine wichtige Rolle, weshalb dafür im Seminar eine komplette Sitzung eingeplant ist. Neben den theoretischen Grundlagen werden praktische Unterrichtsbeispiele erprobt, wie *Le plan tordu* von Vatter und Zapf (2012, 73-78), das ebenfalls ursprünglich für den Einsatz in der Schule vorgesehen ist. Bei der Übung erhalten zwei Studierende, die Rücken an Rücken sitzen, jeweils einen Stadtplan. Auf einem sind die Straßennamen und Gebäudebezeichnungen vorhanden, der andere enthält keine Beschriftung. Aufgabe der Studierenden ist es nun, von einem ausgewählten Start- zu einem Zielpunkt zu kommen, indem sie sich gegenseitig den Weg beschreiben. Erste Hürden stellen die Beschreibung und die Verortung des gemeinsamen Startpunktes auf der Karte dar. Dafür müssen sich die Kommunikationspartner an besonders markanten Punkten auf dem Stadtplan orientieren, um letztendlich zum Ziel zu gelangen. Ein dritter Studierender beobachtet und dokumentiert den Prozess mit einem Beobachtungsbogen. Wahlweise kann *Le plan tordu* auch in der gemeinsamen Fremdsprache durchgeführt werden. Bei dieser Übung sammeln die Studierenden Erfahrungen mit Kommunikationsabläufen unter verschiedenen (kulturellen) Voraussetzungen. Für sie wird oftmals erst hierbei deutlich, wie wichtig non- und paraverbale Kommunikation für das gegenseitige Verständnis ist. Auch die eigene Sprachproduktion muss an den Gesprächspartner angepasst und bei Unverständnis alternative Lösungsstrategien entwickelt werden. Da die beiden Stadtpläne unterschiedlich sind, ist zudem ein Perspektivenwechsel von Nöten, um den richtigen Weg zu finden und am Ziel anzukommen. Die Studierenden entwickeln ein Bewusstsein für ihre eigenen kommunikativen Grenzen sowie deren Erweiterung, die in einer Diskussion und Reflexion im Plenum nochmals besprochen werden. Darüber hinaus wird die emphatische Kommunikation geübt. Insgesamt spricht die Übung neben der handlungsbezogenen auch die kognitive sowie affektive Dimension der interkulturellen Kompetenz an.

Die hier exemplarisch skizzierten Methoden und Anwendungsmöglichkeiten zeigen, dass Methoden aus der Schule vergleichsweise einfach in die Hochschuldidaktik übertragen und durchaus auch komplexeren Inhalten gerecht werden können. Insbesondere für die Ausbildung von zukünftigen Lehrkräften erscheint eine praxisorientierte Ausrichtung der Methodenwahl und deren Reflexion auch bei der Vermittlung theoretischer Konzepte essentiell.

4.2 Einbeziehung der Digitalisierung in die Hochschuldidaktik: Praktische Impulse

Die Digitalisierung nimmt im bildungspolitischen Diskurs zunehmend eine wichtige Rolle ein und wirkt sich auch auf das Lehren und Lernen entlang der lebenslangen Bildungskette aus (vgl. Knopf et al. 2018, Scheer / Wachter 2018). Für den Schulkontext liegen bereits erste Publikationen zu Möglichkeiten der Einbeziehung digitaler Medien im (Sprachen-)Unterricht vor, die neben praktischen Impulsen auch auf mögliche Forschungsperspektiven und -desiderata eingehen (vgl. Becker et al. 2016, Biebighäuser et al. 2012, Klos 2018, Küster 2016, Wagner / Heckmann 2012, Wagner / Höfler 2019). Angehende Lehrkräfte müssen im Rahmen ihres Studiums auf die Arbeit mit digitalen Medien im Unterricht vorbereitet und dafür professionalisiert werden. Nicht zuletzt vor diesem Hintergrund werden im Laufe der hier beschriebenen Lehrveranstaltung verschiedene digitale Lehr- / Lernangebote eingesetzt und die Umsetzung kritisch reflektiert. In diesem Zusammenhang widmet sich eine Sitzung dem Thema des digitalen Mehrsprachenlernens. Darin werden die Potenziale und Herausforderungen von digitalen Medien in Bezug auf das sprachenvernetzende Lehren und Lernen thematisiert und diskutiert. Im Folgenden sollen einige der eingesetzten digitalen Lehr- / Lernangebote vorgestellt werden.[12]

Als Einstieg in das Thema Mehrsprachigkeit und auch zum Kennenlernen der Lerngruppe bietet sich *AnswerGarden* (https://answergarden.ch/) an. Dabei handelt es sich um ein kollaboratives webbasiertes Tool, mit dem Meinungen und Ideen visualisiert werden können. Die Studierenden geben im Seminar

---

[12] Inwiefern die Angebote an Schulen genutzt werden können, hängt auch von der infrastrukturellen Ausstattung der Schule ab. Ein Internetzugang ist für die folgenden Lernangebote immer erforderlich.

Schlagwörter über ihre Sprachen, Sprachlernerfahrungen und Interessen ein, die dann in einer Wortwolke dargestellt werden. Antworten, die mehrmals eingegeben wurden, erscheinen automatisch in einer größeren Schrift. Durch die direkte Auswertung kann unmittelbar ein Dialog mit den Studierenden eröffnet werden. Die Nutzung von *AnswerGarden* ist kostenlos und ohne Anmeldung möglich. Der Lehrende erstellt im Vorfeld lediglich einen Weblink, mit dem die Studierenden Zugang erhalten.[13]

Um das Vorwissen der Studierenden zu aktivieren und gleichzeitig eine klassische Einstiegsfrage des Typs „Was wissen Sie bereits über...?" zu umgehen, kann mit *Survey Monkey* (https://www.surveymonkey.de/) eine Umfrage mit direkter Auswertung in Form von Diagrammen erstellt werden. Die Ergebnisse der Umfrage können anschließend als Basis zur Erarbeitung und Diskussion erster Definitionen und Konzepte, in diesem Fall zum Thema Kultur und interkultureller Kompetenz, dienen.[14] Die Umfrage wird, wie bei *AnswerGarden* auch, per Weblink geteilt und den Studierenden so zugänglich gemacht.

Ein spielerisches Lernerlebnis ermöglicht *Kahoot* (https://kahoot.com/)[15]. Es bietet in der kostenlosen Version aktuell die Frageformate *Multiple Choice* sowie *True-False*, in der kostenpflichtigen Version stehen z.B. zusätzlich die Formate *Poll*, *Puzzle* oder *Slide* zur Verfügung. Im Seminar wurde *Kahoot* in der Sitzung zum digitalen Mehrsprachenlernen in Form eines kurzen Quiz zur europäischen Mehrsprachigkeit eingesetzt. Eine solche Aktivität kann aber auch als Einstieg, zum Brainstormen oder zur

---

[13]   Der Weblink kann auch in Form eines QR-Codes heruntergeladen und z.B. zum Abscannen in den Seminarfolien eingefügt werden. Dadurch erhalten die Studierenden einen direkten Zugang zum Weblink.

[14]   Für die Nutzung von *Survey Monkey* ist eine Registrierung per E-Mail-Adresse erforderlich, die Basic-Version ist kostenlos. In der Basic-Version kann eine unbegrenzte Anzahl an Umfragen mit jeweils bis zu zehn Fragen erstellt werden. Zugang zu weiteren Funktionen ist mit einem Upgrade in die Standard-, Extra- oder Premium-Version möglich.

[15]   Eine Alternative zu *Kahoot* ist *Socrative* (https://www.socrative.com/). Hier können auch die Antworten der Schüler individuell von der Lehrperson eingesehen werden.

Ergebnissicherung dienen. Die Vorteile liegen vor allem in der Förderung der Motivation und dem Einbezug aller Lernenden. Zugang zum Quiz erhalten die Studierenden ohne Registrierung mit einem *Game PIN*, anschließend geben sie einen Nickname ein. Die Basisversion ist auch hier für die Dozenten kostenlos[16], eine Registrierung per Mail wird allerdings gefordert.

Weitere Quiz- und Aufgabenformate stehen in Form von sogenannten ,Apps' mit dem kostenlosen webbasierten Tool *learningapps* (https://learningapps.org/)[17] zur Verfügung. Die ,Apps' können dabei von der Lehrperson oder von den Schülern selbst erstellt werden. Im Seminar wird hierfür ein Arbeitsblatt mit Texten in vier verschiedenen romanischen Sprachen eingesetzt. Den Studierenden werden verschiedene Aufgabenformate wie Multiple-Choice-Quiz, Millionenspiel, Paare zuordnen oder Zahlenstrahl zugelost und ihre Aufgabe ist es, zu den Texten eine ,App' zu erstellen. Dadurch lernen sie die Funktionsweise von *learningapps* kennen und können gleichzeitig mehrere Aufgabenformate ausprobieren und reflektieren.[18]

In der letzten Sitzung vor dem Schulprojekt stellen die Studierenden ihre Unterrichtsentwürfe im Plenum vor. In diesem Kontext bieten sich webbasierte Live-Feedback-Systeme, wie *Poll Everywhere* (https://www.polleverywhere.com/)[19] oder *Tweedback* (https://tweedback.de/)[20], an, die eine interaktive Gestaltung der Feedbackrunde und Besprechung der Unterrichtseinheiten ermöglichen. Bei beiden Tools stehen unterschiedliche Funktionen wie

---

[16]   *Kahoot* bietet ebenfalls Upgrades an, diese kosten aktuell nicht mehr als 6€ pro Monat.

[17]   Eine Registrierung mit einer E-Mail-Adresse ist notwendig, die Nutzung von *learningapps* ist kostenlos. Innerhalb eines Accounts können Klassen und Schüleraccounts generiert werden, sodass für die Schüler keine Registrierung erforderlich ist. Der Schülerzugang wird per Weblink oder QR-Code geteilt. Neben der Möglichkeit, selbst ,Apps' zu erstellen, kann auch auf bereits vorhandene ,Apps' zurückgegriffen werden. Diese stehen bereits thematisch bzw. nach Fächern sortiert auf der Website zur Verfügung.

[18]   Auch im Rahmen von Schulprojekten wurden von Schülern bereits Quiz zur europäischen Mehrsprachigkeit generiert und von den Mitschülern gespielt. Das Feedback war durchweg positiv.

[19]   *PollEverywhere* kann in einer Basisversion kostenlos genutzt werden, für weitere Funktionen werden kostenpflichtige Upgrade-Optionen angeboten.

[20]   *Tweedback* ist aktuell noch kostenlos.

Multiple-Choice, offene Fragen, Umfragen, etc. zur Verfügung, die auch miteinander kombiniert werden können. Die Studierenden erhalten den Zugang durch einen Weblink und geben anschließend einen Nickname ein. Die Antworten werden anonym angezeigt, sodass sich alle Studierenden vergleichsweise einfach an der Feedbackrunde beteiligen können. Die Studierenden können während der Vorstellung der Unterrichtsstunden kommentieren und Fragen an die Präsentierenden stellen, die anschließend besprochen werden. So erhalten sie ein konstruktives Feedback, das zur weiteren Diskussion anregt.

Die hier aus einer praktischen Perspektive vorgestellten digitalen Lehr- / Lernangebote sowie Einsatzmöglichkeiten in der Hochschullehre können auch in der Schule Anwendung finden. Aktuell sind dafür jedoch noch nicht an allen Schulen die infrastrukturellen Voraussetzungen (Internetanschluss, Tablets, etc.) vorhanden, und auch die zunehmende Anzahl an kostenpflichtigen (Upgrade-)Versionen der digitalen Lehr- / Lernangebote ist für den Einsatz in der Schule kritisch anzusehen. Dennoch bietet die Digitalisierung für die Gestaltung des (Sprachen-)Unterrichts viel Potenzial.

5. Das Theorie-Praxis-Seminar aus der Studierendenperspektive: Erkenntnisse aus der begleitenden Fragebogenerhebung und Seminarevaluation

Die begleitende Fragebogenerhebung stellt einen wichtigen Bestandteil für die Qualitätssicherung und Weiterentwicklung des Seminars dar. Ausgewertet werden geschlossene sowie offene Frageitems, von denen diejenigen zu den Seminarinhalten und dem Aufbau im Folgenden exemplarisch für das Proseminar des Wintersemesters 17 / 18, an dem 23 Studierende teilnahmen, dargestellt werden.

Die geschlossenen Items enthalten jeweils eine Aussage, zu der mittels einer Likert-Skala von ‚1 = Nein, stimmt absolut nicht' bis ,4 = Ja, stimmt genau' Stellung bezogen wird. Aus der Auswertung geht hervor, dass die Studierenden den methodisch-didaktischen Aufbau als sinnvoll und für ihre spätere Tätigkeit als Lehrkraft hilfreich einschätzen:

Item	M (SD)
Ich kann die didaktische Vorgehensweise als Modell für meinen eigenen Unterricht übertragen.	3.71 (0.47)
Die Seminarmethoden lassen sich gut auf meinen eigenen Unterricht übertragen.	3.59 (0.62)
Ich habe Anregungen für meine spätere Tätigkeit als Lehrkraft bekommen, die ich gut anwenden kann.	3.71 (0.59)
Die behandelten Themen beinhalten Bezüge zu der Arbeit als Lehrkraft.	3.88 (0.33)

Tabelle 1: Methodisch-didaktisches Vorgehen im Seminar (M = Mittelwert; SD = Standardabweichung)

Da in diesem Beitrag die methodisch-didaktische Konzeption des Theorie-Praxis-Seminars im Vordergrund steht, soll an dieser Stelle nur ein Item mit inhaltlicher Ausrichtung auf das Thema des sprachenvernetzenden Lehrens und Lernens sowie der Mehrsprachigkeitsdidaktik aufgegriffen werden. Die Aussage „Ich werde mehrsprachigkeitsdidaktische Elemente in meinem Unterricht einbauen." wurde mit einem Mittelwert von 3.41 (SD = 0.71) bewertet und belegt die Akzeptanz der Mehrsprachigkeitsansätze (auch) für den späteren Unterricht. Das Konzept des Theorie-Praxis-Seminars beurteilen die Studierenden ebenso positiv und wünschen sich weitere praxisorientierte Seminare:

Item	M (SD)
Durch die Anwendung im Schulprojekt habe ich viel gelernt.	3.76 (0.56)
Ich würde mir mehr praktisch orientierte Seminare wünschen.	3.88 (0.33)

Tabelle 2: Theorie-Praxis-Seminar (M = Mittelwert; SD = Standardabweichung)

Neben den geschlossenen Items wurden auch anhand zweier Freitextformate positive Eindrücke vom Seminar und Verbesserungsvorschläge erhoben. Besonders gewinnbringend wurden die Methodenvielfalt und die Auswahl an motivierenden Aufgabenformaten angesehen, die für die Studierenden sinnvolle Impulse für die Gestaltung ihrer Unterrichtsstunden in der Schulprojektphase boten. Dementsprechend gaben sie an, dass sich die enge Verzahnung von Theorie und Praxis im Seminar positiv auf ihr Verständnis der mehrsprachigkeitsdidaktischen Lerninhalte sowie auf die Gestaltung sprachenvernetzenden Unterrichts ausgewirkt hat. Darüber hinaus bestätigen sie, dass die gesammelten Erfahrungen aus den Unterrichtsstunden spürbar zur Professionalisierung der eigenen Lehrtätigkeit beitragen, was nicht zuletzt auch auf die gemeinsamen Planungsphasen mit den Kommilitonen und den Dozenten zurückgeführt werden könne.

Verbesserungsbedarf bezüglich des Aufbaus des Seminars sehen die Studierenden noch in der Anzahl der gehaltenen Unterrichtsstunden und dem Zeitraum des Schulprojektes, da es in diesem Fall in der Klausurenphase lag. Die Berücksichtigung dieser beiden Aspekte ist aus organisatorischen Gründen auf beiden Seiten leider nicht immer möglich.

Die Auswertung der erhobenen Items zeigt, dass das Theorie-Praxis-Seminar von den Studierenden positiv bewertet wird und auch weitere praxisorientierte Seminare nach dem Modell „Mehrsprachigkeit in der Schule" erwünscht sind. Außerdem erweist sich

die Integration von Methoden aus der Schulpraxis in die Hochschullehre als sinnvoll und hilfreich für die Planung und das Halten der Unterrichtseinheiten im Schulprojekt sowie für die spätere
Tätigkeit als Lehrperson.

6.   Fazit und Ausblick

Das Theorie-Praxis-Seminar „Mehrsprachigkeit in der Schule" hat
sich für die Vermittlung und Umsetzung von Inhalten der Mehrsprachigkeitsforschung und -didaktik in der Hochschullehre bei der Lehrerausbildung bewährt. Dabei zeigt sich, dass Ziele universitärer
Lehrveranstaltungen für angehende Lehrkräfte mehrdimensional
betrachtet werden können. Neben der Vermittlung fachwissenschaftlicher Inhalte nehmen die Förderung der Methodenkompetenz, der kompetente Umgang mit digitalen Medien sowie das Sammeln von Unterrichtserfahrung einen wichtigen Platz in der Lehrerbildung ein.

   Das skizzierte Grundkonzept EuroComRom und die damit verbundenen Aktivitäten wurden in den letzten Dekaden fortwährend
weiterentwickelt. Der Ansatz, der seinerzeit für die universitäre
Lehre in der Romanistik konzipiert wurde, hat seinen Weg in die
Schule gefunden, auch wenn die Erziehung zur Mehrsprachigkeit
und das Mehrsprachenlernen noch immer nicht in größerem Rahmen implementiert sind. Nach den ersten, vereinzelten Versuchen
zu Beginn des 21. Jahrhunderts gewinnt das sprachenvernetzende
Lehren und Lernen auch zunehmend in der Lehre an Universitäten
und Schulen an Bedeutung. So ist es bspw. im Sprachenkonzept
Saarland 2019[21] und in einigen Lehrplänen verankert und findet auch
in den Bildungsstandards für die modernen Fremdsprachen Berücksichtigung.

   Auf hochschuldidaktischer Seite hat unter anderem die *Qualitätsoffensive Lehrerbildung* des BMBF eine Erweiterung und Moderni-
sierung des hier diskutierten Seminarkonzepts begünstigt. Zum einen äußert sich dies in der Einbeziehung digitaler Medien, die neue

---

[21]   Das vom Ministerium für Bildung und Kultur und der Universität des Saarlan-
     des erstellte Sprachenkonzept ist hier zu finden: https://www.saarland.de/
     dokumente/thema_bildung/Sprachenkonzept_Saarland_2019.pdf

Möglichkeiten der Lernerorientierung bieten und zugleich die Medien- und Methodenkompetenz der Lehramtsstudierenden fördern. Zum anderen hat das oben dargestellte Modell des Theorie-Praxis-Seminars wesentlich zur Weiterentwicklung von Konzepten für die universitäre Lehre beigetragen. Es verfolgt den Anspruch, angehenden Lehrkräften Methoden praxisnah zu vermitteln, indem sie diese selbst erleben, reflektieren und anschließend im Schulprojekt umsetzen. Ein solcher Transfer von Methoden aus der Schulpraxis in die Hochschuldidaktik und vice versa wird von allen Beteiligten, insbesondere auch von den Lehramtsstudierenden, positiv bewertet und als wichtig für ihren späteren Beruf eingeschätzt.

Insgesamt ist mit dem Format des skizzierten Theorie-Praxis-Seminars „Mehrsprachigkeit in der Schule" ein Beispiel für die vielfältige und umfassende Verzahnung von Theorie und Praxis gelungen. Zum pluridisziplinären fachlichen Zugang kommt zudem die Vernetzung der Akteure in verschiedenen Phasen hinzu, indem Lehrende der Universität eng mit Studierenden zusammenarbeiten, um den Schulen – und damit auch den Schülern und Lehrkräften – neueste Erkenntnisse aus der Wissenschaft näherzubringen und zugleich auf der Grundlage der Erfahrungen in den Schulen die Forschung weiterzuentwickeln. Dieser Transfer gelingt und erweist sich immer wieder für alle Seiten als innovativ und gewinnbringend.

7. Literaturverzeichnis

ALTRICHTER, Herbert & POSCH, Peter & SPANN, Harald. 2018. *Lehrerinnen und Lehrer erforschen ihren Unterricht*. Bad Heilbrunn: Klinkhardt.

ARN, Christof. ²2017. *Agile Hochschuldidaktik*. Weinheim & Basel: Beltz Juventa.

BÄR, Marcus. 2009. *Förderung von Mehrsprachigkeit und Lernkompetenz. Fallstudien zu Interkomprehensionsunterricht mit Schülern der Klassen 8 bis 10*. Tübingen: Narr.

BECKER, Carmen & BLELL, Gabriele & RÖSSLER, Andrea. edd. 2016. *Web 2.0 und komplexe Kompetenzaufgaben im Fremdsprachenunterricht*. Frankfurt am Main: Peter Lang.

BEHR, Ursula. 2010. „Zur Typologie von Übungen zum sprachenübergrei-fenden Lernen in der Sekundarstufe I". In: Doyé, Peter & Meißner, Franz-Joseph. edd. *Lernerautonomie durch Interkomprehension. Promoting Learner Autonomy through Intercomprehension. L'autonomisation de l'apprenant par l'intercompréhension.* Tübingen: Narr, 107-116.

BEHR, Ursula. 2011. „Sprachenübergreifendes Lernen aus der Sicht des muttersprachlichen Deutschunterrichts in der Sekundarstufe I". In: Rothstein, Björn. ed. *Sprachvergleich in der Schule.* Baltmannsweiler: Schneider Hohengehren, 71-88.

BIEBIGHÄUSER, Katrin & ZIBELIUS, Marja & SCHMIDT, Torben. edd. 2012. *Aufgaben 2.0. Konzepte, Materialien und Methoden für das Fremdsprachenlehren und -lernen mit digitalen Medien.* Tübingen: Narr.

CANDELIER, Michel. ed. 2012. „FREPA. A Framework of Reference for Pluralistic Approaches to Languages and Cultures. Competences and resources". In: https://www.ecml.at/Portals/1/documents/ECML-resources/CARAP-EN.pdf?ver=2018-03-20-120658-443.   Zugriff: 28.11.19.

DOYÉ, Peter. 2005. *Intercomprehension. Guide for the development of language education policies in Europe: from linguistic diversity to plurilingual education. Reference study, Language Policy Division.* Strasbourg: Council of Europe.

Europäische Kommission. 1995. „Weißbuch zur allgemeinen und beruflichen Bildung: Lehren und Lernen. Auf dem Weg zur kognitiven Gesellschaft. KOM (1995) 590 vom 29.11.1995". In: http://europa.eu/documents/comm/white_papers/pdf/com95_590_de.pdf.   Zugriff: 28.11.19.

Europäische Kommission. 2017. „Mitteilung der Kommission an das europäische Parlament, den Rat, den europäischen Wirtschafts- und Sozialausschuss und den Ausschuss der Regionen. Stärkung der europäischen Identität durch Bildung und Kultur (COM(2017) 673)". In: http://ec.europa.eu/transparency/regdoc/rep/1/2017/DE/COM-2017-673-F1-DE-MAIN-PART-1.PDF. Zugriff: 28.11.19.

Europäische Kommission. 2018. „Vorschlag für eine Empfehlung des Rates zu einem umfassenden Ansatz für das Lehren und Lernen von Sprachen (COM(2018) 272)". In: https://eur-lex.europa.eu/legal-content/DE/TXT/PDF/?uri=CELEX:52018DC0272&from=EN.   Zugriff: 28.11.19.

Europäisches Parlament. 2019. „Kurzdarstellungen über die Europäische Union – 2019. Factsheet Sprachenerwerb". In: http://www.europarl.europa.eu/ftu/pdf/de/FTU_3.6.6.pdf. Zugriff: 28.11.19.

GNUTZMANN, Claus. 1997. „Language Awareness: Progess in language learning and language education, or reformulation of old ideas?". In: *Language Awareness* 6.2/3, 65-74.

GRIESER-KINDEL, Christin & HENSELER, Roswitha & MÖLLER, Stefan. 2016. *Method Guide 2. Methoden für den Englischunterricht Klasse 5-13*. Paderborn: Schöningh.

HOPPE, Marco. 2014. „Wortschatztraining mit ‚Vokabel-Fußball'". In: https://grundschul-blog.de/wortschatztraining-mit-vokabel-fussball/. Zugriff: 04.02.2019.

HUFEISEN, Britta & MARX, Nicole. edd. 2007. *EuroComGerm – Die sieben Siebe: Germanische Sprachen lesen lernen*. Aachen: Shaker.

HUFEISEN, Britta. 2010. „Theoretische Fundierung multiplen Sprachenlernens – Faktorenmodell 2.0". In: Bogner, Andrea & Ehrlich, Konrad & Eichinger, Ludwig M. & Kelletat, Andreas F. & Krumm, Hans-Jürgen & Michel, Willy & Reuter, Ewald & Wierlacher, Alois. edd. *Jahrbuch Deutsch als Fremdsprache 36*. München: Iudicium, 200-207.

HUFEISEN, Britta. 2011. „Gesamtsprachencurriculum: Überlegungen zu einem prototypischen Modell". In: Baur, Rupprecht & Hufeisen, Britta. edd. *„Vieles ist sehr ähnlich." – Individuelle und gesellschaftliche Mehrsprachigkeit als bildungspolitische Aufgabe*. Baltmannsweiler: Schneider Hohengehren, 265-282.

KLEIN, Horst G. & STEGMANN, Tilbert D. 2000. *EuroComRom – Die sieben Siebe: Romanische Sprachen sofort lesen können*. Aachen: Shaker.

KLEIN, Horst. G. & STRATHMANN, Jochen. 2011. *Spanisch über schulische Englisch- und Französischkenntnisse: Leitfaden zur multimedialen Anwendung der Methode EuroCom*. Aachen: Shaker.

KLEIN, Silvia H. 2004. *Mehrsprachigkeitsunterricht an der Schule. Protokoll einer 25-stündigen EuroComRom-Unterrichtsreihe an der Heinrich-Böll-Schule (Hattersheim)*. Aachen: Shaker.

KLOS, Fabienne. 2018. „SchülerInnen als leitende Ermittler an einem digitalen mehrsprachigen Tatort – Erfahrungen und Perspektiven des Mehrsprachenlernens mit dem iPad". In: Montemayor Gracia, Julia & Neusius, Vera & Polzin-Haumann, Claudia. edd. *Digitalkulturen/Cultures numériques: Herausforderungen und interdisziplinäre Forschungsperspektiven/Enjeux et perspectives interdisciplinaires. Jahrbuch des Frankreichzentrums der Universität des Saarlandes Band 16*. Bielefeld: transcript, 93-106.

KNOPF, Julia & LADEL, Silke & WEINBERGER, Armin. 2018. *Digitalisierung und Bildung*. Wiesbaden: Springer VS.

KORB, Fabienne & SCHWENDER, Philipp. 2019. „Le français en route plurilingue". In: *Praxis Fremdsprachenunterricht Französisch,* 01/19, 4-8.

KORB, Fabienne & SCHWENDER, Philipp. 2019. „Saarländische Schülerinnen und Schüler für die europäische Mehrsprachigkeit sensibilisieren". In: Busch, Matthias & Frisch, Julia & Wegner, Anke. edd. *Europa leben lernen. Apprendre à vivre l'Europe. Tagungsband zur 1. „Edu.GR"-Tagung an der Universität Trier,* 85-109. In: https://ubt.opus.hbz-nrw.de/opus45-ubtr/frontdoor/deliver/index/docId/1307/file/Tagungsband_EduGR.pdf. Zugriff: 08.05.20.

KÜSTER, Lutz. 2016. ed. *Individualisierung im Französischunterricht. Mit digitalen Medien differenzierend unterrichten.* Seelze: Friedrich.

MEIßNER, Franz-Joseph. 2004. „EuroComprehension und Mehrsprachigkeitsdidaktik. Zwei einander ergänzende Konzepte und ihre Terminologie". In: Rutke, Dorothea & Weber, Peter J. edd. *Mehrsprachigkeit und ihre Didaktik. Multimediale Perspektiven für Europa.* St. Augustin: Asgard, 97-116.

MEIßNER, Franz-Joseph. 2010. „Grundlagen der Tertiärsprachendidaktik: inferentielles Sprachenlernen". In: Meißner, Franz-Joseph & Tesch, Bernd. edd. *Spanisch kompetenzorientiert unterrichten. Didaktische Grundlagen für die Aufgabenkonstruktion.* Stuttgart: Klett, 28-45.

MORKÖTTER, Steffi. 2005. *Language Awareness und Mehrsprachigkeit. Eine Studie zu Sprachbewusstheit und Mehrsprachigkeit aus der Sicht von Femdsprachenlernern und Fremsprachenlehrern.* Frankfurt am Main: Peter Lang.

MORKÖTTER, Steffi. 2010. „Interkomprehension in der Jahrgangsstufe 7 – erste Erfahrungen mit dem Zwischen-Sprachen-Lernen". In: Doyé, Peter & Meißner, Franz-Joseph. edd. *Lernerautonomie durch Interkomprehension. Promoting Learner Autonomy through Intercomprehension. L'autonomisation de l'apprenant par l'intercomprehension.* Tübingen: Narr, 237-249.

MORKÖTTER, Steffi. 2016. *Förderung von Sprachlernkompetenz zu Beginn der Sekundarstufe. Untersuchungen zu früher Interkomprehension.* Tübingen: Narr.

POLZIN-HAUMANN, Claudia & REISSNER, Christina. 2013. „Mehrsprachigkeit und Interkomprehension – von der Wissenschaft in die Praxis". In: *Journal for EuroLinguistiX* 10, 67-75.

POLZIN-HAUMANN, Claudia & REISSNER, Christina. 2018. „Annäherung an die Fremdheit: Sprachgrenzen überwinden". In: Wowro, Iwona & Jakosz, Mariusz & Koziel, Renata. edd. *Sprachliche Dimensionen der Fremdheit und Andersartigkeit.* Berlin: Peter Lang, 29-43.

POSCH, Peter & ZEHETMEIER, Stefan. 2010. *Aktionsforschung in der Erziehungswissenschaft.* Enzyklopädie Erziehungswissenschaft Online.

REISSNER, Christina. 2007. *Die romanische Interkomprehension im pluridisziplinären Spannungsgefüge.* Aachen: Shaker.

REISSNER, Christina. 2010. „Europäische Interkomprehension in und zwischen Sprachfamilien". In: Hinrichs, Uwe. ed. *Handbuch der Eurolinguistik.* Wiesbaden: Harrassowitz, 821-842.

REISSNER, Christina. 2013. „Mehrsprachigkeit – transversale und Schlüsselkompetenz. Beispiele aus der Praxis für Wissenstransfer zwischen Universität und Schule". In: Potvin-Solis, Laurence & Meyer, Vincent. edd. *Mobilité et valeurs européennes dans la Grande Région. Mobilität und europäische Werte in der Großregion.* Nancy: Presses Universitaires de Nancy – Éditions Universitaires de Lorraine, 235 -252.

REISSNER, Christina. 2015a. „Das Vorwissen im (Fremd)Sprachenunterricht nutzen – Beispiele aus der Praxis sprachenübergreifender Schulprojektseminare im Saarland". In: Fernández Ammann, Eva Maria & Kropp, Amina & Müller-Lancé, Johannes. edd. *Herkunftsbedingte Mehrsprachigkeit im Unterricht der romanischen Sprachen.* Berlin: Frank & Timme, 207-230.

REISSNER, Christina. 2015b. „La recherche en plurilinguisme". In: Polzin-Haumann, Claudia & Schweickard, Wolfgang. edd. *Manuel de linguistique française. Manuals of Romance Linguistics.* Berlin & New York: De Gruyter, 601-622.

SCHEER, August-Wilhelm & WACHTER, Christian. edd. 2018. *Digitale Bildungslandschaften.* Saarbrücken: imc information multimedia communication.

TAFEL, Karin et al. 2009. *Slavische Interkomprehension - Eine Einführung.* Tübingen: Narr.

VATTER, Christoph & ZAPF, Elke Christine. 2012. *Interkulturelle Kompetenz Französisch: erleben – verstehen – handeln.* Stuttgart: Klett.

WAGNER, Jürgen & HECKMANN, Verena. edd. 2012. *Web 2.0 im Fremdsprachenunterricht. Ein Praxisbuch für Lehrende in Schule und Hochschule.* Glückstadt: Verlag Werner Hülsbusch.

WAGNER, Jürgen & HÖFLER, Elke. edd. 2019. *Sprachenunterricht 2.0. Neue Praxisbeispiele aus Schule und Hochschule.* Glückstadt: Verlag Werner Hülsbusch.

ZYBATOW, Lew N. & ZYBATOW, Gerhild. 2006. „EuroComDidact und Euro-ComSlav/EuroComTranslat – mögliche Synergien". In: Martinez, Hélène & Reinfried, Marcus. edd. *Mehrsprachigkeitsdidaktik gestern, heute und morgen. Festschrift für Franz-Joseph Meißner zum 60. Geburtstag.* Tübingen: Narr, 237-253.

Theater und Mehrsprachigkeit

Sylvie Mutet

Die Schnittstelle zwischen Theater als pädagogisches Mittel und Mehrsprachigkeit als Grundlage des Fremdsprachenunterrichts kann hier bewertet werden als ein Versuch, eine sehr lang erprobte Ausbildungs-, Entwicklungs- und Lernmethode bzw. Herangehensweise mit den Herausforderungen des Plurilingualismus zu verbinden, und in diesem Sinne die genannte Verknüpfung als „neue(n) Weg(e) für alte Methoden"[1] zu verstehen. Diese Schnittstelle wurde im Rahmen der performativen Fremdsprachendidaktik in einem Projekt mit Masterstudierenden des Instituts für Romanistik der Universität Potsdam konkretisiert. Die Studierenden haben in einem Studiengang der romanischen Philologie oder im Lehramt entweder Französisch oder Spanisch studiert. Hauptziel des Projektes war, dass deutsche Studentinnen und Studenten ein Theaterstück zweisprachig, d.h. auf Französisch UND Spanisch, aufführen. Da die Aufführung zum 20-jährigen Jubiläum der Universität Potsdam stattfinden sollte, waren Ort und Zeitpunkt genau definiert. Das Projekt setzte die Zusammenarbeit von zwei Gruppen von Studierenden sowie von zwei Dozentinnen voraus.[2] Die präzise Beschreibung des durchgeführten Projektes ist nicht Hauptgegenstand des Beitrages, auch wenn Einzelaspekte erläutert werden. Wir möchten vielmehr analytische und reflexive Komponenten schildern, die nach der Durchführung des Projektes entstanden sind und folglich von den beteiligten Studierenden und Dozierenden im Nachgang identifiziert werden konnten. Da wir das Projekt in eine Geschichte des Schultheaters einbetten wollten, haben wir uns mit dem Jesuitentheater beschäftigt (Teil 1). Die Wirkungskraft

---

[1] In Anlehnung an den Titel des Kolloquiums: „Fremdsprachendidaktische Hochschullehre 3.0: alte Methoden – neue Wege? Innovatives im Fokus und Bewährtes neu gedacht" (23.-24.02.2018 Universität Tübingen).

[2] Die Gruppe der Spanischstudierenden wurde von Frau Irene Gastón Sierra, Lektorin für Spanisch am Institut für Romanistik der Universität Potsdam, geleitet.

des Wortes, des Sprechaktes und auch der nonverbalen Kommunikation hat uns in die Richtung der performativen Didaktik geführt (Teil 2). Die Absicht, die Frage der Mehrsprachigkeit im Theater zu behandeln, wurde durch die Bilingualität des Jesuitentheaters bekräftigt (Teil 3). Die Auswahl des Autors Eugène Ionesco, der viel über Sprache und Kommunikation reflektiert hat (Teil 4), hat diese verschiedenen Elemente zusammengebracht.

1. Zur Geschichte des Schultheaters: das Jesuitentheater

Bei der Suche nach der Entstehungsgeschichte des Theaters als pädagogisches Mittel für die Vermittlung von Fremdsprachen im schulischen Bereich kann schnell festgestellt werden, dass vor dem 20. Jahrhundert die Quellen relativ rar sind. Das Buch von Claude Germain (1993), das die Entwicklung des Unterrichtens von Fremdsprachen ab der Antike betrachtet, gibt uns Hinweise zu dieser Geschichte. Zum Beispiel gab es im alten Rom für Jugendliche, die Altgriechisch lernten, bilinguale Texte (auf Latein und Altgriechisch), unter anderem auch Dialoge (Germain 1993, 44 ff.). Wir wissen aber nicht, ob diese Dialoge vorgelesen oder auch als Rollenspiel dargestellt wurden. Es wird auch nicht darüber berichtet, ob griechische Theaterstücke (z.B. von Sophokles, Euripides oder Aristophanes) für die Griechisch-Lernenden als pädagogisches Mittel eingesetzt worden sind. Für das Mittelalter haben wir ebenso keine Quellen gefunden. Die wahrscheinlich ersten Texte, die über den Einsatz vom Theater als pädagogisches Mittel für das Erlernen von Fremdsprachen berichten, stammen aus dem Ende der frühen Neuzeit und wurden von Jesuiten geschrieben. Das Jesuitentheater war in dieser Hinsicht sicherlich nicht der erste Versuch, Theater als Mittel des Erwerbs von Fremdsprachen zu nutzen, er ist aber einer der ersten aus der Mitte des 16. Jahrhunderts (1551) und durch zahlreiche Berichte und Quellen belegt.

Dem aufmerksamen Rezipienten stellt sich hier sicherlich zunächst die Frage, wo sich Berührungspunkte zwischen dem Jesuitentheater und dem durchgeführten Projekt befinden. Zuerst kann man feststellen, dass beide die Vermittlung von Fremdsprachen avisieren (s.u. *Ratio Studiorum*), beide benutzen das Theater als pädagogisches Mittel, beide betonen die Körpersprache (s.u. eloquentia corporis) und fördern die Aneignung von mnemonischen Fähigkeiten. Darüber hinaus sind Formen der Mehrsprachigkeit (Bilingualität bzw. sogar ‚Trilingualität') und auch die Sprachdistribution bei beiden Beispielen vorhanden.

Wie erwähnt waren es u.a. die Jesuiten, die am Ende des 16. Jahrhunderts zunächst in Frankreich und dann weltweit das Theater in die Pädagogik einführten. Bevor wir uns mit dem Jesuitentheater beschäftigen, möchten wir einige allgemeine Informationen über den Orden geben.

Der Orden der Jesuiten, die Gesellschaft Jesu (Societas Jesu) wurde von Ignacius von Loyola (1491-1556) gegründet und 1540 vom Papst Paul III. anerkannt. Neben dem Engagement in der Gegenreformation war die Bildung ein wichtiges Arbeitsfeld des Ordens, er gründete z.B. 1551 die Universität Dillingen in Bayern und zahlreiche Schulen, die Jesuitenkollegs genannt wurden. Bekannt sind auch die Publikationen des Ordens wie das „Journal de Trévoux", in dem zeitgenössische Literatur diskutiert werden konnte, ohne Zensur oder Inquisition fürchten zu müssen. Die Jesuitenkollegs hatten Schüler, die berühmt geworden sind wie z.B. im 17. und 18. Jahrhundert Descartes, Voltaire, Condorcet, Diderot, und am Ende des 19. und Anfang des 20. Jahrhunderts James Joyce oder Fidel Castro. Allerdings kann eine Unterbrechung in der Theaterproduktion festgestellt werden: Der Orden wurde 1773 von Papst Clemens XIV. aufgelöst und 1814 von Papst Pius VII. wieder zugelassen. Die Theatertradition nahm ihren Kurs wieder auf, allerdings in bescheidenerem Maße als zuvor.

Die Schrift *Ratio Studiorum*[3], zum ersten Mal 1599 als eine Art Studienordnung erschienen, beschreibt die Inhalte der Lehre sowie akribisch die Dauer der Unterrichtseinheiten, die Uhrzeiten, die Lehrbücher und vor allem die Pädagogik, die für die Ausbildung der Jesuiten anzuwenden waren. Der Text legte die Prinzipien (*Regulae*) der Bildung und Erziehung an den Jesuiten Schulen fest.

---

[3]   Der vollständige Titel lautet: *Ratio atque institutio Studiorum Societatis Jesu*, Neaple In Collegio eiusdem Societatis, 1599.

Dieser Text wurde mehrmals überarbeitet, man findet aber in allen Schriften und Texten von anderen Autoren das Prinzip der Vermittlung des Lehrstoffes in ansprechender Form, d.h. durch Disputationen und Theater, wieder. Das Theater war ein sehr wichtiges Element der Wissensvermittlung in den Jesuitenkollegs. Die ausgewählten Theaterstücke wurden natürlich vor einem Publikum gezeigt. Mehrere Stücke wurden pro Jahr präsentiert: am Anfang und Ende des Schuljahres und auch bei wichtigen religiösen Feierlichkeiten. Zunächst setzte sich das Publikum aus den Eltern und dem Freundeskreis der Familie zusammen, erweiterte sich aber rasch mit dem Beliebtheitsgrad solcher Veranstaltungen.

> Die Zuschauerzahlen gingen oft in die Tausende, und der Andrang war teilweise so groß, dass Türhüter für Ordnung sorgen mussten, dass die Aufführung gelegentlich sogar in andere Räumlichkeiten verlegt oder wiederholt wurde, um alle Interessierten an ihr teilhaben lassen zu können. (Pérez González 2014, 15)

Die größten Erfolge bei den Aufführungen wurden in Bayern notiert. Im 16. Jahrhundert finanzieren die Herzöge von Bayern die Theateraufführungen des Jesuitenkollegs. 1574, 1577 und später, im Jahre 1597, spielte man außerhalb der Schule auf dem Marienplatz in München. Das Publikum kam in Strömen und bewunderte die Aufführungen sogar von den umliegenden Dächern aus:

> But nowhere were the plays given before larger audiences and with greater splendour than in Munich, especially in the years 1574, 1577 and 1597. The Bavarian Dukes cooperated in a most generous way and the people flocked from all the nearby country to the outdoor performances, thronging the square, crowding the balconies and even the roofs of the adjoining houses. (Harney 1962, 217-218)

Wegen seiner Verbreitung ermöglicht das Jesuitentheater einen Einblick in die Bildungslandschaft der Frühen Neuzeit. Das Jesuitentheater ist ein Kulturphänomen, das aus zwei Hauptgründen besonders bedeutend ist: In erster Linie, weil die Jesuitenschulen über den ganzen Erdball verteilt waren und auch, weil die Produktion von Theaterstücken sehr intensiv betrieben wurde. Für die Zeit zwischen 1555 und der vorübergehenden Auflösung des Ordens durch Papst Clemens XIV im Jahre 1773 erhöhte sich die

Produktion, nur für den deutschsprachigen Raum, auf 8000 Theaterstücke (vgl. Abele, online, Folie 2).[4] Diese Stücke wurden von
den Jesuiten geschrieben, meistens von denjenigen, die in den Kollegs lehrten. Die Inhalte waren zunächst Episoden aus der Bibel,
haben sich aber schnell diversifiziert. Nicht nur Ernst und Fröm-
migkeit, sondern auch Vergnügen und sogar Komik spielten eine
Rolle. Man muss feststellen, dass heute das Jesuitentheater trotz einer beträchtlichen Produktivität, der Anzahl der Theaterstücke, der
Fortdauer durch die Jahrhunderte dieser Theaterform, der geogra-
phischen Ausbreitung und des zahlreichen Publikums sowohl in
katholischen als auch in protestantischen Regionen fast vollkom-
men in Vergessenheit geraten ist, obwohl sich die Forschung heutzutage intensiv mit dieser Theaterform auseinandersetzt.

Ein hoch interessanter Punkt in dieser Schultheatergeschichte
ist, dass mindestens in ganz Europa – wenn nicht darüber hinaus –
dieselbe Theaterpädagogik Anwendung fand. Die erste Theater-
aufführung, die in Texten attestiert werden kann, ist die des Kollegs
von Messina (Sizilien) im Jahre 1551.

Die pädagogischen, gesellschaftlichen und politischen Ziele,
die durch das Theaterspielen erreicht werden sollten, sind vielfäl-
tig:

- das Erlernen einer Fremdsprache: Latein,
- die Vermittlung von Redeeloquenz,
- die Betonung der Körpersprache (*eloquentia corporis*),
- die Aneignung von mnemonischen Fähigkeiten,
- die Betonung der gesellschaftlichen Rolle des Ordens.

In jedem Kapitel der in Latein geschriebenen Schrift *Ratio Studiorum*
kann man lesen, dass Unterrichts- und Zielsprache die lateinische
Sprache ist. Die Muttersprache wurde für die Erklärung von Korrekturen bei schriftlichen Arbeiten oder auch selbstverständlich bei
Übersetzungen aus dem Lateinischen, Griechischen oder Hebräi-
schen benutzt (Duhr 1896, 196). Es war zudem Usus, die Theaterstücke in lateinischer Sprache aufzuführen, umso mehr, als dass es

---

[4]   https://moodle-files.alp.dillingen.de/luther/gegenreformation/AbeleVortr
ag.pdf. Folie 2, (Letzter Zugriff: 18.03.19)

auch in der *Ratio Studiorum* vorgegeben war: So findet man u.a. die Aussage „Tragödien und Komödien, die jedoch nur in lateinischer Sprache aufgeführt werden sollen" (Duhr 1896, 193). In seiner großen Mehrheit war aber das Publikum nicht lateinkundig. Die Jesuiten hatten Mittel gefunden, um den Inhalt verständlich zu machen. Prologe, Zwischenspiele und Chöre wurden in der Sprache des Landes gehalten bzw. gesungen. Man verteilte Zusammenfassungen der Handlung sowie weitere Erläuterungen über das Stück in den verschiedenen Länder- / Volkssprachen, manchmal auch zweisprachige Texte. Darüber hinaus war die Dramaturgie, die Inszenierung, die Gestik, die Mimik, die Stimmenlagen und die nonverbale Kommunikation dafür vorgesehen. „So entstand ein mit Affekterregung spielendes, synästhetisches Theater, in dem das Sehen einen mindestens ebenso hohen Vermittlungswert besaß wie das Verständnis des Wortes […]" (Pérez Gonzalez 2014, 14).

Der Punkt, dass der Körper als rhetorische Figur (*eloquentia corporis*) dient, wird auch von Haitzinger unterstrichen:

> Die *eloquentia corporis* bewegt sich jenseits eines dechiffrierbaren, gestisch begleiteten Sprechens: Auf der szenischen Bühne wird die Stimme als unmittelbare Verbindung zwischen Körper und dem zu artikulierendem Text brüchig. Die Inszenierung des Rhetorischen […] zeigt die Möglichkeit der szenischen Überschreitung, die sich am deutlichsten in der Modellierung von tragischen Figuren manifestiert. (Haitzinger 2017, online)[5]

Ein weiteres Beispiel für dieses Phänomen wird in der „Historia del Colegio de Sª Anna y S. Vincente Martyr de la Compañia de Jesus de Plasencia" gegeben:

> Y con ser todo en latín, fueron los representantes tan aventajados y tan excelente las músicas, que se derramaron muchas lágrimas de los oyentes, aunque el latín muchos de ellos no lo entendían. Tales eran los efectos de los que representaban.[6]

---

5   http://www.rheton.sbg.ac.at/rheton/2017/01/der-rhetorische-koerper (letzter Zugriff 04.03.2019).

6   *Historia del Colegio de Sª Anna y S. Vincente Martyr de la Compañia de Jesus de Plasencia*, zitiert von Pérez Gonzáles in „Bilingualität auf der Jesuitenbühne" (2014, 13).

Um diese *eloquentia corporis* auszubilden, wurden verschiedene Übungen durchgeführt, u.a. Gebärdenspiele:

> […] so wird erfordert: gerade, feste und beständige Körperhaltung; Ruhe des Hauptes, eine Bewegung desselben überflüssig; die Hand- und Armbewegungen sollen von innen nach außen (von den Seiten) ausgehen, die Hand weder über die Schultern erhoben noch geballt werden, […]. (Duhr 1896, 126).

In seinem Werk *Les jésuites et le théâtre (1554-1680)* wundert sich der Autor Jean-Marie Valentin darüber, dass gerade in München der Publikumserfolg so ausufernd war. Sicher sind die Erfolge des Jesuitentheaters im deutschsprachigen Raum und insbesondere in Bayern größer als in den anderen Ländern Europas (Valentin 2001, 12). München war aber in dieser Zeit kein intellektuelles Zentrum. Diese Funktion hatte im 16. Jahrhundert Ingolstadt inne (Valentin 2001, 235). Valentin (2001, 125) fügt hinzu, dass im Gegensatz zu den Ländern der Romania, Latein im Jesuitentheater des deutschsprachigen Raumes lange Zeit die Oberhand behielt und die Jesuiten eine Art Bildungsmonopol innehatten.

Dieser Unterschied zwischen dem deutschsprachigen Raum und der Romania erscheint erstaunlich. Tatsächlich hätte die lateinische Sprache für Sprecher des Italienischen, Spanischen, Französischen, Portugiesischen usw. wegen der sprachhistorischen Verwandtschaft zugänglicher sein sollen als für deutschsprachige Sprecher. Dieser Umstand wurde anscheinend durch die Wirkungskraft von Inszenierungen und Körpersprache zusätzlich zum Dekor, zur Musik, zu Kostümen usw. ausgeglichen. Festzuhalten ist, dass das erste Land, das Elemente der Volkssprache in das Jesuitentheater einführte, Italien war (Valentin 2001, 133). Auch wenn die Theaterstücke – wie oben beschrieben – gut verständlich waren, lockerte sich bald – zumindest in der Romania – die Einsprachigkeit und Elemente der jeweiligen Volkssprachen mischten sich in verschiedenen Anteilen in die Texte hinein. Wir gehen im Folgenden auf zweisprachige Aufführungen, in denen die Identifizierung der Sprachverteilung besonders interessant erscheint, ein.

Pérez González (2014) schildert den Fall von Spanien:

> [V]on Anfang an [drangen] die verschiedenen Formen des in Spanien breit
> etablierten volksprachlichen religiösen Theaters ein und mischen sich dort
> mit der Tradition des neulateinischen Schultheaters, das ähnlich wie überall
> in Europa auch an den Universitäten und Bildungseinrichtungen Spaniens
> praktiziert worden war (Pérez Gonzáles 2014, 29).

Anhand von Beispielen definiert die Autorin die Grundelemente der Sprachdistribution zwischen Latein und der Volkssprache, in diesem Fall der von Spanien. Die sogenannten Nebentexte wie Prolog, Chöre und Zwischenspiele werden in der Volkssprache gehalten. Eine wichtige Rolle spielen die Prologe, die die Handlung des Stückes vorstellen. Sie werden in der Volkssprache und mit bescheidener Inszenierung gehalten. Für die verschiedenen Akte des Stückes erfolgt ein szeneninterner Sprachwechsel, der ästhetisch gestaltet wird. Diese Zweisprachigkeit, die nach einigen Versuchen in Italien und in Spanien rege umgesetzt wird, findet sich dann auch in den anderen europäischen Ländern wieder, zuerst – wie schon erwähnt – in der Romania, aber dann auch darüber hinaus. Im Teil ‚Sprachdistribution im durchgeführten Projekt' (s.u.) zeigen wir, inwiefern die Verteilung der Sprachen im Jesuitentheater der des durchgeführten Projekts ähnelt.

2.   Performative Kompetenz

Heutzutage ist der Einsatz des Theaters ein Klassiker des Fremdsprachenunterrichts. Allerdings ist es meistens so konzipiert, dass Lernende ein Theaterstück in einer Fremdsprache aufführen, z.B. ein englisches Stück in englischer Sprache im Englischunterricht. In dem durchgeführten Projekt haben die Studierenden in der von ihnen studierten Fremdsprache Französisch oder Spanisch ihre Rolle gespielt, d.h., es alternierten Aussagen in der einen Sprache und Repliken in der anderen.

Theater im Fremdsprachenunterricht ist mit dem Konzept der ‚Dramapädagogik' verwandt, aber was genau ist unter Dramapädagogik zu verstehen?[7] Das Wort *Drama* kommt aus dem Griechischen *dran*, das ‚handeln, tun' bedeutet und später aus dem

---

[7]   Siehe auch Kluge (2002, 213).

griechischen *drama*, das mit „Handlung und theatralische[r] Handlung" (Kluge, 2002, 213) wiedergegeben werden kann. Insofern ist die Verwandtschaft in der Betrachtung des Sprechens als Handeln schon deutlich. Dramapädagogik kann in der Fremdsprachendidaktik angesiedelt werden:

> Dramapädagogik ist eine Form des Lehrens und Lernens eines ästhetisch-ganzheitlich orientierten Fremdsprachenunterrichts, in dem die dramatische Kunst […] zur Inspirationsquelle und zum Richtungsweiser für das Pädagogische Handeln wird. (Schewe 2010, 38)

Die Dramapädagogik kann dann auch im Bereich der performativen Fremdsprachendidaktik lokalisiert werden. In einem ersten Schritt möchten wir die Termini „performative Fremdsprachendidaktik" und „Mehrsprachigkeit" im Kontext unseres Beitrages näher definieren.

Das Wort *performativ* korrespondiert mit dem Substantiv *Performanz* und evoziert im allgemeinen Sprachgebrauch Handlungen wie Theater, Improvisation, Video-Installationen, Ausstellungen moderner Kunst oft mit beweglichen Artefakten u.v.m. Das Wort selbst kommt aus dem Englischen *to perform*. *Perform* besitzt mehrere Bedeutungen, wie z.B. ‚auf-, aus-, durchführen, leisten, auftreten', alle sind mit dem Konzept des Handelns verknüpft.

In der Sprachwissenschaft ist das Substantiv *Performanz* eng an die Begriffe der *Parole* bzw. *Sprachverwendung* verknüpft:

> In Chomsky Sprachtheorie [ist es eine] Bezeichnung für konkrete individuelle Sprecherereignisse, die auf der Basis der Kompetenz als dem intuitiven Wissen des „idealen Sprechers/Hörers" über die Regularitäten der Sprache gebildet werden. Der Terminus deckt sich weitgehend mit DE SAUSSUREs Bezeichnung „Parole". (Bußmann 2002, 503)

Als Adjektiv verbreitet es sich in der Sprachwissenschaft, und zwar mit der Sprechaktphilosophie von John Austin (*How to do things with words*, 1962), der Aussagen als Handlungen betrachtet. Die Sprechakttheorie von Searle ergänzt diese Perspektive. Nach dieser Theorie gibt es neben lokutionären und illokutionären Sprechakten auch performative Sprechakte. Ein performativer Sprechakt *par excellence* wird durchgeführt, wenn zum Beispiel ein König sagt: „Ich schlage dich zum Ritter" oder ein Pfarrer: „Ich taufe dich auf den Namen X oder Y". Hier ist die Performativität ganz eindeutig, die Aussage ist gleichzeitig eine Handlung, ein Akt: Der Mann ist Ritter geworden, das Kind heißt tatsächlich X oder Y. Für andere Sprechakte ist die Performativität nicht ganz so eindeutig bestimmbar, sondern stärker auf einer indirekten Ebene verortbar. So etwa bei illokutionären Sprechakten wie der Frage: „Kannst Du mir das Salz reichen?", oder in der Aussage: „Es wird allmählich warm hier", die als Bitte, das Fenster zu öffnen, verstanden werden können. Die Bestimmung der Grenzen von Performativität erweist sich als schwierig. In diesem Beitrag können wir dieser Frage nicht weiter nachgehen. Allerdings halten wir fest, dass sich die performative Fremdsprachendidaktik in Einklang mit der Theorie befindet, die die Aussage des Sprechers als Handlung betrachtet.

In diesem Sinne hat Performativität mit Inszenierung zu tun. Inszenierung der Sprache in Interaktionen, die auch von Ritualen oder sozialen Beziehungen abhängen. Schon in den sechziger Jahren – auch wenn heutzutage nicht mehr oft erwähnt – hatte Erwin Goffmann, kanadischer Soziologe, in seinem Buch *Interactions Rituals* (1967) gezeigt, wie der Alltag nach Verhaltensmustern inszeniert wird. Er kommt dann zu der Extrapolation, dass wir alle Rollen spielen und dass die soziale Welt ein Theater ist. Diejenigen, die lehren, unterrichten, dozieren wissen ganz genau, dass die Lehrtätigkeit auch eine Form der Inszenierung ist mit der Besonderheit, dass das „Publikum", die Lernenden, Akteure ihres eigenen Lernens sind.

Die Formulierung „performatives Lehren und Lernen" wurde laut Mike Fleming (2016, 27-46) zum ersten Mal im Herbst 2013 bei einem Symposium an der Universität Cork angewendet. Das Konzept soll laut Fleming (2016, 27) „Möglichkeiten anbieten, Theorie und Praxis neu aufeinander zu beziehen". In der Tat handelt es sich u.E. nicht um eine neue Theorie, sondern vielmehr um das Neuinterpretieren, Neudefinieren und Neukombinieren von Elementen, die im Bereich der Fremdsprachendidaktik schon gut bekannt sind. Eine bestimmte Akzentuierung wird nicht nur auf Dramapädagogik, sondern auch auf die allgemeine Theatralität der alltäglichen zwischenmenschlichen Interaktionen gelegt. Diese Theatralität, der Inszenierungscharakter der Wirklichkeit, wird heutzutage durch die neuen Medien erheblich verstärkt. Insofern kann eine Analyse der theatralen Inszenierung des Alltagshandelns für die jungen Akteure von Wichtigkeit sein.

> Der Fremdsprachenunterricht stellt wie jeder Unterricht eine besondere Form inszenierter Wirklichkeit dar, die durch die in ihm getätigten Sprechakte konstituiert wird und die aufgrund der Fremdsprachigkeit der Äußerungen ein hohes Maß an Fiktionalität aufweist. (Hallet 2010, 237-238)

Diese Fiktionalität wird in vielen szenisch-dialogischen Texten der Lehrwerke, die auf einer Pseudo-Authentizität beruhen, deutlich. Eine gute Möglichkeit, gelegentliche Alternativen zu dieser Pseudo-Authentizität anzubieten, liegt in der Nutzung des Theaters als pädagogisches Mittel, d.h. in der Inszenierung von ausgewählten Szenen aus Theaterstücken, denen authentische Texte zugrunde liegen, oder in der Inszenierung von Theaterstücken, die von den Lernenden in dem vollen Bewusstsein einer gewollten Fiktionalität kreiert wurden. Wichtig ist es dann auch, dass diese Szenen vor einem Publikum gespielt werden.

Die oben erwähnten bekannten Elemente der performativen Kompetenz sind: Handlungsorientierung, Lernerzentrierung, aktive Partizipation, Ganzheitlichkeit, Verbindung von Körper und Geist, hohe Relevanz der sozialen Kompetenz durch Interaktionen, gemeinsames Handeln und Kompromissbereitschaft. Hinzu kommen zudem

> [...] eine Fähigkeit zur fremdsprachlichen Identifizierung und Bestimmung von Interaktionsrollen (auch der eigenen), zur fremdsprachlichen situationsadäquaten *performance* in verschiedenen Kontexten, auch im Unterricht, zur fremdsprachlichen Unterscheidung verschiedener Wirklichkeitsebenen und die kritische (auch ethische) Reflexion von Inszenierungen, insbesondere auch von medialen. (Hallet 2010a, online)

3. Mehrsprachigkeit

Das Konzept der Mehrsprachigkeit kennt verschiedene Interpretationen, insbesondere für das deutsche Wort *Mehrsprachigkeit*. In der Tat umfasst das deutsche Wort zwei Konzepte: Eines, das in anderen Sprachen mit Notionen wie *multilinguism, multilinguisme, multilingüismo* usw. wiedergegeben wird, und ein anderes, das unter

Bezeichnungen wie *plurilinguism, plurilinguisme, plurilingüismo* zu finden ist. Das erste bezeichnet geographische oder politische Sprachbesonderheiten: Mehrere Sprachen werden auf einem Territorium gesprochen, z.B. in der Schweiz. Das zweite beschreibt primär die Fähigkeit der Individuen mehrere Sprachen sprechen zu können.

Das Wort kennt auch verschiedene Anwendungen – je nach wissenschaftlichem Bereich. Zum Beispiel haben wir das Wort in sprachwissenschaftlichen Lexika gesucht und festgestellt, dass das Lexem als Lemma nicht immer vorgesehen ist. Das ist z.B. der Fall für das *Lexikon der Sprachwissenschaft*, herausgegeben von Hadumod Bußmann (2002). ‚Plurilingualismus' findet man dort (2002, 453) nicht, dafür ‚Multilingualismus' mit zwei Definitionen:

> 1) Fähigkeit eines Individuums, sich in mehreren Sprachen auszudrücken, vgl. → Bilingualismus. 2) Geltung mehrerer Sprachen in einer Gesellschaft oder einem Staat, vgl. →Diglossie.

Für andere Sprachen entspricht die erste Definition den Begriffen *plurilingualism, plurilinguisme* und die zweite dem Begriff *multilingualism*. Etwas anders ist es im Metzler *Lexikon der Sprache*, herausgegeben von Helmut Glück (2010). Dort findet man das Lemma ‚Mehrsprachigkeit' wenn auch nur mit einem Verweis auf ‚Multilingualismus'. Unter diesem Lemma kann man Folgendes lesen:

> Multilingualismus (auch Mehrsprachigkeit) Bez. für den Zustand einzelner Personen oder einer sozialen Gemeinschaft, die sich bei der täglichen Kommunikation mehrerer unterschiedl. Spr.n bedienen; ↑ Bilingualismus. Lit. H. Haarmann, M.1.2. Tübingen 1980. – Carson, Multilingualism in Europe: S Case Study. Bruxelles u.a. 2003. – F.B. Boyd, Multicultural and Multilingual Literacy and Language: Contexts and Practices. N.Y. u.a. 2004. (Glück 2010, 248)

Diese beiden Einträge zeigen, dass Mehrsprachigkeit sowohl ‚Multilingualismus' als auch ‚Plurilingualismus' bedeuten kann und dass sogar das Wort Multilingualismus auch Plurilingualismus bedeuten kann. Deswegen wird in Deutschland oft zwischen externer und interner Mehrsprachigkeit oder zwischen individuellen und territorialen, gesellschaftlichen und institutionellen Mehrsprachigkeitsformen unterschieden.

Im Bereich der Fremdsprachendidaktik ist der Begriff geläu-
fig. Er hat sich „durch den Sprachgebrauch des Europarats einge-
bürgert" (Hu 2010, 214) und wird im Sinne von individueller Mehrsprachigkeit, „bei der mehrere Sprachen im mentalen System einer
Person interagieren und miteinander vernetzt sind" (Hu 2010, 217),
verstanden. In der Mehrsprachigkeitsdidaktik haben, laut GeR, sich
die Ziele des Sprachunterrichts grundsätzlich verändert. Es geht
nicht mehr darum, in einer Fremdsprache das Niveau des ‚idealen
Muttersprachlers' zu erreichen, „vielmehr liegt das Ziel darin, ein
sprachliches Repertoire zu entwickeln, in dem alle sprachlichen Fähigkeiten ihren Platz finden" (Trim u.a. 2001, 11).

> Zentral ist [bei der Mehrsprachigkeitsdidaktik] ein inferentieller Lernbe-
> griff, bei dem man davon ausgeht, dass bereits disponibles deklaratives und
> prozedurales Wissen mit den neu aufgenommenen Informationen intera-
> giert, das heißt dass das Erlernen einer Sprache auf vorhandenem sprachli-
> chen Wissen, Weltwissen, sprachlernstrategischen Wissen und entsprechen-
> den Kompetenzen aufbaut. (Hu 2010, 215)

In diesem Sinne hatte Franz Joseph Meißner ab den 90er Jahren (z.B.
1995 / 1998) eine Form der Mehrsprachigkeit entwickelt, die mit in-
terlingualem Transfer verknüpft wird (1998) und auf typologisch
verwandten Sprachen beruht. Bis zum heutigen Zeitpunkt hat
Meißner zahlreiche Publikationen zur Thematik veröffentlicht, die
letzte (mit Christiane Fäcke) im Jahre 2019. Zuerst sollte Französisch im Bereich der Romania als sogenannte Brückensprache dienen, um andere Sprachen der Romania zu erwerben, dies war auch
innerhalb des Interkomprehensionsprojekts „EuroCom" der Fall,
das neben „EuroComRom", auch „EuroComGerm" und „Euro-
ComSlav" beinhaltet. Dem Buch *Die sieben Siebe* von Klein und
Stegmann (2000), das die Interkomprehension in der Romania mit
Französisch als Brückensprache schilderte, folgten in der Zwischenzeit mehrere vergleichbare Schriften, die die Brückenfunktion
anderen Sprachen zuschrieben, so z.B. *Englisch als Brückensprache in
der romanischen Interkomprehension* (2006) oder *Germanische Sprachen
lesen können* (2007).

Das Projekt, das wir durchgeführt haben, bezieht sich auf eine
Mehrsprachigkeit, die auf Interkomprehension beruht. Das Ziel

war nicht das Erlernen einer L3 (bzw. L4), sondern vielmehr das Fördern der Fähigkeit, adäquat auf eine nicht gelernte Sprache, die aber mit der gelernten Sprache verwandt ist, zu reagieren. Dies entspricht der Definition der Interkomprehension nach Meißner (2010, 120f):

> [Interkomprehension entspricht der] Fähigkeit fremde Sprachen oder Varietäten zu verstehen, ohne sie in ihrer natürlichen Umgebung oder formal erlernt zu haben.

Die Sprachdistribution im durchgeführten Projekt

Das Theaterstück wurde in französischer und spanischer Sprache aufgeführt. Die Aufführung war nicht nur für Romanisten geplant, sodass die Studierenden Mittel anwenden mussten, um die Handlung für alle verständlich zu gestalten. Sie hatten für den Anfang des Stückes einen Prolog vorgesehen, der die Handlung erläuterte und in deutscher Sprache mit bescheidener Inszenierung vorgeführt wurde. Sie hatten für alle gespielten Szenen Übertitel in deutscher Sprache vorbereitet, die oberhalb der Bühne projiziert wurden. Bei der szeneninternen Verteilung der Sprachen war das Alternieren das Prinzip der Zweisprachigkeit. Hier kann man eine deutliche Parallele zum Jesuitentheater herstellen: Prolog in der Muttersprache und schriftliche Übersetzungen für das Publikum. Der Unterschied liegt darin, dass es sich im Jesuitentheater um Bilingualität (Latein und Nationalsprache) und im durchgeführten Projekt um eine Form der ‚Trilingualität' handelt: Im durchgeführten Projekt kommt zusätzlich zum Französischen und Spanischen die deutsche Muttersprache hinzu. Nicht nur die Muttersprache wurde hinzugefügt, sondern auch Elemente des Alltags der Studierenden, z.B. ersetzten sie spontan eine gesummte Replik des Stückes von Ionesco durch den Jingle der Deutschen Bahn, die sie jeden Tag hören, wenn sie zur Uni fahren, was natürlich das Publikum zum Lachen brachte und eine Verknüpfung zwischen verschiedenen Wirklichkeitsebenen darstellte. Damit sich viele Studierende an dem Spiel beteiligen konnten, waren für jede Szene andere Schauspielerinnen und Schauspieler vorgesehen. In dem ausgesuchten Stück, *Die kahle Sängerin* von Ionesco, gibt es nur sechs

Protagonistinnen und Protagonisten Mr. und Mrs. Smith, Mr. und Mrs. Martin, das Dienstmädchen Mary und der Feuerwehrmann, der eine kleine Nebenrolle spielt. Die Studierenden haben ihre Rolle frei gewählt. Jeder / jede Studierende/r sollte die gelernte romanische Fremdsprache sprechen.

4. Eugène Ionesco: Die kahle Sängerin

Eugène Ionesco (1909-1994), französischer-rumänischer Autor, ist für seine Theaterstücke bekannt. Er schrieb aber auch Romane[8] wie *Fußgänger der Luft* (1961), *Der Einzelgänger* (1973), Kinderbücher wie *Geschichte Nummer 1* (1969) und zusätzlich zur Lyrik auch theoretische Essays. Seinen wichtigen Text *La tragédie du langage* (1958) findet man zum Teil in *Notes et contre-notes* (1962), einer Schrift, die unter dem Titel *Argumente und Argumente* (1964) in Deutschland veröffentlicht wurde. Unter seinen 27 Theaterstücken ist im deutschsprachigen Raum sicher *Rhinocéros* (1959) (*Die Nashörner*, 1960) das bekannteste Stück. Für den frankophonen Raum ist aber wahrscheinlich *La cantatrice chauve* (*Die kahle Sängerin*) am bekanntesten. Uraufgeführt in Paris im Jahre 1950 im Théâtre des Noctambules, ab 1957 auf dem Spielplan des Théâtre de la Huchette, wird das Stück heutzutage jeden Mittwoch um 19:00 Uhr gespielt und feiert bald die 19 000. Aufführung.[9]

Die relative kurze Zeit, die zur Ausarbeitung des durchgeführten Projekts innerhalb eines Semesters im Umfang von 2 SWS zur Verfügung stand, erlaubte nicht, dass die Studierenden selbst ein Theaterstück schrieben. Es wäre wahrscheinlich zu langwierig gewesen – auch wegen der notwendigen Koordination zwischen den zwei Gruppen, die am Anfang separat gearbeitet haben –, den Studierenden die Auswahl eines Stückes zu überlassen. Deswegen wurde von den Dozentinnen entschieden, das Stück *Die kahle Sängerin* vorzuschlagen und nach Erläuterungen zum Stück waren die Studierenden mit dieser Auswahl sehr zufrieden.

---

[8]   Hier werden nur die ins Deutsche übersetzte Texte erwähnt.

[9]   http://www.theatre-huchette.com/la-cantatrice-chauve-la-lecon-2/   (letzter Zugriff 12.03.2019).

Für jede Person, die sich für das Erlernen und den Erwerb von fremdsprachlichen Kompetenzen interessiert – u.a. Studierende der Philologie und Lehramtsstudierende – ist die Genese des Stückes hoch interessant. Wie es in *Argumente und Argumente* zu lesen ist, schreibt Ionesco (1964, 171), dass er 1948 entschieden hatte, Englisch zu lernen. Dafür hatte er die erste Selbstlernmethode „Konversationslehrbuch für Anfänger" ausgesucht. Das Buch basierte auf der Assimil-Methode. Das erste Lernbuch dieser heutzutage sehr breit ausgelegten Buchserie trug den Titel *L'Anglais sans peine* (Englisch ohne Mühe). Seit den vierziger Jahren haben sich natürlich die Inhalte und die Vermittlungsmethoden stark verändert, aber in diesen Anfangszeiten kam die Methode Ionesco etwas wunderlich vor (vgl. Ionesco 1964, 171). Das Buch brachte „typische" Engländerinnen und Engländer, zwei Paare, die Smiths und die Martins, ins Spiel, die in kurzen, einfachen Sätzen Banalitäten aussprachen, die einem zu erlernenden grammatikalischen Muster entsprachen. Es waren nicht nur Banalitäten, sondern auch bloße Offenkundigkeiten wie: „die Decke ist oben", „der Boden ist unten", „die Woche hat sieben Tage" und vieles mehr. Ionesco schreibt:

> Zu meiner großen Verwunderung ließ Frau Smith ihren Mann wissen, dass sie gemeinsam mehrere Kinder haben, dass sie beide in der Umgebung von London wohnen und dass sie Smith heißen, ferner, dass Herr Smith in einem Büro arbeitet, dass sie ein Dienstmädchen namens Mary haben, die ebenfalls Engländerin ist, dass sie seit zwanzig Jahren Freunde haben, die Martin heißen, dass ihr Haus eine Burg ist. Denn „das Haus eines Engländers ist wahrhaft seine Burg". (Ionesco 1964, 172)[10]

Diese verschiedenen Dialogbruchteile findet man in dem Stück wieder. Für Ionesco waren diese Lerneinheiten eine „Erleuchtung". Er schreibt (1964, 173): „ich wollte meinen Zeitgenossen wesentliche Wahrheiten mitteilen, die mir das französisch-englische Konversationslehrbuch bewusstgemacht hatte". Für ihn waren diese „Konversationen" reines Theater, in der Form aber eines absurden

---

[10]   Leicht erkennbar sind die Lernziele der verschiedenen Kapitel, sogar wenn es um Sprichworte geht, so bspw. anhand des englischen Sprichworts *An Englishmann's home is his castel*.

Theaters, das bei tieferen Überlegungen die Austauchbarkeit der Figuren, die Leere der Interaktionen und in gewissen Maßen die Unmöglichkeit der zwischenmenschlichen Kommunikation zeigte.

Am Anfang der zweiten Hälfte des 20. Jahrhunderts, nach dem zweiten Weltkrieg, entsteht mit Eugène Ionesco (1909-1994), Samuel Beckett (1906-1970) und Arthur Adamov (1908-1989) das sogenannte „absurde Theater". Nach Manfred Brauneck:

> gilt Ionesco als der Begründer des „absurden Theaters". Es war nicht nur sein erstes Theaterstück, *La cantatrice chauve*, dessen Uraufführung 1950 stattfand, das eine Initialfunktion für diese neue Richtung ausgeübt hatte, vielmehr gelten Stücke wie *Les chaises* (1951) und vor allem *Rhinocéros* (1958) als „Klassiker" – vergleichbar Becketts *En attendant Godot* – des Theaters des Absurden. Dabei sind die Stücke Ionescos in der Publikumsrezeption zugänglicher als die Becketts, da sie sich trotz aller Interpretationsdifferenzen der Kritikerzunft in ihrem „absurden Gehalt" scheinbar eindeutiger entschlüsseln lassen. (Brauneck 2007, 100)

Im Stück *Die kahle Sängerin* symbolisiert, nach Brauneck und Esslin (1964, 161), das Scheitern der zwischenmenschlichen Kommunikation, das der Kommunikationsgesellschaft. Das Scheitern ist demnach eine Entfremdung und Selbstentfremdung, eine zwangsläufige Folge eines Lebens in einem „System der organisierten Lüge" (Esslin 1964, 161) Damit ist das Bestimmt-werden durch Ideologien gemeint. Dies ist eine heute noch sehr aktuelle Thematik.

Das Stück ist zirkulär konstruiert. Es besteht aus 11 Szenen, die die Smiths oder die Martins mit oder ohne das Dienstmädchen in Szene setzen. Die Dialoge entsprechen den absurden „Konversationen" der Assimil-Methode mit Zuspitzungen, die der großen Kreativität des Autors zu verdanken sind. Am Ende des Stückes fällt der Vorhang, er geht aber gleich wieder auf und zeigt erneut die erste Szene, nur sind es diesmal nicht die Smiths, sondern die Martins, die genau dieselben Dialoge spielen. Diese Zirkularität hat einerseits das Ziel, die Austauchbarkeit der Figuren zu demonstrieren und andererseits die Unendlichkeit der zwischenmenschlichen Leere aufzuzeigen.

Inhalte und Analyse des Stückes wurden für das durchgeführte Projekt durch Impulsreferate und Diskussionen während der zweiten Sitzung erläutert und geführt. In den ersten Sitzungen wurden Übungen zur Aussprache, Tragweite der Stimme, zum Aneignen des Raumes auf einer Bühne, zur Gestik und Mimik durchgeführt.

Für das durchgeführte Projekt war es nicht möglich das ganze Stück zu spielen. Es wurden Szenen ausgesucht und – wie schon erwähnt – spielten in jeder Szene andere Studierende, was der von Ionesco festgestellten Austauschbarkeit der Figuren entspricht. Die zwei Gruppen von Studierenden hatten eine durchschnittliche Größe von jeweils ca. 20 Personen. Etwas mehr als die Hälfte der Teilnehmerinnen und Teilnehmer haben auf der Bühne performt, die anderen haben die Übertitel vorbereitet und realisiert, andere haben sich mit Kostümen[11], Accessoires, Dekors, und wiederum alle Studierenden haben sich mit der konkreten Umsetzung der Inszenierung beschäftigt. Die Accessoires waren besonders wichtig, da verschiedene Studierende dieselbe Rolle gespielt haben. Es musste für das Publikum genau erkennbar sein, wer die Protagonisten sind. Dafür hatten die Akteure ganz klar sichtbare Accessoires, wie z.B. Hüte, Schals usw. Auch bei den Kostümen waren die Paare Smith und Martin deutlich durch farbliche Unterschiede, z.B. von T-Shirts, erkennbar (bspw. orangefarbig für Frau Smith). Ab der vierten Sitzung wurden jedes Mal Szenen gespielt (zuerst ein-, dann zweisprachig) und es wurde zudem über die Inszenierung konstruktiv diskutiert. Die Studierenden haben hier einen hohen Grad an Reife, Kompromissbereitschaft und Kreativität gezeigt.

In der ersten Sitzung wurden die Studierenden darüber informiert, dass bei solchen Projekten die investierte Zeit nicht auf zwei Stunden in der Woche beschränkt bliebe. Tatsächlich wurde in Proben sehr viel Zeit freiwillig investiert. Erstaunlich war die Tatsache, dass unter den Studierenden kaum jemand Theatererfahrungen während der Schulzeit gesammelt hatte. Dies widerspricht der eingangs getätigten Aussage, dass Theater heutzutage ein Klassiker des Fremdsprachenunterrichts sei (siehe Abschnitt 2, erster Satz).

---

[11]   Die Kostüme hatte uns die Theatergruppe der Anglistik, die seit vielen Jahren existiert, zugänglich gemacht, dafür sei ihr an dieser Stelle noch einmal herzlich gedankt.

Wir differenzieren hier zwischen Theater, Rollenspielen, Improvi-
sationen oder auch globalen Simulationen. Unter „Theater" verstehen wir – wie schon erwähnt – ausgewählte Szenen von authentischen Theaterstücken oder Szenen, die von den Lernenden geschrieben worden sind. Die Inszenierung von authentischen Texten
fördert ein interkulturelles Empathievermögen, zahlreiche soziale
Kompetenzen und Selbstbewusstsein im Bereich der Aneignung
von Lernstrategien. Sicher kommt die Inszenierung von ausgewählten Szenen authentischer dramatischer Texte im Fremdsprachenunterricht in der Schule den Lehrkräften wie eine Herausforderung vor. Deswegen bleiben Aktivitäten um das „Theaterspielen" Bestandteil einiger Lehrerfortbildungsseminare oder Praktika
– zumindest im Bereich FLE (Französisch als Fremdsprache) – z.B.
im CUEF (*Centre Universitaire d'Études Françaises*) der Universität
Grenoble 3 oder im BELC (*Bureau d'Études des Langues et Cultures*)
in Sèvres, oder im CLA (*Centre de linguistique appliquée*) der Universität Besançon und in vielen anderen Einrichtungen. Diese Fortbil-
dungszentren organisieren Sommeruniversitäten für Französisch-
lehrkräfte aus aller Welt. In Deutschland listen verschiedene Lan-
desbildungsserver (z.B. Baden-Württemberg, Bayern, Hamburg,
Hessen) diverse Vorschläge und Projekte für das „Schultheater im
Französisch-Unterricht". Das Projekt „Neue Formen des Schüler-
austausches mit Mitteln des Theaters"[12] scheint diesbezüglich viel-
versprechend zu sein.

Hinsichtlich der Umsetzung von Theaterstücken auf universitärer Ebene konnte mit unserem Projekt gezeigt werden, dass es –
unter der Voraussetzung einer hohen Motivation seitens der Teilnehmenden – nicht unbedingt notwendig ist, bereits Erfahrungen
gesammelt zu haben, um eine gelungene Aufführung zu gestalten.

Es ist wahrscheinlich so, dass Fremdsprachenlehrerinnen und
-lehrer entweder nicht die Zeit finden oder sich nicht trauen, solche
Projekte durchzuführen, weil sie vielleicht selbst keine Erfahrungen diesbezüglich gesammelt haben. Deswegen kann man nur

---

[12]   https://www.schule-bw.de/faecher-und-schularten/sprachen-und-literatur/
franzoesisch/texte-und-medien/literatur/echange_scol_theatre.html   (letzter
Zugriff 10.07.2019).

ermutigen, solche Projekte im Hochschulstudium – insbesondere für Lehramtsstudierende aber nicht nur für solche – oder auch in Fortbildungsseminaren für Lehrkräfte anzubieten. Theater erweist sich nämlich aus verschiedenen Gründen als besonders geeignet im Bereich des Fremdsprachenlernens und -lehrens: Mit dem Theater können Lernende kulturelle Informationen über den Autor, sein Land und seine Epoche sammeln. Um bei Ionesco zu bleiben, erfahren die Lernenden in dem Stück „Die kahle Sängerin", wie ein Autor in den 50er Jahren des 20. Jahrhunderts auf die Absurdität von bestimmten Methoden zum Erlernen von Fremdsprachen reagiert. Falls die Lernenden sich für das Stück „Die Nashörner" (1957) entscheiden, das eventuell bekannter als „Die kahle Sängerin" und auf jedem Fall politisch-orientierter ist, können sie nachempfinden, wie der Autor auf das Konzept der Diktatur reagiert. In diesem Stück[13] beschreibt der Autor wie sich Bürgerinnen und Bürger einer fiktiven Stadt – eine/r nach dem anderen – in Nashörner verwandeln. Das Stück wird als Kritik jedweder Form von Totalitarismus (Nationalsozialismus wie Stalinismus) interpretiert, es ist auch die Kritik an einer Gesellschaft, in der das Volk den durch das totalitäre Regime durchgeführten Veränderungen widerstandslos folgt.

Außerdem fördert das Theater – wie wir schon erwähnt haben – die interkulturelle Empathie. Da die Figuren in einem Theaterstück i.d.R. eine bestimmte Dichte und Tiefe zeigen, muss die / der Fremdsprachenlernende bzw. -lehrende, um eine Rolle in einem fremdsprachigen Theaterstück übernehmen zu können, in eine fremde Persönlichkeit eintauchen. Dies bedeutet, sie / er wird versuchen, nicht nur die psychologischen Besonderheiten der Figur zu verstehen, sondern auch die kulturellen und sozialen Eigenschaften, die der Kontext – d.h. das fremde Land, die fremde Kultur – hergibt. Dieses Eintauchen in eine fremde Figur, die einer anderen Kultur angehört, fördert das Entstehen bzw. die Festigung einer interkulturellen Empathie. Diese Empathie, die sicher durch andere

---

[13]   Das Stück wurde vor kurzem auf Französisch in der Leibnizschule Berlin-Kreuzberg aufgeführt: https://www.leibnizschule-berlin.de/interna/sprachlich-kuenstlerische-faecher/ueberblick-fuer-das-fach-franzoesisch/57-unterrichtsfaecher/franzoesisch/455-theater-auf-franzoesisch   (letzter   Zugriff 10.07.2019).

Maßnahmen auch gefördert werden kann, scheint uns die fruchtbarste Grundlage für ein gelungenes Fremdsprachenlernen zu sein.

Darüber hinaus fördert das gemeinsame Inszenieren von Theaterszenen – insbesondere wenn sie vor einem Publikum gespielt werden sollen – verschiedene soziale Teilkompetenzen: jede / jeden in die Gruppe integrieren und nach ihren / seinen Fähigkeiten und Talenten arbeiten lassen, respektvoll diskutieren, den Anderen zuhören, Verantwortungen gerecht verteilen, Kompromisse schließen, die sie dann auch einhalten, usw.

Für die Lehrkräfte gestattet Theaterspielen Differenzierung, d.h. die Möglichkeit – wie wir es mit unserem Projekt gezeigt haben – viele verschiedene Aufgaben nach dem Motto „jeder nach seinen Fähigkeiten, Interessen und Bedürfnissen" zu verteilen.

Fast alle authentischen dramatischen Texte beinhalten eine Botschaft. Es stellt sich dann die Frage: Wie kann ich überzeugen, wie bringe ich durch Sprache, Gestik und Mimik, d.h. durch verbale und nonverbale Kommunikation, die beabsichtigte Botschaft herüber? Wenn der Überzeugungswille überwiegt, ist Sprache an sich nicht mehr das oberste Ziel, vielmehr wird sie als Mittel für die Vermittlung von Argumenten angewendet. Dies ist u.E. eine ideale Voraussetzung, um Fremdsprachen zu erlernen.

Im konkreten Bereich ‚Sprache' gewinnen Aussprache, Sprachfluss, Deutlichkeit, Betonung eine gewisse Relevanz, wenn ohne technische Mittel (z.B. Mikrophone oder Videoaufnahme) die Stimme so deutlich sein und weit tragen muss, dass ein ganzes Publikum, ohne sich anzustrengen, jede Replik verstehen kann.

Live vor einem Publikum zu interagieren – wie Lehrkräfte vor einer Klasse es ständig tun –, *live* ohne die Unterstützung der Technik zu interagieren ist Grundsatz im Theater. Wenn die / der Lernende auf der Bühne steht (und dies nicht nur bei der Endaufführung, sondern auch bei jeder Probe), kann man nicht zurückspulen, löschen und erneut aufnehmen oder im Nachhinein am Schneidetisch löschen, kleben, verändern. Die Lernenden eignen sich dann neue Strategien wie Substitutions- bzw. Kompensationsstrategien, die wichtigen kognitiven Fähigkeiten, entsprechend an: z.B. eine Satzkonstruktion verändern, auf lexikalische Äquivalente zurückgreifen, bei einer etwas größeren Gedächtnislücke sich auf die Hilfe der Partnerin / des Partners verlassen können – <u>kooperatives Inter-agieren</u> – und mit spielerischen und sprachlichen Pirouetten das Problem lösen. Theater macht erfinderisch!

Gute Akteure haben auf der Bühne eine gewisse Ausstrahlung, eine Art innere Autorität, die man ‚<u>Präsenz</u>' nennt. Sie kann angeboren sein, sie kann aber auch trainiert und gefördert werden. Theater spielen ist die beste Möglichkeit, Präsenz zu trainieren.

Wenn Lernende vorhaben, bei Szenen eines Theaterstückes mitzuspielen, müssen sie Texte lernen. Wir konnten wahrnehmen, wie die Lernenden (bei unserem Projekt waren es Masterstudierende) sich gegenseitig beobachteten und fragten, wie die Anderen sich organisierten, um einen mittellangen oder kürzeren Text auswendig zu lernen. Für uns bedeutet dies nicht nur eine Erweiterung der <u>Lernstrategien</u>, sondern auch eine Förderung der <u>Lernerauto-nomie</u>.

Wäre dann Theater nicht einen Versuch wert? Vielleicht können Aktivitäten mit dramatisch-theatralischen Zügen – wie zum Beispiel Rollenspiele – Lehrkräfte dazu ermutigen, weitere Schritte Richtung Theater und Mehrsprachigkeit zu wagen.

Bibliographie

AUSTIN, John. 1962. *How to do things with words*. Oxford: University Press.

BRAUNECK, Manfred. 2007. *Die Welt als Bühne. Geschichte des europäischen Theaters*. Bd. 5: Das europäische Theater in der zweiten Hälfte des 20. Jahrhunderts. Stuttgart: Metzler Verlag.

BUßMANN, Hadumod. 2002. *Lexikon der Sprachwissenschaft*. Stuttgart: Alfred Kröner Verlag.

DUHR, Bernhard. 1896. *Die Studienordnung der Gesellschaft Jesu*. Freiburg im Breisgau: Herder.

ESSLIN, Martin. 1964. *Le Théâtre de l'absurde* (The Theater of the Absurd, 1962) ins Französische übersetzt, neue Auflage 1991. Paris: Buchet-Chastel.

FÄCKE, Christiane & MEIßNER, Franz-Joseph. edd. 2019. *Handbuch Mehrsprachigkeits- und Mehrkulturalitätsdidaktik*. Tübingen: Narr.

FLEMING, Mike. 2016. „Überlegung zum Konzept performativen Lehrens und Lernens". In: Even, Suzanne & Schewe, Manfred. edd. *Performatives Lehren, Lernen, Forschen*. Berlin: Strasburg Schribi-Verlag.

GERMAIN, Claude. 1993. *Evolution de l'enseignement des langues: 5000 ans d'histoire*. Paris: CLE international.

GLÜCK, Helmut. 2010. *Metzler Lexikon Sprache*. Stuttgart: Metzler Verlag.

GOFFMANN,Erwing. 1967. *Interactions Rituals. Essay on face-to-face behaviour*. Aldine.

HAITZINGER, Nicole. 2017. *Der rhetorische Körper*. In: http://www.rheton.sbg .ac.at/rheton/2017/01/der-rhetorische-koerper. Zugriff: 04.03.2019.

HALLET, Wolfgang. 2010. „Performative Kompetenz und Fremdsprachen-unterricht". In: *Scenario*, Volume 2010, Issue 1. http://scenario.ucc.ie. Zugriff 02.03.2019.

HALLET, Wolfgang. 2010. „Performative Kompetenz". In: Suhrkamp, Carola. ed. *Lexikon Fremdsprachendidaktik*. Stuttgart, Weimar: Metzler Verlag.

HARNEY, Martin, P. 1962. *The Jesuits in History*. Chicago: Loyola University Press, 217-218.

HU, Adelheid. 2010. „Mehrsprachigkeit" und „Mehrsprachigkeitsdidak-tik". In: Suhrkamp, Carola. ed. *Metzler Lexikon Fremdsprachendidaktik – Ansätze – Methoden – Grundbegriffe*. Stuttgart: Metzler Verlag.

KLEIN, Horst G. & STEGMANN, Tilbert D. 2000. *EuroComRom – die sieben Siebe*. Aachen: Shaker.

MEIßNER, Franz-Joseph. 1995. „Umrisse der Mehrsprachigkeitsdidaktik". In: Bredella, Lothar ed. *Verstehen und Verständigung durch Sprachen-lernen?* Bochum: Brockmeyer, 172-187.

MEIßNER, Franz-Joseph. 1998. „Gymnasiasten der Sekundarstufe I lernen den interlingualen Transfer". In: Meißner, Franz-Joseph & Reinfried, Markus. edd. *Mehrsprachigkeitsdidaktik – Konzepte, Analysen, Lehrerfah-rungen mit romanischen Fremdsprachen*. Tübingen: Narr, 217-237.

MEIßNER, Franz-Joseph. 2010. „Interkomprehension". In: Suhrkamp, Carola. ed. *Lexikon Fremdsprachendidaktik*. Stuttgart, Weimar: Metzler Verlag, 120-121.

IONESCO, Eugène. 1964. *Argumente, Argumente*. Neuwied und Berlin: Lucht-erhand Verlag.

PÉREZ GONZÁLEZ, Christiane. 2014. *Bilingualität auf der Jesuitenbühne. Latein und Volkssprache im spanischen Schultheater des 16. und 17. Jahrhunderts*. Münster: Rhema Verlag.

SCHEWE, Manfred. 2010. „Dramapädagogik". In: *Lexikon Fremdsprachendi-daktik*. Stuttgart: Metzler.

Trim, John & Melville, Leslie & Coste, Daniel & North, Brian & Sheils, Joseph. 2010. *Gemeinsamer europäischer Referenzrahmen für Sprachen.* Tübingen, Basel: Francke Verlag.

Das eigene Sprechen erforschen: Lehre an der Schnittstelle von Linguistik, Didaktik und Sprachpraxis im Fach Spanisch

Christian Koch

1 Einleitung

Die Relevanz linguistischer Inhalte im Studium erschließt sich vielen angehenden Fremdsprachenlehrkräften nicht unmittelbar. Komplexe sprachstrukturelle Analysen mit einer Terminologie, die der Schulgrammatik weitgehend fremd ist (vgl. Radatz 2016, 8f.), regen bei den Studierenden Widerstand in Form von: *Das brauche ich nicht für die Schule* oder *Das kann ich doch später nicht mit meinen Schüler*innen machen*. Dass es gar nicht um die direkte Übertragbarkeit auf die Praxis des Lehrens und Lernens geht, dass ein Studium zu einer viel tieferen Auseinandersatzung mit den Gegenständen des Unterrichts dient und dass die universitäre Lehre in Forschungsdiskursen vernetzt ist, welche in ihrer Prozesshaftigkeit weder didaktisch zu reduzieren noch zu transformieren sind, mag pragmatisch orientiertere Studierende wenig zufriedenstellen. Nun ist es allerdings nicht so, dass man die vermeintliche Kluft zwischen linguistischen Forschungsgegenständen und der Fremdsprachendidaktik als gegeben hinstellen wollte. So widmen sich etwa Theo Harden (2006) und Frank Jodl (2018) umfassend der Verknüpfung von Linguistik und Fremdsprachenunterricht sowie Susana S. Fernández und Johan Falk (edd., 2014) der Verknüpfung von Linguistik und (spanischer) Sprachpraxis.

Dem Anspruch dieser Verknüpfungen sieht sich der folgende Beitrag verpflichtet. Es geht um Diskursmarker im gesprochenen Spanisch, eine in den letzten Jahren linguistisch vielbeforschte Kategorie, die der Schulgrammatik noch weitgehend unbekannt ist und deren praktische Vermittlung im Fremdsprachenunterricht noch in den Kinderschuhen steckt. Dabei sind selbst mündliche Diskursmarker in Lehrwerken gar nicht selten, sie werden aber in

Form von Vokabelgleichungen primär als lexikalische Einheiten
vermittelt, was aufgrund der erheblichen Unterschiede zwischen
Deutsch und Spanisch schnell an seine Grenzen stößt. Spanisch-
Studierende in der Studienrichtung Lehramt, die selbst mehrheitlich Spanisch als Fremdsprache erlernen, müssen sich in Bezug auf
den Gegenstand und dessen Vermittlung auch ihrer eigenen
Sprechkompetenz bewusstwerden. Hierzu bietet es sich an, Methoden der linguistischen Analyse im Selbstversuch zu erproben. Dies
ist die Idee von zwei Linguistik-Seminaren, die in der Siegener Romanistik durchgeführt worden sind. Inspiration hierfür war v.a. ein
Beitrag der belgischen Hispanistin An Vande Casteele (2014), die
ihrerseits die Verwendung von Diskursmarkern als Teil der
Schreibkompetenz mit Studierenden linguistisch und sprachprak-
tisch erarbeitet hat.

Zunächst werden die Kategorie der Diskursmarker und Ansätze einer Diskursmarkerdidaktik eingeführt, anschließend wird
eins der Seminare in Konzeption und Durchführung vorgestellt
und schließlich erfolgt ein Überblick über das studentische Feedback zu den Kursen.

2 Diskursmarker in der Spanisch-Didaktik

2.1 Der Lerngegenstand: Diskursmarker im gesprochenen Spanisch

In didaktischer Manier beginnen wir bei der Beschreibung des
Lerngegenstands aus fachwissenschaftlicher Sicht, wobei Diskursmarker als Lerngegenstand insofern als problematisch aufgefasst
werden können, als sie ein sprachliches Mittel darstellen, das in die-
nender Funktion zu den kommunikativen Fertigkeiten stehen
muss. In diesem Sinne versteht sich die Kenntnis über die Form und
Funktion verschiedener Diskursmarker als ein Beitrag zur Förderung der differenzierten Diskursstrukturierung in der mündlichen

Kommunikation bzw. als Teil der Gesprächskompetenz (vgl. Thörle 2017).[1]

Als Definition von Diskursmarkern wird häufig Carla Bazzanella (1995, 225) zitiert:

> quegli elementi che, svuotandosi in parte del loro significato originario, assumono dei valori aggiuntivi che servono a sottolineare la strutturazione del discorso, a connettere elementi frasali, interfrasali, extrafrasali e a esplicitare la collocazione dell'enunciato in una dimensione interpersonale, sottolineando la struttura interattiva della conversazione.[2]

Die relativ späte Entwicklung der Kategorie der Diskursmarker seit den 1990er Jahren geht mit einem Paradigmenwechsel einher, dem sog. *dispersive turn*: Waren die kleinen Wörter zuvor eher ein störendes Beiwerk, das die zentralen Satzglieder begleitet, die zuvor Hauptgegenstand linguistischer Analysen waren, haben sich diese vermeintlichen Füllwörter (spanisch: *muletillas*) in der modernen Betrachtung zu funktionstragenden Elementen entwickelt und als Diskursmarker eine besondere Aufmerksamkeit erlangt.

Funktionen mit spanischen Beispielformen sind u.a. folgende (vgl, z.B. Pilar Marchante 2008):

- diskursstrukturierend: *pues, bueno, vamos, oye, mira, venga, ¿no?…*
- schlussfolgernd: *así (que)…*
- kontraargumentativ: *en cambio…*
- explikativ: *o sea…*
- abtönend: *digamos…*

Die hier genannten Diskursmarker sind als lexikalische Einheiten mehrheitlich Bestandteil von Spanischlehrwerken, ihre z.T. vielseitigen Funktionen werden dabei jedoch kaum thematisiert.

---

[1] Britta Thörle (2017, 309) verweist zum Konzept der Gesprächskompetenz auf die Förderung sprachpragmatischer Strategien im *Plan Curricular del Instituto Cervantes*.

[2] Für das hier vorgestellte Seminar wurde folgende spanische Übersetzung erstellt: esos elementos que, vaciándose en parte de su significado originario, asumen valores adicionales que sirven a subrayar la estructuración del discurso, a conectar elementos oracionales, interoracionales, extraoracionales y a explicitar la colocación del enunciado en una dimensión interpersonal, subrayando la estructura interactiva de la conversación.

2.2 Verwendung von Diskursmarkern bei Spanisch-Lernenden

In Zusammenarbeit mit Britta Thörle habe ich in den vergangenen Jahren deutschsprachige Spanisch-Studierende im Hinblick auf die Verwendung von Diskursmarkern im freien Sprechen untersucht (Koch 2016; i. Ersch. 2019); Thörle (2017); Koch / Thörle (2019). Zusammenfassend können folgende Beobachtungen gemacht werden: Lernende auf allen Sprachniveaus verwenden Diskursmarker, d.h. die Zahl der annotierbaren *tokens* in den Lernerkorpora steht nicht in Korrelation zum Sprachniveau. Mit einem erweiterten Diskursmarkerbegriff, der auch nonverbale Elemente einschließt, könnte die Zahl der Marker bei Anfänger*innen – d.h. bis etwa zum Niveau B1 des GeR – sogar besonders hoch sein (vgl. bereits Feldmann 1984, 180-187). Im Hinblick auf das Formenrepertoire (*types*) werden dagegen Unterschiede deutlich. Erkennbar ist ein Zusammenhang zwischen Sprachniveau und Formenvielfalt; Anfänger*innen verwenden tendenziell weniger unterschiedlichd Marker und setzen sie in verschiedenen Funktionen – d.h. polyfunktional – ein. Fortgeschrittene Lernende – hier grob ab dem Niveau B2 – verfügen über ein präziseres, differenzierteres Repertoire an Markern. Der Vergleich mit Muttersprachler*innen der Zielsprache zeigt außerdem die zunehmende Annäherung an authentische Verwendungsweisen, während Anfänger*innen Diskursmarker verwenden, die entweder Nähe zu Erst- und vorgelernten Sprachen aufweisen oder als universell lernersprachlich beschrieben werden können. Die zentralen Beobachtungen seien noch einmal tabellarisch dargestellt:

	Anfänger*innen	Fortgeschrittene
Häufigkeit von Diskursmarkern (*tokens*)	gleichermaßen häufig	
Umfang der Repertoires (*types*)	gering	vielfältig
Präzision	gering (polyfunktional)	differenziert
Nähe zum muttersprachlichen Gebrauch	lernersprachlich	zunehmend *nativelike*

Tabelle 1: Zusammenfassende Beobachtungen zur Diskursmarkerverwendung bei Fremdsprachenlernern

2.3 Grundlagen einer Diskursmarkerdidaktik

Die beobachteten Unterschiede und die positive Entwicklung einer kompetenten Verwendung von Diskursmarkern bei fortgeschrittenen Lernenden sind nicht zuletzt darauf zurückzuführen, dass Studierende Zeit im zielsprachlichen Ausland verbringen und die Marker sozusagen immersiv erwerben.[3] Im Anspruch, den Erwerbsprozess in gesteuertes Fremdsprachenlernen zu übertragen, stellen Sabine Diao-Klaeger und Britta Thörle (2013, 158) drei grundlegende Fragen:

1. Welche Diskursmarker sollen vermittelt werden?
2. Zu welchem Zeitpunkt sollen sie vermittelt werden?
3. Welche Methoden eignen sich zur Vermittlung?

Mit Blick auf das Fehlen der Kategorie in der Schulgrammatik würde ich folgende Frage ergänzen:

4. Wie erklärt man Diskursmarker lernergerecht?[4]

Zu klären ist, welche Marker besonders frequent und daher für das Verstehen unumgänglich sowie aktiv gut einsetzbar sind. Es ist abzuwägen, ob die Marker als einzeln eingeführte Formen den Lernprozess begleiten und / oder als explizite Einheit im fortgeschrittenen Unterricht thematisiert werden können. Da die Aneignung von

---

[3] In Koch (2016) und Koch / Thörle (2019) haben wir Effekte des Auslandsaufenthaltes durch Vorher-Nachher-Analysen explizit betrachtet.

[4] Diese Fragen werden in Koch (2019) ausführlich besprochen.

Diskursmarkern primär im ungesteuerten Erwerb konstatiert wird, stellt sich für die Didaktik die Frage, ob hier kognitivierend vorgegangen werden kann oder allein behavioristische Ansätze erfolgsversprechend sind. Dies wird im Zusammenhang mit den durchgeführten Seminaren weiter unten noch verdeutlicht.

2.4 Ressourcen

Während die deutschsprachige Spanisch-Didaktik bislang nur sehr punktuell Diskursmarker anspricht, existieren in der spanischsprachigen Didaktik für Spanisch als Fremdsprache bereits einige Werke, die sich explizit dem Thema widmen. Zu nennen ist hier etwa *Practica tu español. Marcadores del discurso* von Pilar Marchante (2008), das sich an weit fortgeschrittene Lernende auf dem Niveau C1 richtet. Der Band *Los marcadores discursivos para estudiantes y profesores. Español como lengua extranjera* von Manuel Martí Sánchez und Sara Fernández Gómiz (2013) richtet sich dagegen an Lernende aller Niveaus. Beide Werke verbinden möglichst anschauliche Erklärungen mit einer Reihe von formal orientierten geschlossenen Übungen, zumeist Lückentexte oder Multiple-Choice-Optionen zum Finden passender Marker. Eine bedeutende Grundlage aus der deskriptiven Linguistik zur Illustration muttersprachlicher Verwendungen von Diskursmarkern ist das online zugängliche *Diccionario de Partículas Discursivas del Español* von Antonio Briz, Salvador Pons und José Portolés (edd., 2008).[5] Mit zahlreichen Belegstellen und detaillierten formalen und funktionalen Beschreibungen ist dieses Lexikon ein wertvolles Nachschlagewerk zum Verständnis einzelner Marker. Es richtet sich aber nur begrenzt an Fremdsprachenlernende – etwa partiell durch kontrastive Zusammenfassungen auf Englisch und teilweise in anderen Sprachen –, die zudem über solide Kenntnis sprachwissenschaftlicher Terminologie verfügen müssen. Deutlich leichter zugänglich ist das *Diccionario de Marcadores Discursivos para estudiantes de español como segunda lengua* von Anais Holgado Lage (2017). Gelungen sind hier die meistens einfachen Erklärungen, Beispiele mit leichten Voka-

---

[5]   Online: www.dpde.es.

beln sowie die Einteilung der Marker nach drei Niveaustufen (*inicial, intermedio, avanzado*; vgl. Holgado Lage 2017, 297-306). Nicht transparent ist hingegen, woher die Beispiele stammen und welche sprachlichen Register im Einzelnen abgebildet werden, von der diatopischen Variation des Spanischen ganz zu schweigen. Dennoch kann auch dieses kompaktere Lexikon als Baustein der Diskursmarkerdidaktik dienen.

3 Ein Linguistik-Proseminar zu Diskursmarkern

3.1 Aufbau des Seminars und Ziele

Am Lehrstuhl für Angewandte Sprachwissenschaft / Romanistik der Universität Siegen haben im Wintersemester 2017 / 2018 das durch Britta Thörle geleitete Hauptseminar *Marcadores del discurso* sowie das durch mich geleitete Proseminar *Estrategias discursivas de estructuración, formulación y conexión* stattgefunden. Die Seminare, die sich ausschließlich an den Lehramtsstudiengang richteten, wurden gemeinschaftlich geplant. Inhaltliche Unterschiede, die im Hinblick auf die Niveauunterschiede zwischen Pro- und Hauptseminar legitim erschienen, sollen hier nicht im Einzelnen diskutiert werden. Schwerpunktmäßig beschreibe ich im Folgenden das Proseminar. Dieses setzt sich aus sieben Phasen zusammen, die in den folgenden Abschnitten genauer erläutert werden:

1. Gesprächsaufnahmen 1,
2. Einführung in die Transkription,
3. Theoriephase zu Diskursmarkern,
4. Praxisphase zur Einübung und Reflexion von Aufgaben,
5. Gesprächsaufnahmen 2,
6. Einführung in die Annotation (*tagging*), quantitative und qualitative Analyse,
7. Analysephase der eigenen Transkripte.

Bevor wir uns im Seminar der Thematik der Diskursmarker theoretisch nähern, findet bereits der erste Durchgang mit Gesprächsaufnahmen mit den Kursteilnehmer*innen statt, anhand derer im Anschluss die konversationsanalytische Transkription eingeübt wird. In den nächsten Schritten erfolgt Input zur Theorie von Diskursmarkern sowie sprachpraktische Elemente in Form von Übungen, die sowohl der Erprobung im Selbstversuch als auch der didaktischen Reflexion dienen, d.h. die Studierenden wechseln von der Perspektive von Fremdsprachenlernenden zu jener von angehenden Fremdsprachenlehrkräften. Ein weiterer Durchgang von Gesprächsaufnahmen vergrößert nicht nur das Korpus, sondern legt aus forschungstheoretischer Sicht nahe, dass die dazwischenliegenden Phasen als Intervention zu verstehen sind, deren Wirkung durch den zweiten Turnus überprüft werden kann. Auf Grundlage der vollständigen Aufnahmen können die Studierenden die Transkription abschließen und erhalten eine Einführung in Annotationspraktiken, die zu automatisierten Auszählungsanalysen führen. Durch Einblicke in unsere vorhergehende Forschung zu Diskursmarkern in der Lernersprache bemerken die Studierenden auch in ihrem eigenen Sprechen typische Merkmale. Die Studienleistung besteht im Einreichen eines digitalen Portfolios, das die Aufnahmen, annotierte Transkripte sowie quantitative Auswertungen von Markerfrequenzen enthält. Die Prüfungsleistung, die nicht alle Studierenden betrifft, da diese frei zwischen den Kursen des Moduls wählen können, besteht in einer Hausarbeit, die eine der Fragestellungen des Kurses anhand des neu entstandenen Korpusmaterials behandelt. Dabei ist es möglich, aber durch Bereitstellung des Materials der Kommilitoninnen und Kommilitonen nicht unbedingt erforderlich, das eigene Sprechen zum Gegenstand der Analyse zu machen.

Die Ziele des Kurses gehen entsprechend der Verortung an der Schnittstelle zwischen Linguistik, Didaktik und Sprachpraxis in drei verschiedene Richtungen:

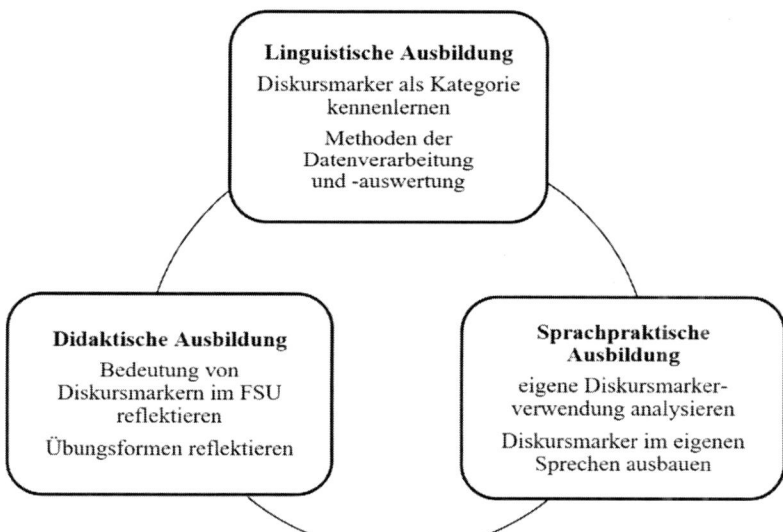

Abb. 1:   **Ziele des Proseminars Estrategias discursivas de estructuración, formulación y conexión**

Im Rahmen der linguistischen Ausbildung legt das Seminar neben der thematischen Erarbeitung eines sprachlichen Feldes einen methodischen Schwerpunkt in die Transkription und Analyse gesprochener Sprachdaten. Dies stellt eine wichtige Grundlagenkompetenz für vielfältige Formen der linguistischen Untersuchung von gesprochener Sprache sowie von Mündlichkeit im Fremdsprachenunterricht dar. Die Transkription des eigenen Sprechens kann zum einen als entlastendes Mittel des Transkribierens verstanden werden, da die Herausforderung dabei im exakten Verstehen des Gesagten besteht und man annehmen kann, dass die Lernenden das, was sie selbst gesagt haben, ohne Schwierigkeiten verstehen. Zum anderen dient die Form der Selbstanalyse auch der Sprachpraxis in Form von analytischer Betrachtung des eigenen Sprechens. Die didaktische Komponente besteht schließlich darin, zu reflektieren, worin die Stärken und Schwächen erprobter Übungsformen liegen und welche Bedeutung Diskursmarkern im Spanischunterricht ganz generell zukommen sollte.

3.2 Details zu den Unterrichtsphasen

3.2.1 Die Gesprächsaufnahmen

Die Gesprächsaufnahmen bestehen aus jeweils drei Elementen, dem monologischen Erzählen einer Bildergeschichte aus der *Vater und Sohn*-Reihe von Erich Ohser (alias e.o.plauen, 2015), einer Befragung durch einen Muttersprachler – zum Ausziehen aus dem Elternhaus und zum zweiten Studienfach – sowie einem Streitgespräch zwischen zwei Lernenden auf der Grundlage von Dialogkarten aus Collado / Melenk (2010). Die Bildergeschichten können i.d.R. in zwei bis drei Minuten erzählt werden, die anderen Gespräche sollten jeweils ca. fünf Minuten lang sein. Auch wenn für eine solide Analyse längere Aufnahmen zuträglich wären, darf an dieser Stelle nicht der Aufwand des Transkribierens unterschätzt werden, der bei AnfängerInnen leicht im Verhältnis von einer Minute Aufnahme zu einer Stunde Transkriptionszeit stehen kann.[6]

Alle Sprechaufgaben fokussieren Inhalte und machen keine formalen Vorgaben, welche die Verwendung von Diskursmarkern im Besonderen elizitieren würden. Damit ist zu vermuten, dass Diskursmarker in den ersten Gesprächsaufnahmen nicht bewusst fokussiert werden, wohingegen den Studierenden im zweiten Turnus sehr wohl bewusst ist, worauf der spätere Analysefokus liegt, und sie entsprechend versuchen könnten, ihr Sprechen gezielt zu modifizieren.[7]

Die technische Durchführung der Gespräche gestaltete sich im durchgeführten Seminar unproblematisch, da alle Studierenden über Smartphones mit Aufnahmefunktionen in zufriedenstellender Qualität verfügten. Andernfalls wären Aufnahmegeräte bereitgestellt worden.

3.2.2 Transkription und Annotation

Für die Transkription wird das *Gesprächsanalytische Transkriptionssystem 2* (GAT 2; vgl. Selting et al. 2009) eingeführt. Zu üben sind dabei neben der generellen Gestaltung des Transkriptionslayouts

---

[6] Bei der Berechnung des potenziellen *workload* ist allerdings zu bedenken, dass die Transkription der Streitgespräche arbeitsteilig zwischen den beteiligten Studierenden aufgeteilt werden kann.

[7] Der erste Durchgang erfolgt, wie bereits erwähnt, vor der theoretischen Einführung zwecks der Erhebung eines Ist-Zustands ohne Fokussierung auf Diskursmarker. Allerdings könnten interessierte Studierende sich bereits auf Grundlage des Veranstaltungskommentares auf Inhalte des Kurses vorbereitet haben.

besonders die Parameter, die aus der Verschriftlichungsform des Diktats nicht bekannt sind. Folgende Transkriptionskonventionen werden eingeführt (vgl. Selting et al. 2009, 391ff.):

```
Ausgewählte Transkriptionskonventionen nach GAT 2

Schriftart: Courier New

[si tiene]          Überlappungen und Simultansprechen
[ah okay ]

(.)                 Mikropause, geschätzt, bis ca. 0.2 Sek. Dauer
(-)                 kurze geschätzte Pause von ca. 0.2 - 0.5 Sek. Dauer
(--)                mittlere geschätzte Pause von ca. 0.5 - 0.8 Sek. Dauer
(---)               längere geschätzte Pause von ca. 0.8 - 1.0 Sek. Dauer
(0.5)               gemessene Pausen von ca. 0.5 Sek. Dauer

?                   Tonhöhe hoch steigend
,                   Tonhöhe mittel steigend
-                   Tonhöhe gleichbleibend
;                   Tonhöhe mittel fallend
.                   Tonhöhe tief fallend

:, ::, :::          Dehnung, Längung, je nach Stärke
FUERte              Wortakzent
°h                  Einatmen
hm_hm               zweisilbiges Hörersignal
tiemp/              Wortabbruch
```

Abb. 2:   Transkriptionskonventionen in Anlehnung an GAT 2

Zur Wiedergabe der Aufnahmen kann beispielsweise mit dem frei verfügbaren Programm *Audacity* gearbeitet werden, das u.a. die präzise Messung von Pausenlängen und die verlangsamte Wiedergabe von Passagen einer Aufnahme ermöglicht. Die Niederschrift erfolgt in einem gewöhnlichen Textverarbeitungsprogramm. Auf spezielle Transkriptions- und Annotationsprogramme (z.B. *EXMA-RaLDA*) wird verwiesen und deren Nutzen für größere Projekte erläutert. Im Rahmen des geringen Umfangs der Aufnahmen erschien mir die Einarbeitung in ein Transkriptionsprogramm nicht hilfreich.[8]

Für die Annotation wird ein einfaches System aus *tag*-Kürzeln eingeführt, das in dem Transkript unmittelbar eingefügt werden kann. Dieses System geht auf Erfahrungen mit Annotation für

---

[8]   Im Nachhinein würde ich den Nutzen anders bewerten: Da sich die Transkription bei AnfängerInnen auf dem Gebiet qualitativ noch entwickeln muss, beinhalten die Transkripte zahlreiche unpräzise Stellen, welche die Analyse massiv erschweren. Der Vorzug der Zuordnung von Aufnahme und Text, den das Transkriptionsprogramm leistet, würde die Revision einzelner Transkriptstellen erheblich erleichtern.

frühere Analysen (insbes. Koch 2016; Koch / Thörle 2019) zurück.[9] Es besteht darin, dass einzelnen Sprecher*innen Symbole zugeordnet werden (z.B. #, §, $), die mit Formen und Funktionen verbunden sind. Als Funktionskategorien werden hier zunächst nur topologische Zuordnungen (‚Anfang', ‚Mitte' und ‚Ende' einer *turn constructional unit* sowie ‚isoliert'), ‚affirmativ'[10] und ‚gefüllte Pausen' für Häsitationssignale eingeführt:

Annotationen (*tags*)

Formen (Minuskeln)

		Funktionen (Majuskeln)	
a	**ah**	Diskursmarker	
ä	**äh/ähm/eh/ehm**	I	initial
b	**bueno**	M	intermedial
ß	**bien**	F	final
c	**claro**	S	isoliert
d	**de** acuerdo		
e	**entonces**	Häsitation	
f	**perfecto**	P	gefüllte **Pause**
m	**hm**_hm; hm		
n	**no**(?)	Affirmationsmarker	
o	**okay**	(A	**affirmativ**)
ó	**oh**		
p	**pues**	Sonstiges	
q	es **que**	X	*nicht definierbar*
r	**pero**	(Ø	keine Funktion)
s	**sí**		
v	**vale**		
y	**y**		
z	o **sea**		
x	*nicht definiert*		
ø	ohne Form		

Struktur der *tags*
Jeder *tag* besteht aus einem Form- und einem Funktionskürzel, eingerahmt von identifizierenden Symbolen:
§..§ Lerner (1)
#..# Muttersprachler/Lerner 2

Abb. 3:   Das Annotationssystem

---

[9]   Ich danke der damaligen Hilfskraft Jonas Heimann für die Mitarbeit an der Erstellung des Annotationssystems.
[10]   Wir haben gezeigt (Thörle 2015; Koch 2016; Koch / Thörle 2019), dass in den Lernersprachen Französisch und Spanisch – anders als bei Französisch- und Spanisch-MuttersprachlerInnen – Affirmationspartikeln häufig als Diskursmarker verwendet werden. Daher müssen diese Partikeln besondere Berücksichtigung finden.

Die Struktur der *tags* ermöglicht die schnelle Suche einzelner Formen (Symbol + Minuskel) oder Funktionen (Majuskel + Symbol) im Transkript. Die *tags* können direkt hinter die Marker gesetzt und anschließend (in *Microsoft Word*) über Markieren und STRG+ALT+H ausgeblendet werden. Mit der Funktion ‚Alle anzeigen' (¶; SRTG+*) wechselt man in die Ansicht, in der die *tags* sichtbar werden. Zur Illustration ein Ausschnitt aus einem der erstellten Transkripte:

```
42   A:    ya #xI# okay #oI# la varia/ las variaciones en la lengua
43         [hm hm #mF#]
44   B:    [sí §sA§  ] (.) eso es. (.)
45   A:    okay #oI# °h y: #yI# cómo se llama: bueno #bI# en
46         cuestión de pronunciación: tienes eh: #aP# (-) bueno #bI#
47         (xxx) (1.0) [((lacht))]
48   B:                [((lacht))]
```

Abb. 4:   **Beispieltranskript mit Annotationen**

3.2.3 Praktische Übungen

Abb. 5:   **Diskursmarker spielend vermitteln**[11]

Die praktische Erprobung der Diskursmarkerverwendung und deren Reflexion ist ein Kernstück des Seminars. Hier kommen u.a. die oben vorgestellten Ressourcen zum Einsatz, die auf eine Vermittlung durch Kognitivierung in schriftlicher Form setzen. Einfache

---

[11] Die Abbildung entstammt einer Skizze von Jonathan Schmitz für ein Plakat zur Tagung *Methodological approaches to studying discourse markers in L2*, die am 25. und 26. Juni 2018 an der Universität Siegen stattgefunden hat.

Erklärungen, Arbeit mit Transkripten (vgl. Castro 2010, 192), Formenanalyse, vergleichende Sätze mit und ohne Marker[12] sowie die Kontrastierung mit der Muttersprache (bzw. Herkunftssprache) sind wesentliche Strategien zur Kognitivierung. Schriftliche, formorientierte Übungstypen zu Markern im gesprochenen Spanisch können als eine Vorentlastung des Sprechens verstanden werden. Kritische Einwände zu diesen Übungsformen, die Studierende in der Reflexionsphase äußerten, betrafen zumeist die relative Offenheit in Lückentextaktivitäten, d.h. es ist häufig nicht eindeutig, welcher Marker der beste ist und ob individuelle Lösungen, die sich von der Musterlösung unterscheiden, nicht auch akzeptabel wären. Hier korrumpieren einzelne Übungen die Erwartungshaltung an die Geschlossenheit und damit relativ eindeutige Trennbarkeit richtiger von falschen Antworten.

Bei offenen Sprechaufgaben ergibt sich das Problem der komplementären Fokussierungen (*focus on form* vs. *focus on content*), denn es sollte bei anspruchsvolleren mündlichen Aufgabenformaten eigentlich um Inhalte gehen. Wenn der Einsatz von Diskursmarkern zentrales Thema dieser Aufgaben sein soll, müssen sie als ein Beiwerk integriert werden. So ist in dem Seminar beispielsweise erprobt worden, verschiedene Diskursmarker auf Kärtchen auszulegen, die im Laufe der Konversationen aufgenommen werden, wenn sie sprachlich zum Einsatz kommen. Allerdings wurde dieses ludische Element als eher störend bei der Entwicklung von Gesprächen empfunden. Günstig erweist sich hingegen der Einsatz von Beobachtungsbögen, die durch am Gespräch unbeteiligte Dritte ausgefüllt werden:

---

[12]   Diskursmarker sind syntaktisch gesehen fakultative Elemente, so dass überprüft werden kann, wie Textstellen bei Weglassung oder Austausch der Marker wirken. Abb. 5 illustriert eine denkbare ludische Herangehensweise an diese Form der Kognitivierung.

Ficha de observación: El uso de los marcadores discursivos		
Marca-dor dis-cursivo	Contexto	Función

Abb. 6:   **Beobachtungsbogen**

Dieser Beobachtungsbogen kann anstelle der Durchführung einer Aufnahme stehen und versucht, die Flüchtigkeit gesprochener Sprache einzufangen und wahrgenommene Diskursmarker im Anschluss zu diskutieren. Das Problem der komplementären Fokussierungen auf Form und Inhalt wird dabei durch Arbeitsteilung gelöst.

Für die Selbstevaluierung des persönlichen Diskursmarkergebrauchs ist folgendes Schema konzipiert worden:

Autoevaluación: El uso personal de los marcadores discursivos			
Marcador discursivo	Yo (no) lo uso... a menudo ←→ nunca	Sé cómo los nativos lo usan. sí ←→ no	Funciones / traducciones posibles
bueno			
bien			
vale			
claro			
por supuesto			
desde luego			
de acuerdo			
perfecto			
entonces			
...			

Abb. 7:   Selbstevaluationsbogen[13]

Auf diesem Bogen werden die Frequenz der persönlichen Verwendung einzelner Marker und deren kognitive Durchdringung intuitiv eingeschätzt. Das Auftreten einzelner Marker kann anhand der entstandenen Aufnahmen verifiziert, die Kenntnis der muttersprachlichen Verwendungsweise durch Nachschlagen in den Lexika revidiert werden. Der Selbstevaluationsbogen begleitet die Studierenden im Übungsteil und während des weiteren Diskursmarkererwerbs im Spanischen als Fremdsprache.

---

[13]   Die vollständige Liste des Bogens lautet: *bueno, bien, vale, claro, por supuesto, desde luego, de acuerdo, perfecto, entonces, pues, mira, oye, hombre, es que, o sea, ¿no?, y, pero, ah, oh, sí, okay.*

3.3 Feedback

Für ein umfassendes Feedback haben wir einen Fragebogen angefertigt, der sowohl im Pro- als auch im Hauptseminar zum Einsatz
gekommen ist. Daher können hier die Ergebnisse von insgesamt 17
Studierenden aus beiden Kursen zusammengefasst referiert werden. Erfragt worden sind in 23 geschlossenen und 4 offenen Items
verschiedene Aspekte zum Interesse an dem Thema und den Inhalten des Seminars sowie zu Perspektiven der weiterführenden,
selbstständigen Arbeit mit der Thematik.

In folgender Übersicht sind ausgewählte geschlossene Items
aufgeführt, geordnet nach arithmetischen Mittelwerten von 0 'trifft
gar nicht zu' bis 4 'trifft völlig zu':

Item		M	SD
8.	Die Arbeit mit Korpusdaten war mir schon aus früheren Semina-ren vertraut.	0,88	1,02
1.	Mir war das Thema der Diskursmarker schon vorher bekannt.	1,06	0,83
4.	Ich kann mir vorstellen, mich in einer Abschlussarbeit mit Dis-kursmarkern zu beschäftigen.	1,47	1,46
11.	Ich habe mein Spanisch dank dieses Kurses verbessern können.	2,41	1,06
14.	Ich konnte Veränderungen in der eigenen Diskursmarkerverwen-dung feststellen.	2,56	1,00
12.	Ich beobachte mich selbst jetzt, wie ich Diskursmarker verwende.	2,76	1,15
20.	Ich halte das Seminar für innovativ.	2,76	0,90
23.	Ich halte dieses Seminars im Hinblick auf das Lehramt für berufs-relevant.	2,82	1,01
3.	Ich halte Diskursmarker für ein wichtiges Feld in der universitä-ren fremdsprachlichen Ausbildung.	2,91	0,91
15.	Ich werde in Zukunft die Verwendung von Diskursmarkern im eigenen Sprechen bewusst weiter verfolgen.	3,03	0,84
13.	Ich nehme jetzt Diskursmarker bei Gesprächspartnern bewusster wahr.	3,12	1,05
10.	Ich halte die Dokumentation des eigenen Sprechens für hilfreich.	3,29	0,77
21.	Die sprachpraktischen Übungen erschienen mir hilfreich.	3,29	0,69
7.	Ich habe wertvolle Einblicke in Methoden der Transkription und Annotation sprachlicher Daten erhalten.	3,35	0,70
9.	Die Konzentration auf gesprochene halte ich für sinnvoll, da man sonst eher nur geschriebene Lernersprache betrachtet.	3,41	0,62
6.	Ich habe zum ersten Mal intensiv mit gesprochensprachlichen Da-ten gearbeitet	3,65	0,70

**Tabelle 2:   Ausgewählte Items aus dem Fragebogen (M von 0
'trifft gar nicht zu' bis 4 'trifft völlig zu')**

Erkennbar ist, dass die Thematik – sowohl im Hinblick auf Diskurs-marker als auch auf gesprochene Sprache im Allgemeinen – und die Methode der Transkription neu für die Studierenden sind. Mittlere positive Zustimmungswerte (ca. 3>M>2) erhalten Items zur Wirksamkeit des Kurses als Beitrag zur sprachpraktischen Ausbildung. Wenig Zustimmung gibt es bei dem Gedanken, die Thematik im weitesten Sinne in einer Abschlussarbeit zu bearbeiten (Item 4), was insofern bedauerlich ist, als die Generierung eigener Forschungsdaten aus der Transkription gesprochener Sprache einen großen Pluspunkt darstellen kann.[14]

In den offenen Items – hier ausschließlich aus dem Feedback zum Proseminar – geben Studierende positive Rückmeldungen. Gefallen hat:

> *Dass wir viel selbstständig „erarbeitet" haben. Unsere Gespräche aufgenommen haben etc. Es war kein stumpfes Eintrichtern von Lerninhalten.*

Die methodische Vielfalt des Kurses kommentieren auch andere Studierende mit Begeisterung:

> *Der Kurs war etwas ganz Neues: Unbekanntes, Herausforderndes, aber Interessantes.*

> *Durch die praktische Erfahrung mit den Dialogen und den vielseitigen Übungen war das Seminar nicht langweilig! Gutes Gleichgewicht zwischen Theorie und Praxis! Es hat viel Spaß gemacht! :)*

> *Das Seminar macht dank der vielseitigen Übungen und den unterschiedlichen Arbeitsformen (Vorlesung, Partner-/Einzelarbeit, Kursgespräch…) viel Spaß :)*

Eine kritische Bemerkung weist darauf hin, dass die Zeit zwischen den Gesprächsaufnahmen nicht ausreichend genutzt wurde, um eine Entwicklung wahrnehmen zu können. Es fehlten:

---

[14] Bei diesem Item divergieren die Antwortverhalten im Pro- und im Hauptseminar besonders stark: M=0,75 (SD=0,69) zu M=2,11 (SD=1,69). Die positivere Einstellung bei den Master-Studierenden mag neben internen Faktoren der unterschiedlichen Kurse dadurch zu erklären sein, dass sie durch die Erfahrungen mit der Bachelor-Abschlussarbeit bereits mit dem Wert empirischer Daten als Analysegrundlage besser vertraut sind.

mehr Übungen zum Umgang mit Markern um evtl. einen größeren Unterschied zw. Dialogphase 1 u. 2 zu erzeugen

Es wäre im Hinblick hierauf abzuwägen, ob der zweite Aufnahmedurchgang später erfolgen könnte. So wäre es denkbar, dass durch die Einführung in die Analyse (6. Phase) anhand des Materials der ersten Runde die Bewusstmachung vertieft wird. Allerdings würde das auch bedeuten, dass die zweite Aufnahmerunde nicht mehr innerhalb der Vorlesungszeit transkribiert und annotiert werden kann. Die semesterbegleitende Fertigstellung des Portfolios ist jedoch zum einen sinnvoll, weil im Seminar Raum für die kontinuierliche Revision gegeben ist, zum anderen ist die frühe Fertigstellung notwendig, um den Studierenden, die Hausarbeiten über die Korpusdaten verfassen, die Materialien frühzeitig, d.h. zu Beginn der vorlesungsfreien Zeit, zur Verfügung zu stellen. Bei einer erneuten Durchführung der Lehrveranstaltung wäre zu überdenken, ob mehr Zeit in die Analyse spanischer Transkripte auf Muttersprachenniveau verwendet werden sollte, da diese in Bezug auf Diskursmarker ein breiteres und leichter identifizierbares Repertoire an Formen vorweisen als die lernersprachlichen Transkripte.

Andere kritische Rückmeldungen betreffen den Arbeitsumfang, der für die Studienleistung zugemutet worden ist. Z.B.:

> *Die sechs Transkriptionen haben sehr viel Zeit in Anspruch genommen (natürlich ist dieser Arbeitsaufwand für das Bestehen einer SL [=Studienleistung] zu rechtfertigen). Allerdings war die Arbeit sehr eintönig.*

Es wurde darauf hingewiesen, dass die Gesprächsaufnahmen kurzgehalten worden sind, damit der Einstieg in die Transkription nicht zu frustrierend wird. Dennoch kann das Transkribieren schnell als sehr mühsam oder langweilig betrachtet werden, d.h. sowohl Über- als auch Unterforderung kann ein Problem darstellen. Die Überforderung sollte sich mit der kontinuierlichen Einübung und Routinisierung mindern, Langeweile und scheinbare Unterforderung beim Transkribieren kann hingegen dann reduziert werden, wenn die Funktionen des exakten Transkribierens für die Analyse deutlich werden und das Transkribieren selbst zu einem Schritt der Analyse wird.

4   Fazit

Das hier vorgestellte Lehrformat zu Diskursmarkern an der Schnittstelle von Linguistik, Didaktik und Sprachpraxis arbeitet an offenen Stellen der Forschung. Daher kann an der vorgestellten Seminarform aus Forschersicht verlockend sein, dass innerhalb des Kurses ein Lernersprachenkorpus entsteht, das die Studierenden erstellen, in einer Art *member check* (vgl. Steinke [13]2010, 320) selbst überprüfen und den Lehrenden überlassen, die das Material für weitere Analysen nutzen könnten. Dieses Vorgehen ist allerdings ethisch fragwürdig. Dass die Arbeitskapazität der Studierenden möglicherweise für die Zwecke der Forschenden eingesetzt wird, kann man im besten Falle als eine Symbiose aus Lehre und Forschung bezeichnen. Keinesfalls dürfen Studierende als Teilnehmer*innen an einem Pflichtseminar jedoch gezwungen werden, durch die Teilnahme als Proband*innen für weitere Forschungszwecke herzuhalten. Hier muss ein grundsätzliches Widerspruchsrecht existieren, aus dessen Anwendung den Studierenden kein Nachteil entsteht.

Während sich Diskursmarker als Kategorie etabliert haben, ist die Bewertung für den Unterricht ambivalent. Einerseits trägt deren Verwendung zur Verbesserung der Diskursstruktur und zum authentischen Sprachgebrauch bei, andererseits sind es fakultative Elemente, deren Bedeutung im Vergleich zu anderen Bestandteilen der Sprache – z.B. Verben, die korrekt zu konjugieren sind – gering anmutet. Gerade jedoch im Hinblick auf die Aufwertung der Mündlichkeit im Fremdsprachenunterricht durch die Integration mündlicher Klassenarbeiten (vgl. Koch 2017, 402; Wirtz-Kaltenberg 2012) ist der Fokus auf die gesprochene Sprache für die angehenden Spanisch-Lehrkräfte von großer Relevanz.

Literatur

BAZZANELLA, Carla. 1995. „I segnali discorsivi". In: Renzi, Lorenzo / Salvi, Giampaolo / Cardinaletti, Anna. edd. *Grande grammatica italiana di consultazione*. Bologna: Il Mulino, 225-257.

BRIZ, Antonio & PONS, Salvador & PORTOLÉS, José. edd. 2008. *Diccionario de las Partículas Discursivas del Español*. Online: www.dpde.es.

CASTRO, Xoana Michelena. 2014. „Los turnos de palabra y su aplicación a ELE". In: Ferrús, Beatriz & Poch, Dolors. edd. *El español entre dos mundos. Estudios de ELE en Lengua y Literatura*. Madrid / Frankfurt am Main: Iberoamericana / Vervuert, 179-196.

COLLADO, Cristina & MELENK, Ute. 2010. *Dialogtraining Spanisch. Für alle Lernjahre*. Stuttgart: Klett.

DIAO-KLAEGER, Sabine & THÖRLE, Britta. 2013. „Diskursmarker in L2". In: Bürgel, Christoph & Siepmann, Dirk. edd. *Sprachwissenschaft – Fremdsprachendidaktik: Neue Impulse*. Baltmannsweiler: Schneider Hohengehren, 145-160.

FELDMANN, Ute. 1984. *Pragmatische Aspekte im fremdsprachlichen Diskurs. Zur Verwendung von Gambits bei Spaniern und bei fortgeschrittenen Spanischlernern*. Heidelberg: Groos.

FERNÁNDEZ, Susana S. & FALK, Johan. edd. 2014. *Temas de gramática española para estudiantes universitarios. Una aproximación cognitiva y funcional*. Frankfurt am Main: Lang.

HARDEN, Theo. 2006. *Angewandte Linguistik und Fremdsprachendidaktik*. Tübingen: Narr.

HOLGADO LAGE, Anais. 2017. *Diccionario de Marcadores Discursivos para estudiantes de español como segunda lengua*. New York: Lang.

JODL, Frank. 2018. *Fremdsprachenunterricht und Linguistik-Studium: ‚Wozu brauchen wir das eigentlich?' Eine Orientierungshilfe für sprachübergreifendes Lehren auf kontrastiver Basis*. Stuttgart: ibidem.

KOCH, Christian. 2016. „Sí, sí, estudio Lehramt, sí. El uso de los marcadores de afirmación en el español de estudiantes germanohablantes". In: *Testi e linguaggi* 10, 159-172.

KOCH, Christian. 2017. „Sprachliche Kompetenzen romanisch-polyglotter Sprecher empirisch sichtbar machen". In: Kern, Beate et al. edd. *(Un-)Sichtbarkeiten. Beiträge zum XXXI. Forum Junge Romanistik in Rostock (5.-7. März 2015)*. München: AVM, 399-412.

KOCH, Christian. 2019. „Lernen auf Spanisch zuzustimmen. Überlegungen zu einer Didaktik der Affirmationsmarker". In: Reimann, Daniel & Robles i Sabater, Ferran & Sánchez Prieto, Raúl. edd. *Kontrastive Pragmatik und ihre Vermittlung. Deutsch, Spanisch und Portugiesisch im Vergleich*. Tübingen: Narr Francke Attempto, 305-329.

KOCH, Christian & THÖRLE, Britta (2019): „The Discourse Markers *sí, claro* and *vale* in Spanish as a Foreign Language". In: Bello, Iria et al. edd. *Cognitive Insights into Discourse Markers and Second Language Acquisition*. Oxford et al.: Lang, 119-149.

186   CHRISTIAN KOCH

MARCHANTE, Pilar. 2008. *Practica tu español. Marcadores del discurso*. Madrid: SGEL.

MARTÍ SÁNCHEZ, Manuel & FERNÁNDEZ GÓMIZ, Sara. 2013. *Los marcadores discursivos para estudiantes y profesores. Español como lengua extranjera*. Madrid: Edinumen.

OHSER, Erich (= e.o.plauen). 2015. *Vater und Sohn. 150 Bildgeschichten*. Stuttgart: Reclam.

RADATZ, Hans-Ingo. 2016. „Von der Zusammenarbeit zwischen Linguistik und Fachdidaktik: Plädoyer für eine phänomenologische Linguistik mit didaktischem *Aha*-Effekt". In: Robles i Sabater, Ferran & Reimann, Daniel & Sánchez Prieto, Raúl. edd. *Sprachdidaktik Spanisch – Deutsch. Forschungen an der Schnittstelle von Linguistik und Fremdsprachendidaktik*. Tübingen: Narr Francke Attempto, 7-21.

SELTING, Maria et al. 2009. „Gesprächsanalytisches Transkriptionssystem 2 (GAT 2)". In: *Gesprächsforschung* 10, 353-402.

STEINKE, Ines. [10]2013. „Gütekriterien qualitativer Forschung". In: Flick, Uwe / Kardorff, Ernst von / Steinke, Ines. edd. *Qualitative Forschung. Ein Handbuch*. Reinbek: Rowohlt, 319-331.

THÖRLE, Britta. 2015. „*Oui* comme marqueur discursif polyfonctionnel en français langue étrangère". In: *Romanistik in Geschichte und Gegenwart* 21/1, 3-17.

THÖRLE, Britta. 2017. „Sprachliche Mittel und Gesprächskompetenz. Die Rolle der Diskursmarker bei der Bewältigung von Sprecher- und Höreraufgaben in der Fremdsprache Spanisch", in: Bürgel, Christoph / Reimann, Daniel. edd. *Sprachliche Mittel im Unterricht der romanischen Sprachen. Aussprache, Wortschatz und Morphosyntax in Zeiten der Kompetenzorientierung*. Tübingen: Narr Francke Attempto, 307-328.

VANDE CASTEELE, An. 2014. „Un estudio discursivo de los marcadores en el aula de lingüística española para no nativos". In: Reimann, Daniel. ed. *Kontrastive Linguistik und Fremdsprachendidaktik Iberoromanisch – Deutsch. Studien zu Morphosyntax, Mediensprache, Lexikographie und Mehrsprachigkeitsdidaktik (Spanisch, Portugiesisch, Katalanisch, Deutsch)*. Tübingen: Narr, 159-179.

WIRTZ-KALTENBERG, Petra. 2012. „Eine mündliche Prüfung? – Was muss ich denn da alles können? Unterrichtliche Vorbereitung auf mündliche Prüfungen". In: *Der fremdsprachliche Unterricht Spanisch* 39, 51-56.

Digital Humanities und akademisches Schreiben in einer Fremdsprache

Digital Humanities and Multilingual Academic Writing

Silvia Verdiani

Das Projekt beabsichtigt, einen Kurs für akademisches Schreiben in einer Fremdsprache zu entwickeln, in dessen Mittelpunkt die Übersetzung und Produktion akademischer Texte in der Fremdsprache mittels Verwendung maschineller Übersetzungssysteme (MÜ-Systeme) – insbesondere derjenigen, die im Netzwerk frei zugänglich sind, wie bspw. *Google Translate* – stehen. Auf der Basis von zwei Seminaren, die im Sommersemester 2015 in Berlin und im Sommersemester 2017 in Turin stattfanden, werden Lehrvorteile analysiert, die die Herangehensweise an den Diskurs der Wissenschaftsgemeinschaft und gleichzeitig die Schreibfähigkeiten in der Zielsprache verbessern, aber auch in der Muttersprache verfeinern können. Es handelt sich um zwei Universitätskurse für Fortgeschrittene, die besonders für Wissenschaftler*innen und internationale Erasmusstudierende gedacht sind.

1. Einführung

Akademisches Schreiben hat eine zentrale Position in politischen, pädagogischen und wissenschaftlichen Programmen erreicht. Die akademische Forschung beinhaltet heute eine frühe Produktion wissenschaftlicher Beiträge in zwei oder mehreren Fremdsprachen. Um diese Fähigkeit zu fördern, werden für Studierende und Promovierende Kurse zum akademischen Schreiben in einer Fremdsprache angeboten, die darauf ausgelegt sind, die Schreibfähigkeiten der zukünftigen Forscher*innen in Englisch oder anderen Fremdsprachen zu trainieren.

Studierende, Promovierende und Forschende müssen früh in Englisch oder in einer anderen Fremdsprache Artikel bzw. Beiträge veröffentlichen. Dies verursacht in indirekter Folge eine Form von Leistungsangst, was Virginia Langum und Kirk P. H. Sullivan in einer Studie zu den schriftlichen Produktionen in Englisch als Fremdsprache an den schwedischen Universitäten einen *flow-on effect* genannt haben (2017, 20–25).

Obwohl die Fremdsprachenkompetenzen der untersuchten schwedischen Studierenden zu den besten Europas gehören, wie die Autoren betonen, wird die Vorbereitung eines akademischen Artikels in L2 in vielen Fällen als *practice of a literary elite*, Praxis einer literarischen Elite, wahrgenommen. In dieser Hinsicht scheint Hyland (2016, 67) auf die Notwendigkeit hinzuweisen, die *native* vs. *non-native* Polarisierung, native gegenüber der nicht-nativen Polarisierung, zu berücksichtigen und auf einige Reparaturstrategien zurückzugreifen. Langum und Sullivan (2017) schlagen zur Bewältigung der Schwierigkeiten bei der Erstellung eines akademischen Textes in L2 vor, eine Betreuung für die gesamte Dauer der dreijährigen Promotion anzubieten, die sich auf den Erwerb paralleler akademischer Schreibfähigkeiten in L1 und L2 konzentriert. Damit würde der Fokus auf das akademische Schreiben und nicht mehr auf die spezifischen L2-Sprachkompetenzen gesetzt.

> Having established this context, we suggest that doctoral colleges as the one where this study is situated, develop a sequence of writing workshops that cover the entire publication process. Such *a workshop would gather doctoral students working in both their native language and in English and would be taught by instructors working both in their native language and in English* (Langum, Sullivan 2017, 24, meine Hervorhebung).

Die Studierenden müssen sich mit dem wissenschaftlichen Schreiben in einer Fremdsprache auseinandersetzen, noch lange bevor sie die Sprache tatsächlich beherrschen. Sie stehen daher einem komplexen Prozess gegenüber, der gleichzeitig das akademische Schreiben und eine fortgeschrittene Schreibkompetenz in der Fremdsprache erfordert: Es ist also eine deutliche kognitive Überlastung, die die metasprachliche Reflexion über die L2 involviert. Wie jedoch Susanne Göpferich und Bridgit Nelezen in einem Artikel aus dem Jahr 2013 (168) anmerken, verläuft die Herstellung eines Textes in L2 ähnlich wie jene in L1, wenn wir die Probleme im Zusammenhang mit der lexikalischen und grammatischen Aneignung ignorieren.

Den Autorinnen zufolge (Göpferich & Nelezen 2013, 168) wirken sich Interferenzen, die zwischen den verschiedenen Sprachen entstehen, besonders negativ auf die L2-Produktion aus. Die Aufmerksamkeit der Lernenden konzentriert sich in solchen Fällen auf die Form, zum Nachteil der epistemischen Funktion des Textes und des Inhalts. Das bringt als Ergebnis einen unvermeidlichen Zeitverlust und die Produktion eines wenig ‚ausgefeilten‘ (*less sophisticated*) Endtextes, der die Überzeugungen und Ansichten der Autorin / des Autors weniger deutlich zum Ausdruck bringt (Silva 1992, 33).

Die epistemischen Strategien, die während der Schreibaktivitäten in L2 eingeführt werden, sind daher weniger raffiniert: „Diese Befunde lassen darauf schließen, dass die Textproduktion in der L2 mit einer Beeinträchtigung der epistemischen Funktion des Schreibens verbunden sein muss" (Göpferich & Nelezen 2013, 168–169). Für Lernende, die gerade mit *lower-order*-Problemen beschäftigt sind, d.h. Problemen, die eng mit der Verwendung von Vokabular und Grammatik verbunden sind, bleibt für die erfinderischen und schöpferischen Aspekte des *higher-level*-Schreibens zu wenig kreative Energie (Schoonen et al. 2003, 171). Wir sehen also eine deutliche Reduktion der epistemischen Funktion sowie der strategischen und argumentativen Aspekte des Schreibens, mit dem Ergebnis, dass die diskursiven und metakognitiven Fähigkeiten, welche die Schreibenden in L1 beherrschen, in L2 weitgehend ungenutzt bleiben:

> In L2 writing [...] the patterns emerging from the data indicate that the lower the proficiency level of the writer, the more he or she engages in compensating for interlanguage deficits vis-a-vis ideational or textual occupations. (De Larios & Manchon & Murphy 2006, 110).

Die Nutzung frei im Internet verfügbarer Programme als Kompensationsstrategien interlinguistischer Defizite ist derzeit die erste Wahl: Internetrecherche und elektronische Nachschlagewerke sind die erste Lösung, die die Lernenden beim akademischen

Schreiben anwenden, um Synonyme oder geeignete Ausdrucksformen zu finden.

> Hierauf lässt die Tatsache schließen, dass einige Vpn [Versuchspersonen] während der Versuche den Wunsch äußerten, Recherchen in einem Wörterbuch oder dem Internet durchführen zu dürfen, beispielsweise, um Ausdrücke oder mögliche Synonyme nachzuschlagen, was ihnen während des Experiments nicht möglich war. Vor diesem Hintergrund wäre eine weitergehende Analyse dieser Fehler und ihrer Ursachen im Deutschen interessant, insbesondere auch im kognitionswissenschaftlichen Paradigma der Situated oder Embedded Cognition, nach dem die Arbeitsumgebung und die Arbeitsbedingungen entscheidenden Einfluss auf kognitive Prozesse haben und das Herauslösen des Individuums aus seinem gewohnten Arbeitskontext sich entsprechend negativ auf seine Arbeitsergebnisse auswirken kann (vgl. Hutchins 1995; Clark 1997, 2008; Clark & Chalmers 1998). (Göpferich & Nelezen 2013, 181).

Die beiden Autorinnen weisen darauf hin, dass bei der L2-Textproduktion viele Interferenzen auftreten, die bei der freien L1-Textproduktion nicht vorhanden sind; die kognitive Funktion wird in der Tat dadurch gestört, dass das Schreiben in der Zielsprache viel mehr Aufmerksamkeit für die formalen Prozesse benötigt.

> Bei einer L2-Textproduktion ist davon auszugehen, dass sie im Gegensatz zu einer freien Textproduktionsaufgabe zumindest bei ungeübten Übersetzer*innen wie den für diese Studie herangezogenen Vpn [Versuchspersonen] zu einer Fixiertheit auf den Ausgangstext und damit zu Interferenzfehlern führt, die bei der freien Textproduktion nicht auftreten dürften. Translationsaufgaben weisen also bei der kontrastiven Ermittlung von Textproduktionskompetenz in zwei Sprachen aufgrund möglicher Interferenzen Nachteile auf, die bei der Interpretation der Ergebnisse berücksichtigt werden müssen. Bedacht werden muss auch, dass ein vorliegender Ausgangstext bei der Produktion des Zieltextes zu einer kognitiven Entlastung bei der Textplanung führen kann, wodurch in der Zielsprache mehr Arbeitsgedächtniskapazität für andere Prozesse zur Verfügung steht, die sich in bestimmter Hinsicht positiv auf die Zieltextqualität auswirken kann (Göpferich & Nelezen 2013, 195).

2. Akademische Sprachkurse

Um die L2-Schreibfähigkeiten der Studierenden und Promovierenden zu fördern, werden in der Regel akademische Fremdsprachenkurse organisiert, z.B. für Englisch: *Academic English, English* *for Academic Purposes.* Diese Kurse bieten den Lernenden nicht nur die Möglichkeit, kommunikative Kompetenzen zu üben, sondern sind auch darauf ausgerichtet, die Schreibfertigkeiten von Forscher*innen in Englisch (und ggf. anderen Fremdsprachen) gezielt zu trainieren. Aus der Perspektive der wissenschaftlichen Mehrsprachigkeit wird außerdem die Notwendigkeit hervorgehoben, zusammen mit der Produktion von Texten und Wissen, die spezifischen multikulturellen und mehrsprachigen diskursiven und terminologischen Fähigkeiten in den diskursiven Gemeinschaften zu trainieren, die mit den verschiedenen Forschungsbereichen verbunden sind, um diese anschließend in gute Praxis zu transformieren. Spina weist darauf hin, dass die akademische Sprache eng mit den Lernaktivitäten verbunden ist, die die Studierenden gewöhnlich an der Universität ausüben (z.B. Vorlesungen und Seminare besuchen, Handbücher lesen, Fachliteratur durcharbeiten, Mitschriften und wissenschaftliche Artikel verfassen, schriftliche und mündliche Prüfungen ablegen). Die Kompetenz in der akademischen Sprache umfasst daher sowohl die rezeptive als auch die produktive Ebene (Spina 2010).

Im Vergleich zu den 60er- und 70er-Jahren des letzten Jahrhunderts hat sich auf der methodologischen Ebene heute die Aufmerksamkeit von der grammatikalischen und syntaktischen Genauigkeit und Korrektheit auf den funktionalen Aspekt der Texte fortlaufend verlagert, um letztendlich den Schreibprozess als Bedeutungsproduktion zu fokussieren. Nach dem *process approach* der späten 80er-Jahre ist das Schreiben als Ergebnis einer komplexen Arbeit zu verstehen, die Zeit, Bemühen, nachfolgende Überarbeitung und eine Zusammenarbeit zwischen den Lernenden erfordert: „with the newly established focus on the actual process of writing, came 'process', 'making meaning', 'invention', and 'multiple drafts', in place of 'accuracy' and 'patterns'" (Kim 2011, 154).

Die Grenzen eines solchen Ansatzes liegen jedoch in der Fortdauer durch die nachfolgende Überarbeitung einiger morphosyntaktischer Fehler. Um die Ergebnisse zu verbessern, entschied Eun-Young Kim (2011) während einer in einer koreanischen Schule durchgeführten Forschung, den *self-monitoring process,* den

Selbstüberwachungsprozess der Lernenden, durch gemeinsame Übersetzungsübungen zu unterstützen. In Kims Projekt werden verschiedene Ansätze kombiniert, es handelt sich um „an innovative technique that combines the two dichotomous approaches – process and product – through the use of grammar-translation in a reflective and collaborative environment" (2011, 155). Die Verwendung von Übersetzungsübungen in einem reflexiven und kollaborativen Umfeld ist auch der Ansatz, auf den wir in dem unten geschilderten Seminar verweisen.

3.   Das Pilotprojekt: Produktion akademischer Texte in einer Fremdsprache

Das hier dargestellte Projekt stellt eine Übung dar, die Kims Ansatz sehr ähnlich ist, und sich auf das kooperative Schreiben eines kurzen akademischen Textes gleichzeitig in L1 und in L2 mit Hilfe von den frei im Internet verfügbaren MÜ-Systemen stützt. Es basiert auf den Überlegungen von Frank Austermühl (2016, 203), der die assistierte Übersetzung als nützliche Vorphase für die Erstellung eines Textes in L2 ansieht:

> Nach Hans Vermeer ist Übersetzen „die Verwendung des Verstandenen in einer eigenständigen translatorischen Handlung" (1986: 305). Das Verstehen wird damit zur Vorstufe der Textproduktion. (Austermühl 2016, 203)

4.   Übersetzung als fünfte Sprachfähigkeit

Die mündliche und schriftliche Übersetzungskompetenz gilt als die fünfte Sprachfähigkeit, eine Fähigkeit, die zu den vorherigen vier hinzugefügt wird – schriftliches und mündliches Sprachverständnis (Lesekompetenz und Kompetenz Hör(seh)verstehen) sowie schriftliche und mündliche Sprachproduktion (Schreibkompetenz und Sprechkompetenz) – und die den Lernenden erlaubt, ihre Sprachkenntnisse zu erweitern. Nach Diadori (2012, 7; Abb. 1) wird sie als eine Aktivität von beträchtlichem heuristischen Wert betrachtet; sie hilft den Lernenden, sich auf die diskursiven, textuellen sowie kulturellen Konvergenzen und Unterschiede zwischen L1 und L2 zu konzentrieren, mit dem Vorteil, eine starke Verbindung mit den realen sprachlichen Anwendungen aufrechtzuerhalten. Aus dieser Perspektive kann die Übersetzung daher nicht als eine unnatürliche Aktivität betrachtet werden (Sinner & Wieland 2013, 100): Ganz im Gegenteil kann sie die sprachlichen Interferenzen reduzieren, das kontrastive Bewusstsein und die Angewohnheit zur sprachlichen Reflexion erhöhen und die Transferfähigkeiten verbessern.

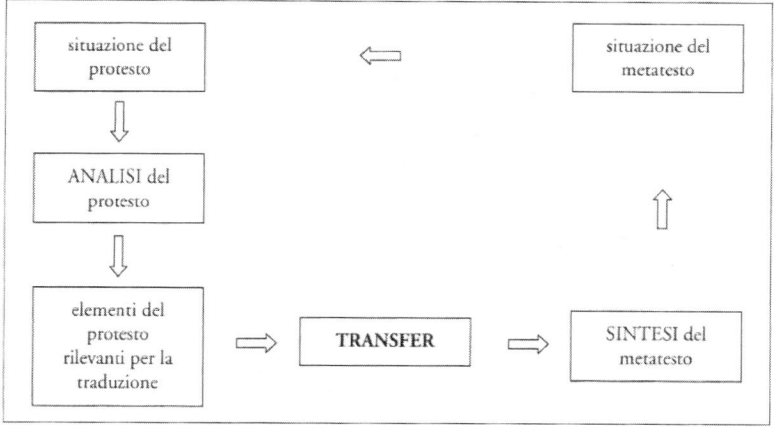

Fig. 1. Schema circolare (*Zirkelschema*) del processo traduttivo (*Translationsprozess*) (NORD 1988, p. 38; la traduzione è nostra).

Abb. 1:   Der Übersetzungsprozess als *Zirkelschema* nach Christiane Nord (Diadori 2012, 7).

Der in diesem Text beschriebene didaktische Vorschlag spiegelt einen Spracherwerbsansatz zum akademischen Schreiben in L2 wider, der sich auf die Verwendung von im Internet frei zugänglichen, maschinellen Übersetzungssystemen (MÜ-Systeme) stützt. Wir werden hier ihre Bedeutung für die Sprachvermittlung hervorheben, ihre Funktionsweise analysieren und darlegen, wie sie den Diskurs der wissenschaftlichen Gemeinschaft und gleichzeitig die Kompetenzen in der Zielsprache verbessern können. Das Projekt hat einen transversalen Wert in Bezug auf die verschiedenen Sprachen und sieht die Verwendung der MÜ-Systeme als *frame* für einen echten Kurs für akademisches Schreiben vor.

Das Projekt für die deutsche Sprache beabsichtigte, den Abschlusstext eines zweisprachigen Bildungsworkshops mit Hilfe des Übersetzungsprogramms *Google translate* zu schreiben. Es handelte sich also um ein kooperatives akademisches Schreibexperiment, bei dem zwei oder drei Lernende sich kollektiv mit der Erstellung eines kurzen akademischen Textes von 400–500 Wörtern beschäftigten, wobei ein automatisches Übersetzungsprogramm verwendet wurde. Es wurde erwartet, dass die Lernenden gleichzeitig an beiden Versionen des Textes arbeiteten, wobei sie sowohl die Vorschläge des *Google Translate*-Schreibsystems als auch die Integration von *Peer-Skills* verwendeten, am Ende wurde zudem ein Feedback-Vergleich mit Muttersprachler*innen angeboten.

Die soziale Form des kooperativen Schreibens ist die Ausgangsreferenzstruktur vom *Peer-Editor-Typ*, der den parallel redaktionellen Typ mit gleichgestellten Teilnehmer*innen beinhaltet, entsprechend dem von Cap & Sucharowski & Wendt (2012, 62) angegebenen „C"-Modell (Abb. 2).

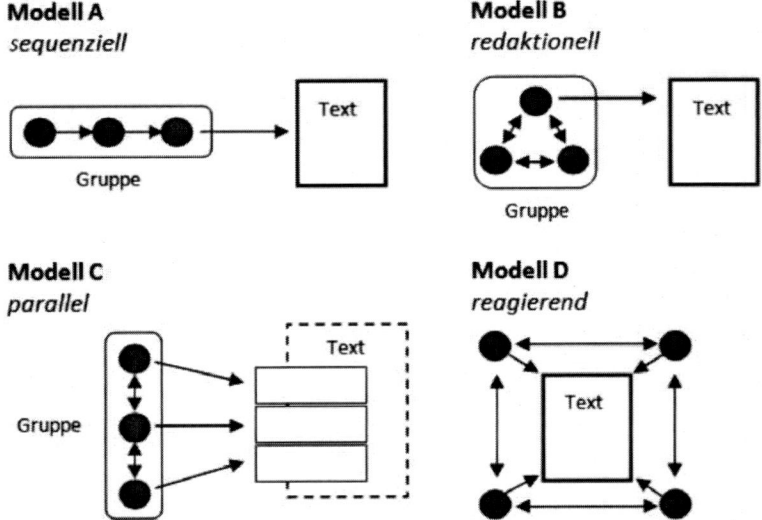

Abb. 2:   **Interaktionsmodelle von Cap & Sucharowski & Wendt (2012, 62).**

In der sozialen Form dieses Pilotprojektes wird sowohl die Interaktion aller Teilnehmer*innen untereinander als auch mit dem *Google*-Übersetzungsprogramm (Abb. 3) vorgesehen.

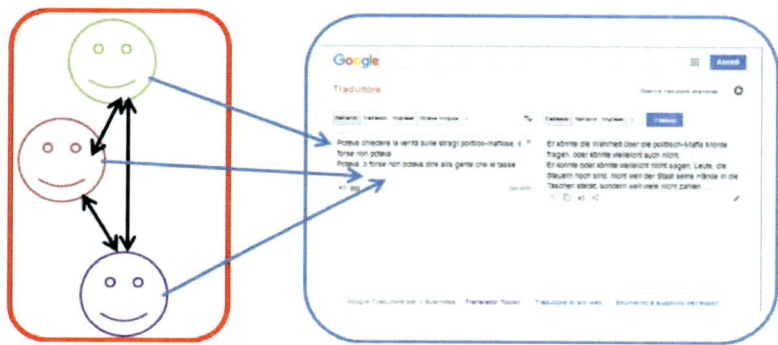

Abb. 3:   **Interaktionsmodell einer zweisprachigen Abstract-Formulierung.**

Es ist für die Lernenden sehr motivierend, an einem Lernprojekt teilzunehmen, das den bewussten Einsatz von Computerunterstützung vorsieht, mit dem die Lernenden bereits vertraut sind. Es war das jüngere, digital-native Publikum, das die Faszination des *Web as / for Corpus* zuerst spürte (de Schryver 2002, 266–282) und spontan zur produktiven Praxis überging, und damit in gewisser Weise die natürlichen Grenzen zwischen *Offline- und Online-Ressourcen* überwand. Eine spontane Herangehensweise an diese Art von Ressource kann tatsächlich eine nützliche Kompetenz werden und es lohnt sich, sie mit Hilfe anderer, im Netz frei verfügbarer Tools zu erweitern.

Auf der anderen Seite merkt man – betrachtet man eine professionelle Übersetzung –, dass diese Perspektive außerdem der Realität entspricht: Übersetzen ist eine Tätigkeit, die mit Unterstützung von Informationstechnologie durchaus zu bewältigen ist, wenn auch textabhängig und in verschiedenen Phasen der Arbeit. Austermühl weist darauf hin, dass in vielen Fällen die Verwendung von maschinellen Übersetzungssystemen von Kund*innen direkt angefordert wird (2016, 200). Aus diesem Grund kann die Tatsache, dass MÜ-Systeme autonom und effektiv verwaltet werden können, selbst schon als Kompetenz an sich berücksichtigt werden:

> Und wenn eine ArbeitgeberIn möchte, dass wir einen Text erstmal maschinell vorübersetzen, zum Beispiel mit *Google Translate*, oder einen maschinell vom Kunden selbst erstellten Text überarbeiten und optimieren, dann muss unsere technologische Kompetenz auch ein grundlegendes Verständnis der Funktionsweise maschineller Übersetzungssysteme (MÜ-Systeme) und der Revision beinhalten. (Austermühl 2016, 200)[1]

5.   Das Lernprojekt an der Freien Universität Berlin[2]

Das erste Lernprojekt mit dieser Ausrichtung fand im Winter 2013 während eines Seminars statt. Das Seminar umfasste die gleichzeitige Nutzung von Wörterbüchern und freien maschinellen Übersetzungsprogrammen. Das Projekt fand an der Freien Universität in Berlin mit einer Gruppe von Italienischstudierenden in L2 mit B2 Niveau des *GER* statt. Die Mehrheit der jungen Lernenden verwendet heute fast ausschließlich freie maschinelle Übersetzungsprogramme und die im Netzwerk frei verfügbaren Instrumente, völlig unabhängig von ihrer Qualität: Daher entwickelte ich einen didaktischen Vorschlag, der ihren Gewohnheiten entsprach, um eine kritische Reflexion anzuregen, die zu einer Evaluierung der verwendeten Übersetzungsprogrammen im Vergleich zu anderen Methoden und Nachschlagewerken führte (vgl. Verdiani 2014, 127). Die Studierenden wurden gebeten, einen kurzen Auszug aus dem Brief an Berlusconi von Marco Travaglio maschinell übersetzen zu lassen, der während der Fernsehsendung *Servizio Pubblico* vom 10.01.2013 von Michele Santoro[3] vorgestellt und später in der Zeitung *Il Fatto Quotidiano* veröffentlicht wurde.

---

[1]   Siehe dazu auch Diadori (2012, 332-333).

[2]   Das Experiment fand unter der Leitung von Dott.ssa Elisabetta Fontana-Hentschel, Lektorin an der Freien Universität Berlin, mit deutschen Lernenden des Italienischsprachkurses auf dem Niveau B2-C1 der *Italian Studies* statt.

[3]   https://www.michelesantoro.it/2013/01/servizio-pubblico-la-lettera-berlusconi-travaglio/ (10.03.2019)

5.1 Methodologie

Der Text wurde ausgewählt, weil er ein Element beinhaltete, das von besonderem Interesse sowohl für den Fremdsprachunterricht als auch auf der theoretischen Ebene ist: die *Verwendung des italienischen Imperfetto* und insbesondere die *modale Verwendung des Imperfetto*. Der korrekte Gebrauch der Verbform des italienischen *Imperfetto* ist eine der größten Schwierigkeiten für deutsche Italienisch-Lernende, selbst auf den höchsten Ebenen des *GER*. Wie bekannt ist, trägt das metalinguistische Wissen wenig zur Verbesserung der linguistischen Praxis bei (Coseriu 2008, 56). Wie Lo Duca (2019 [2004]) nahelegt, kann es sich jedoch in solchen Fällen als sehr nützlich erweisen, bei emblematischen Texten die grammatikalische Analyse auf induktive und „experimentelle" Weise durchzuführen. Somit wird es den Lernenden überlassen, die Grammatikregeln aus einer breiten Kasuistik abzuleiten, die sie nach sorgfältiger Reflexion selbst gesammelt und ausgewählt haben.

Im vorliegenden Fall waren die ausgewählten Materialien für diese Gruppe von Lernenden besonders interessant, da sie mit dem politischen Kontext Italiens im Januar 2013 verbunden waren, der damals im deutschen Raum und insbesondere von den Studierenden des Studiengangs *Italian Studies* der Freien Universität Berlin aufmerksam verfolgt wurde: der politische Wendepunkt, an dem Berlusconi von seinem Amt als Ministerpräsident zurücktritt. Der Text war auch deshalb interessant, weil sich dort das *Imperfetto* als *Zeit der Vergangenheit* mit dem *Modalen Imperfetto* abwechselte, das sich wiederum mit dem *Konditional II* überschneidet. Es war offensichtlich, dass das maschinelle Google-Übersetzungssystem nicht in der Lage sein würde, den modalen Gebrauch des *Imperfetto* zu erfassen. Die vorliegende sprachliche Situation würde aber sowohl die Reflexion als auch die Diskussion über die verschiedenen Bedeutungen des *Imperfetto* auslösen, und dadurch wäre es möglich gewesen, die linguistischen Kompetenz der Teilnehmer*innen zu überprüfen und gleichzeitig die Wirksamkeit der maschinellen Übersetzung zu problematisieren, um mögliche, auf „orthodoxen" Werkzeugen basierende Rettungsstrategien aufzuzeigen. Die Übung beinhaltete folgendes Potential:

- die Überprüfung des effektiven Verständnisses des Originaltextes,
- eine grammatikalische Vertiefung hinsichtlich der verschiedenen Bedeutungen und Verwendungen des italienischen *Imperfetto,*
- eine grammatikalische Vertiefung, die die Besonderheit hatte, aus dem Text als direkte, autonome Entdeckung hervorzugehen und daher zur Festigung der Sprach- und Schreibfertigkeit zu dienen,
- das Ergebnis einer aufwendigen Analysearbeit zu sehen;
- einen spielerischen Ansatz;
- nachhaltig in Erinnerung zu bleiben;
- die tatsächliche Unzulänglichkeit des Übersetzungssystems des *Google-Translator* kritisch und aus erster Hand zu erleben;
- die Aufmerksamkeit der Studierenden darauf auszurichten, dass eine gemischte Herangehensweise an die Übersetzung möglich ist, die Ausgleichsstrategien involviert;
- die schrittweise und bewusste Rückkehr zu einem traditionellen translatorischen Ansatz, der in durchgeführten Konsultationsarbeiten in wissenschaftlich bearbeiteten Nachschlagewerken besteht.

6.   Das Lernprojekt an der Universität Turin

Der Übersetzungsworkshop in Berlin führte zu einem zweiten didaktischen Vorschlag, diesmal mit Schwerpunkt auf akademischem Schreiben. Dieser wurde mit einer Gruppe italienischer *DaF*-Studierender auf dem Niveau A2–B1 des Übersetzungskurses des Bachelors in *Linguistische Mediation* an der Universität Turin realisiert. Das Projekt spiegelte teilweise die Struktur wider, die 2013 mit an der Freien Universität angelegt worden war. Am Ende des Kurses wurden die Studierenden animiert, an dem zweisprachigen Schreibworkshop teilzunehmen, bei dem sie ein kurzes Abstract auf Italienisch und Deutsch verfassen mussten, in dem sie die Arbeit ihrer Gruppe während des Übersetzungsworkshops zusammenfassten. Sie waren nicht verpflichtet, an der Übung teilzunehmen. Etwa ein Drittel der Teilnehmer*innen des Übersetzungsworkshops nahm an der Aktivität teil, insgesamt 20 Studierende. Die Genehmigung für die Verwendung der produzierten Materialien wurde angefordert sowie die aktuellen Sprach- und Sprechfertigkeiten der Studierenden festgestellt[4]. Anschließend wurden die gemeinschaftlich produzierten Werke kodifiziert und anonym abgegeben. Die Abstract-Produktion der Teilnehmenden wurde nicht evaluiert.

6.1   Methodologie

Wie schon im Forschungsprojekt von Lagum & Sullivan (2017) wurden die Studierenden gebeten, einen kurzen Text von etwa 400–500 Wörtern zu schreiben. Im Gegensatz zum FU-Experiment handelte es sich in diesem Fall nicht um eine Übersetzungsaufgabe, stattdessen wurden die Teilnehmer*innen gebeten, ein Abstract zum Thema ihres Referats während des Übersetzungsworkshops gleichzeitig auf zwei Sprachen zu verfassen. Sie wurden aufgefordert, aktiv und zielgerichtet mit *Google-Translator* umzugehen. Die Teilnehmer*innen sollten sowohl alle Textbearbeitungen der *Pre-editing*-Phase[5] und Korrekturphasen als auch alle Referenznachschlagewerke notieren, die sie für ihre Recherchen gebraucht hatten. Es ist bemerkenswert, dass sie lieber die deutschen einsprachigen Wörterbücher verwendeten, mit denen sie vertraut waren und die sie kompetent einsetzen konnten. Außerdem verwiesen sie auf die wichtigsten zweisprachigen Wörterbücher in Italien und einige Online-Wörterbücher. Die Rückmeldung einer muttersprachlichen Deutschlektorin war am Ende des

---

[4]   Das Projekt fand mit einer Gruppe von DaF-Studierenden mit A2-B1 Niveau des *GER* statt.

[5]   Das *Pre-editing* ist ein Prozess, bei dem ein Mensch ein Dokument vorbereitet, bevor er die maschinelle Übersetzung anwendet. In der *Pre-editing*-Phase wird der Ausgangtext bearbeitet, um die besten Ergebnisse der MÜ-Systeme zu erzielen. Der *Pre-editing*-Prozess erfordert eine tiefe metalinguistische Reflexion auf L1 und auf L2. (Siehe auch: Bouillon & Gaspar & Gerlach & Porro & Roturier 2014; Gerlach & Porro & Bouillon & Lehmann 2013; Monacelli 2001).

Workshops vorgesehen. Der Vorteil einer solchen Arbeit ist, dass die Lernenden in die Lage versetzt werden, eine kritische Haltung gegenüber ihrer eigenen schriftlichen L2-Produktion zu entwickeln.

Der Lernprozess in einer auf diese Weise entworfenen Übung basiert auf einem kommunikativen fremdsprachendidaktischen Ansatz, der eine reale kommunikative Situation zum Anlass nimmt. Eine Aufgabe – die Erstellung eines akademischen Textes – soll bewältigt werden, bei der verschiedene Fähigkeiten und Kompetenzen aktiv und frei eingesetzt werden müssen.

Das glottodidaktische Modell von Leisen von 2011 (abgebildet in Meister & Shalaby 2014, 21) umfasst mehrere Schritte: Der erste ist die Bewältigung und Abgabe einer zu lösenden Aufgabe, in diesem Fall die Herstellung eines Abstracts in zwei Sprachen; der zweite Schritt umfasst die didaktischen Materialien, Methoden und verwendeten Medien (*Google Translate* und Nachschlagewerke); an dritter Stelle haben wir den Moderationsprozess und an vierter die Rückmeldung und die Reflexion. Nachdem wir uns auf das Niveau der Lernenden konzentriert haben, beschlossen wir, einige allgemeine Grundsatzregeln zu beachten:

- Es wurde nur ein Tool ausgewählt: *Google Translator*.
- Die Aufgabe wurde entsprechend dem sprachlichen Niveau der Lernenden formuliert.
- Es wurden zuerst Beispiele geliefert, eine ähnliche Aufgabe wurde in einer Unterrichtseinheit zuvor vorgestellt.
- Dem Experiment gingen einige Unterrichtseinheiten voraus, die sich auf die Auswahl und Nutzung von Ressourcen und Nachschlagewerken konzentrierten.
- Es wurde beschlossen, in kleinen Schritten vorzugehen, die Zeit der Lernenden zu respektieren und ihnen während des Schreibens die jeweils erforderlichen Beratungen zu geben.

6.2 Das Experiment

Sechs Studierendengruppen nahmen an den Experimenten teil. Die produzierten Texte weisen einige interessante Elemente auf, die wir im Folgenden auflisten:

1. Die Übernahme der Rolle einer offiziellen Prüferin / eines offiziellen Prüfers des von Google-Übersetzer erstellten Textes hat zu einer kritischen – manchmal sogar überkritischen – Herangehensweise an die automatische Übersetzung des Textes geführt.
2. Diese kritische Herangehensweise an den Gebrauch von Tools war das Ergebnis eines induktiven Ansatzes, der aus erlebter und persönlicher Erfahrung entstand.
3. Es wurde die Fähigkeit entwickelt, insbesondere einsprachige Nachschlagewerke zu beherrschen, die frei im Netzwerk verfügbar sind, denen eine begrenzte Anzahl von zweisprachigen Wörterbüchern hinzugefügt werden muss.
4. Die Wörterbuchkonsultierung konzentrierte sich auf Probleme im Zusammenhang mit der Verwendung von:
   A. Substantiven, von denen die Lernenden die korrekte Übersetzung nicht kannten,
   B. korrekter Formulierung von deutschen Komposita und Überprüfung ihres realen Vorhandenseins,
   C. der Valenzstruktur des Verbs und der Präpositionen im Deutschen,
   D. der Valenzstruktur der Präpositionen im Deutschen.
5. In einigen Fällen wurden Strategien zur Neuformulierung des Textes in der italienischen Sprache eingeführt, um die automatische Wiedergabe im Deutschen zu vereinfachen. Das erforderte einen Prozess der metalinguistischen Reflexion über die Ausgangssprache und den Vergleich mit der deutschen Sprache (siehe Anhang Tabelle I).[6]

---

[6] Ich danke Gesche Elsholz für die Überprüfung der Texte.

7. Fazit

In der gegenwärtigen Situation wissenschaftlicher Mehrsprachigkeit scheint die Notwendigkeit, die Schreibfertigkeiten von Studierenden in den Fremdsprachen zu trainieren, Raum für neue
Bildungsperspektiven bzw. neue Fremdsprachenlehrperspektiven
zu eröffnen, die Anreize bieten, neben der Produktion von Texten
und Wissen, auch den Erwerb spezifischer nicht ausschließlich
sprachlich-kommunikativer, sondern auch informatischer und le-
xikographischer Fähigkeiten zu fördern. Im digitalen Zeitalter die
Fähigkeit der Studierenden Texte zu verfassen, scheint nicht so
sehr mit dem grammatikalischen Wissen einer im engeren Sinne
verstandenen Sprache, sondern mehr mit einer universellen Kompetenz und Nutzungsfähigkeit neuer Medien zu tun zu haben und
ist transversal zu den Einzelsprachen. Die beschriebenen Pilotstu-
dien fokussieren den Text und zielen darauf ab, die Möglichkeiten
einer Bearbeitung im Team aufzuzeigen. Die parallele Textproduktion in zwei Sprachen, die mit Hilfe der automatischen Übersetzung realisiert wird, ist daher als eine mögliche Unterrichtssituation konfiguriert, um sicherzustellen, dass das damit verbundene Fremdsprachbewusstsein nicht nur spontan entsteht, sondern – einhergehend mit einer Reflexion von Sprache – auch ge-
festigt wird.[7]

Der didaktische Vorschlag ist in der Perspektive einer Linguistik gedacht, die auf dem Text basiert und darauf abzielt, seine
Bedeutung hervorzuheben, so wie sie in der *Textlinguistik* von Eugenio Coseriu (2008, 56) gemeint ist. Coseriu weist darauf hin,
dass Fremdsprachenlehrende die Fähigkeit der Schüler*innen zur
Textproduktion fördern müssen. Dem Autor zufolge hat diese
Kompetenz im engeren Sinne nicht viel mit den grammatikalischen Kenntnissen einer Sprache zu tun, sondern mehr mit einer
universellen und transversalen Kompetenz mit Bezug auf die Einzelsprachen. Die parallele Produktion in zwei Sprachen, die durch
das *Pre-editing*-Verfahren mit Unterstützung der automatischen

---

[7]   Siehe auch Davies & Turner 2016; Dejica *et al.* 2016; Shultz Colby 2017.

Übersetzung entsteht, ist eine ideale Lehrsituation, um dieses Bewusstsein auch bei Studierenden zu entwickeln.

Bibliographie

AUSTERMUHL FRANK. 2016. „Recherche und Arbeitsmittel". In: Kadrić, Mira & Kaindl, Klaus. edd. *Berufsziel Übersetzen und Dolmetschen: Grundlagen, Ausbildung, Arbeitsfelder,* Tübingen: Narr Franke Attempto Verlag, 200-230.

BOUILLON, Pierrette & GASPAR, Liliana & GERLACH, Johanna & PORRO, Victoria & ROTURIER, Johann. 2014. „Pre-editing by forum users: a Case Study". In: *Proceedings of the 9th Edition of the Language Resources and Evaluation Conference (LREC),* CNL Workshop, Reykjavik, Islande, 3-10.

CAP, Clemens H. & SUCHAROWSKI, Wolfgang & WENDT, Widar. 2012. „Kollaboratives Schreiben von Texten im Web". In *HMD Praxis der Wirtschaftsinformatik,* 49(5), 61-68.

COSERIU, Eugenio. 2008. *Linguistica del testo. Introduzione a una ermeneutica del senso.* Edizione italiana a cura di D. De Cesare. Roma: Carocci.

DAVIES TURNER, Mary & TURNER, John. 2016. „Play and Creativity in Academic Writing". In: *Studies in Writing* 31: 56-70.

DEJICA, Daniel & HANSEN, Gyde & SANDRINI, Peter & PARA, Iulia. 2016. *Language in the Digital Era. Challenges and Perspectives.* Berlin: De Gruyter.

DE LARIOS Julio Roca & MANCHON, Rosa M. & MURPHY, Liz. 2006. „Generating Text in Native and Foreign Language Writing: A Temporal Analysis of Problem-Solving Formulation Processes". In: *Modern Language Journal.* Vol.90(1), 100-114.

DE SCHRYVER, Gilles-Maurice. 2002. „Web for/as Corpus: A Perspective for the African Languages". In: *Nordic Journal of African Studies* 11(2), 266-282.

DIADORI, Pierangela. 2012. *Teoria e pratica della traduzione.* Firenze: Le Monnier.

GERLACH, Johanna & PORRO, Victoria & BOUILLON, Pierrette & LEHMANN, Sabine. 2013. „Combining pre-editing and post-editing to improve SMT of user-generated content". In: *Proceedings of the Machine Translation Summit XIV.* Nice, 45-53.

GÖPFERICH, Susanne & NELEZEN, Bridgit. 2013. „Die Sprach(un)abhängigkeit von Textproduktionskompetenz: Translation als Werkzeug der Schreibprozessforschung und Schreibdidaktik". In: *Zeitschrift für angewandte Linguistik*. 58(1), 167-200.

HYLAND, Ken. 2016. „Academic publishing and the myth of linguistic injustice". In: *Journal of Second Language Writing*. 31, 58-69.

KADRIĆ, Mira & KAINDL, Klaus. edd. 2016. *Berufsziel Übersetzen und Dolmetschen: Grundlagen, Ausbildung, Arbeitsfelder*. Tübingen: Narr Franke Attempto Verlag.

KIM, Eun-Young. 2011. „Using translation exercises in the communicative EFL writing classroom". In: *ELT Journal* 65(2), 154-160.

LANGUM, Virginia & SULLIVAN, Kirk P. H. 2017. „Writing Academic English as a Doctoral Student". In: *Journal of Second Language Writing* 35, 20-25.

LO DUCA, Maria. 2019 [2004]. *Esperimenti grammaticali*. Roma: Carocci.

MEISTER, Hildegard & SHALABY, Dalia. 2014. *E-learning: Handbuch für den Fremdsprachenunterricht*. München: Hueber.

MONACELLI, Claudia. 2001. *Traduzione, revisione e localizzazione nel terzo millennio: da e verso l'inglese*. Milano: Franco Angeli.

NORD, Christiane. 1988. *Textanalysen und Übersetzen*. Heidelberg: Julius Groos Verlag.

SCHOONEN, Rob & VAN GELDEREN, Amos & DE GLOPPER, Kees & HULSTIJN, Jan & SIMIS, Annegien & SNELLINGS, Patrik & STEVENSON, Marie. 2003. „First language and second language writing: The role of linguistic knowledge, speed of processing, and metacognitive knowledge". In: *Language Learning* 53(1), 165-202.

SHULTZ COLBY, Rebekah. 2017. „Game-Based Pedagogy in the Writing Classroom". In: *Computers and Composition* 43, 55-72.

SILVA, Tony. 1992. „L1 vs. L2 writing: ESL graduate students' perceptions". In: *TESL Canada Journal* 10(1), 27-47.

SINNER, Carsten & WIELAND, Katharina. 2013. „Eine translationswissenschaftliche Sicht auf Sprachmittlung im Fremdsprachenunterricht". In: Reimann, Daniel & Rössler, Andrea. edd. *Sprachmittlung im Fremdsprachenunterricht*. Tübingen: Narr Franke Attempto Verlag, 93-113.

SPINA, Stefania. 2010. „AIWL: una lista di frequenza dell'italiano accademico". In: Bolasco, Sergio & Chiari, Isabella & Giuliano, Luca. edd. *Statistical Analysis of Textual Data, Proceedings of 10th International Conference "Journées d'Analyse statistique des Données Textuelles"*. Milano: LED – Edizioni Universitarie di Lettere Economia Diritto, 1317-1325.

VERDIANI, Silvia. 2014. „I valori modali dell'imperfetto indicativo italiano e i suoi equivalenti in tedesco. Materiali autentici per la didattica della lingua tedesca a livello avanzato". In: Cerruti, Massimo & Corino, Elisa & Onesti, Cristina. edd. *Lingue in contesto. Studi di linguistica e glottodidattica sulla variazione diafasica*. Alessandria: Edizioni Dell'Orso, 117-135.

Webliographie

QCER: http://www.coe.int/t/dg4/linguistic/cadre1_en.asp.   Zugriff: 10.03.2019.

SERVIZIO PUBBLICO: https://www.michelesantoro.it/2013/01/servizio–pubblico–la–lettera–berlusconi–travaglio/. Zugriff: 10.03.2019.

Übersetzungssysteme

Google traduttore: https://translate.google.it/?hl=it. Zugriff: 10.03.2019.

Anhang I:
Ausgewählte Beispiele des didaktischen Experiments

Gruppo	GBH Stasi
T1IT - Testo di partenza IT	Oggi oltre a poter visitare le celle e gli ambienti del penitenziario, si possono ammirare collezioni di oggetti e varie testimonianze *appartenute ai detenuti.*
3TDE traduzione GT di T2	Heute, zusätzlich zu der Möglichkeit, die Zellen und die Gefängnisumgebung zu besuchen, können Sie *zu den Gefangenen gehören,* Sammlungen von Objekten und verschiedenen Zeugnissen sehen.
4TDE – Testo finale DE	Heute, zusätzlich zu der Möglichkeit die Zellen und die Gefängnisumgebung zu besuchen, können Sie Sammlungen von Objekten und verschiedenen Zeugnissen *der Gefangenen* sehen.
Revisione madrelingua	Neben der Möglichkeit die Zellen und die Gefängnisumgebung zu besuchen, können heute Sammlungen von Objekten und von verschiedenen Zeugnissen *der Gefangenen* besichtigt werden.

Gruppo	CW **Currywurst**
T1IT - Testo di partenza IT	Per il progetto di traduzione dal tedesco all'italiano abbiamo lavorato *su* tre diversi *siti* riguardanti un tema caratteristico della cultura gastronomica tedesca: il Currywurst. La presentazione inizia con *un'introduzione descrittiva* del piatto presa dalla pagina di Wikipedia, prosegue con un articolo sul Currywurst della rivista "Die Welt" e conclude con alcune informazioni sul *museo ad esso dedicato* a Berlino.
3TDE traduzione GT di T2	Für das Projekt der Übersetzung aus dem Deutschen ins Italienische arbeiteten wir *an* drei verschiedenen *Standorten auf einem typischen* Thema der deutschen Esskultur: die Currywurst. Die Präsentation beginnt mit einer *Einführung der Schal* aus der Wikipedia-Seite genommen *beschreibt weiterhin* mit einem Artikel über die Currywurst der Zeitschrift „Die Welt" und schließt mit einigen Informationen über das Museum, um es in Berlin *gewidmet.*
4TDE – Testo finale DE	Für das Projekt der Übersetzung aus dem Deutschen ins Italienische arbeiteten wir *mit* drei verschiedenen *Websites betreffend ein typisches* Thema der deutschen Esskultur: die Currywurst. Die Präsentation beginnt mit einer *kurzen Beschreibung des Gerichtes, setzt* mit einem Artikel über die Currywurst der Zeitschrift „Die Welt" *fort* und schließt mit *einigen Informationen über das Currywurstmuseum Berlin.*
Revisione madrelingua	Für das Projekt der Übersetzung aus dem Deutschen ins Italienische arbeiteten wir *mit* drei verschiedenen *Websites, um uns mit einem typischen* Thema der deutschen Esskultur zu beschäftigen: die Currywurst. Die Präsentation beginnt mit einer *kurzen Beschreibung des Gerichtes aus Wikipedia,* danach folgt ein Artikel über die Currywurst aus der Zeitschrift „Die Welt" und schließlich werden *einige Informationen über das Currywurstmuseum Berlin* gegeben.

Gruppo	DM Die Mauer
T1IT - Testo di partenza IT	Il muro, *costruito* il 13 Agosto del 1961, era lungo 160 km e *divise* per 28 anni amici e famiglie. Nonostante rimangano solo pochi resti, è una delle principali *attrazioni* turistiche della Germania. Negli ultimi anni, *è stata allestita* un'esposizione di fotografie, che mostrano *ai visitatori* la vita *ai tempi* del Muro. Nella seconda parte della ricerca ci siamo concentrate sulla East Side Gallery. Essa è la *più lunga* Galleria d'arte *a cielo aperto* esistente, che artisti da tutto il mondo *dipinsero* dopo la caduta del muro.
3TDE traduzione GT di T2	Die Mauer, *gebaut* am 13. August 1961, war 160 km lang und *getrennt* 28 Jahre für Freunde und Familien. Trotz nur wenige Ruinen übrig geblieben ist, ist es eine der wichtigsten *Touristenattraktionen* in Deutschland. In den letzten Jahren *wurde es* eine Ausstellung von Fotografien *organisiert*, die zu der Zeit der Mauer Besucher das Leben zeigen. Im zweiten Teil der Forschung konzentrierten wir uns auf der East Side Gallery. Es ist die *längste* Kunstgalerie *in bestehenden freiem Himmel*, die Künstler aus der ganzen Welt nach dem Fall der Wand *gemalt*.
4TDE – Testo finale DE	Die Mauer, *die* am 13. August 1961 *gebaut wurde*, war 160 km lang und *hat für* 28 Jahre Freunde und Familien *getrennt*. Trotz nur weniger Ruinen, ist es eine der wichtigsten *Sehenswürdigkeiten* in Deutschland. In den letzten Jahren *wurde* eine Ausstellung von Fotografien *organisiert*, die das Leben *zur Zeit* der Mauer *den Besucher* zeigen. Im zweiten Teil der Forschung konzentrierten wir uns auf der East Side Gallery. Es ist die *längste bestehende* Kunstgalerie *unter freiem Himmel*, die die Künstler aus der ganzen Welt nach dem Fall der Wand *gemalt haben*.

| Revisione madrelingua | Die Mauer, *die* am 13. August 1961 *gebaut wurde,* war 160 km lang und *trennte* 28 Jahre *lang* Freunde und Familien. Obwohl es nur wenige Überreste gibt, ist sie eine der wichtigsten *Sehenswürdigkeiten* in Deutschland. In den letzten Jahren *wurde* eine Fotoausstellung *aufgebaut,* die den Besuchern das Leben *zur Zeit* der Mauer zeigt. Im zweiten Teil unserer Untersuchung konzentrierten wir uns auf die East Side Gallery. Sie ist die *längste bestehende* Kunstgalerie *unter freiem Himmel,* die Künstler aus der ganzen Welt nach dem Fall der Mauer *gemalt haben.* |

Gruppo	**DHM** **Deutsches Historisches Museum**
T1IT - Testo di partenza IT	Il museo presenta un'esposizione permanente che fornisce una panoramica unica della storia tedesca *a livello internazionale.* Vi sono *inoltre mostre temporanee* allestite all'interno della sala espositiva *progettata* dall'architetto cinese-americano Pei.
3TDE traduzione GT di T2	Das Museum verfügt über eine Dauerausstellung, die einen einzigartigen Überblick über die deutsche Geschichte *auf internationalen Ebene* bietet. *Darüber hinaus* gibt es *wechselnde Ausstellungen* in der Ausstellungshalle *der* chinesisch-amerikanische Pei *entworfen.*
4TDE – Testo finale DE	Das Museum verfügt über eine Dauerausstellung, die einen einzigartigen Überblick über die deutsche Geschichte *auf dem internationalen Stand* bietet. *Außerdem* gibt es *Sonderausstellungen* in der Ausstellungshalle, *die der* chinesisch-amerikanischen Architekt Pei *entworfen hat.*

Revisione madrelingua	Das Museum verfügt über eine Dauer-ausstellung, die einen einzigartigen Überblick über die deutsche Geschichte *auf internationalem Niveau* bietet. *Außer-dem* gibt es *Sonderausstellungen* in der Ausstellungshalle, *die der* chinesisch-amerikanische Architekt Pei *entworfen hat.*

Gruppo	SR Studiosus
T1IT - Testo di partenza IT	Il sito internet Studiosus *tratta* di pro-grammi di viaggio *in tutto il mondo* per giovani. Gli *itinerari proposti* hanno lo scopo di far immergere il turista nella cultura locale grazie all'aiuto di *accom-pagnatori del posto* e grazie alla *possibilità* di partecipare ad attività tipiche. In par-ticolare *l'itinerario* che abbiamo *deciso di analizzare* e tradurre tratta di un viaggio nelle isole del pacifico, "Sudsee Inselpa-radiese". La nostra scelta *si è basata sull' interesse di tutti i componenti del gruppo* verso il paradisiaco continente oceanico *che* al più presto vorremmo visitare.
3TDE traduzione GT di T2	Die Website *ist* Studiosus Reisepro-gramme *auf der ganzen Welt* für junge Menschen. *Städtereisen* sollen die Besucher in der lokalen Kultur mit Hilfe von *lokalen Führern* tauchen und mit der *Fähigkeit,* in typischen Aktivitäten teilzunehmen. Insbesondere *Route* haben wir *beschlos-sen,* eine Reise in den Pazifik-Inseln, „Südsee Insel Paradiese" zu analysieren und zu übersetzen. Unsere *Wahl* auf das Interesse aller Mitglieder der Gruppe *gegenüber* dem himmlischen ozeani-schen Kontinent *beruhte, dass* sobald wir besuchen möchten.

4TDE – Testo finale DE	Die Website „Studiosus" *handelt von weltweiten* Reiseprogrammen für junge Menschen. *Die vorgeschlagenen Routen* sollen die Besucher in der lokalen Kultur mit Hilfe von *örtlichen Reiseleitern* tauchen und mit *der Möglichkeit an* typischen Aktivitäten teilzunehmen. Insbesondere haben wir eine Reise in den Pazifik Inseln - „Südsee Inselparadiese"- zu analysieren und zu übersetzen *beschlossen.* Unsere *Auswahl basiert* auf *dem Interesse von allen Mitgliedern der Gruppe am* himmlischen ozeanischen Kontinent, *den* wir sobald besuchen möchten.
Revisione madrelingua	Die Website „Studiosus" *bietet weltweite* Reiseprogramme für junge Menschen an. Mit Hilfe lokaler Reiseleiter sollen die Besucher auf *vorgeschlagenen Routen* in die lokale Kultur eintauchen und *dabei an* typischen Aktivitäten / Veranstaltungen teilnehmen. Wir beschlossen eine Route zu analysieren und zu übersetzen, die von einer Reise zu den Pazifik-Inseln - „Südsee Inselparadiese" – handelte-. Unsere *Auswahl basiert* auf *dem Interesse aller Gruppenmitgliedern am* paradiesischen Ozeankontinent, *den* wir so bald wie möglich besuchen möchten

Tabelle I: Ausgewählte Beispiele des Experiments zum akademischen Schreiben

Die Förderung des wissenschaftlichen Schreibens im Lehramtsstudium – ein Projekt zwischen den Universitäten Duisburg-Essen und Tübingen

Manuela Franke & Kathleen Plötner

1. Einleitung

Trotz der sich rasant ändernden Kommunikationsmöglichkeiten und -gewohnheiten unserer immer stärker digitalisierten Gesellschaft hat das Schreiben als Kommunikationsform nicht an Relevanz verloren. In Form von E-Mails, Chatnachrichten und klassischen Varianten wie Briefen ist Schreiben auch aktuell eine zentrale Form der Kommunikation. Geschriebene wie gesprochene Sprache legen oftmals Vermutungen über die sie anwendende Person nahe und insbesondere im beruflichen Kontext sind die so genannten ‚sehr guten Kenntnisse in Wort und Schrift' erwünscht. Wichtig ist in diesem Kontext neben einer grammatisch- und orthographisch-korrekten Ausdrucks- und Schreibweise die angemessene Wahl des sprachlichen Registers. So können beispielsweise E-Mails, die den sprachlichen Regeln bzw. Gepflogenheiten von Chat-Sprache folgen, – je nach Kontext – bisweilen für Verstimmungen beim Gegenüber sorgen. Nicht zuletzt aus diesem Grund ist ein zentrales Anliegen der Schreibpädagogik die Vermittlung einer Lese- und Schreibkompetenz in sozial akzeptierter Art und Weise (vgl. Kruse 2003, 95). Das Panorama, das sich an deutschen Hochschulen bietet, ist leider ein anderes. So beschreiben Lehrende an Universitäten häufig eine unangemessene Sprachkompetenz von Studierenden (vgl. ebd., 95f). In vielen Fällen ist ein Schriftverkehr mit Studierenden zu beobachten, der jeglicher sozialer Norm entbehrt: fehlende Anrede- und Abschlussformeln, gravierende Rechtschreib- und Zeichensetzungsfehler sowie umgangssprachliche Ausdrucksformen erinnern eher an einen privaten Chatkontext als an eine Kommunikation im beruflichen bzw. universitären Rahmen, im

Folgenden exemplarisch der anonymisierte Auszug einer Mail einer Studierenden:

(1) Sehr geehrte Frau Plötner,
Ich bins X X. Wann haben sie den diese Woche Zeit? Ich möchte gerne die Klasur besprechen und Sie mir anschauen Vlt können Sie mir ein paar Tipps geben das wäre lieb :)
Liebe Grüße
X X

Dieser Auszug stellt mit Sicherheit eine extreme Form der Mischung von Diastratik und Diaphasik sowie der Anhäufung von orthographischen Fehlern und dem Fehlen von Interpunktion im schriftlichen Medium dar. Die Studierende gab später an, die Mail sehr schnell über das Smartphone verfasst zu haben. Der sehr nähesprachlich-konzipierte Text der Mail (die Anredeformel ausgeschlossen) war ihr jedoch nicht bewusst.

Ein ähnliches Bild zeigt sich bisweilen auch in Haus- und Abschlussarbeiten. Der Schreibkompetenz im Studium vermehrte Aufmerksamkeit zu widmen und die Studierenden strukturiert an die im Studium geforderten Textsorten heranzuführen, d.h. den Aufbau und die Förderung der kognitiv-akademischen Textkompetenz bzw. „kognitiv-akademischen Sprachkompetenz" (Honegger & Sieber 2012, 36), also einer Sprache der „Distanz" bzw. einer konzeptionell-schriftlichen Sprachvariante, zu unterstützen, ist von äußerster Wichtigkeit. Jede Textform umfasst sprachlich-formale Muster und Normen – dies ist auch beim wissenschaftlichen Schreiben der Fall. Wissenschaftssprache kann entsprechend als „lexikalisch-stilistische Variante der jeweiligen ethnischen Sprache" (Cirko 2013, 72) verstanden werden. Ihre Funktion ist die Verständigung innerhalb einer relativ geschlossenen Fachgemeinschaft. Um den Zweck der Kommunikation fachspezifischer Inhalte adäquat zu erfüllen, wird sie stetig angepasst und verbessert (vgl. ebd., 72).

Die Ausbildung einer angemessenen Schreibkompetenz erscheint u.E. im Kontext der Ausbildung von Fremdsprachenlehrenden besonders relevant. Abgesehen von der Anforderung, eine wissenschaftliche Abschlussarbeit zur Vollendung des 1. Staatsexamens zu verfassen, unterliegt den zukünftigen Lehrkräften die Aufgabe, ihren Schüler*innen ein Verständnis unterschiedlicher Textsorten sowie passender sprachlicher Register und entsprechender Formulierungen zu vermitteln. Sind sie dazu selbst in der Erst- bzw. Verkehrssprache nicht in der Lage, kann kaum von ihnen erwartet werden, dieses Wissen in einer Fremdsprache an Lernende weiterzugeben. Da zukünftige Lehrer*innen darüber hinaus nicht nur unterrichten, sondern auch mit Eltern und Kollegium (ggf. per Mail) kommunizieren müssen sowie als ein Teil der Fachgemeinschaft den wissenschaftlichen Diskurs verfolgen sollten, ist es von grundlegender Bedeutung, Lehramtsstudierende zu befähigen, wissenschaftlich lesen und schreiben zu können.

Aus oben genannten Gründen stellen wir im Folgenden ein Projekt zwischen den Universitäten Tübingen und Duisburg-Essen vor, dessen Ziel neben der Vermittlung fachdidaktischer Inhalte rund um das Thema *visual literacy* die Förderung der wissenschaftlichen Schreibkompetenz war. Für zukünftige Seminare wäre es noch günstiger, die Kompetenz Schreiben aus fremdsprachendidaktischer Sicht und mit Blick auf die Aufgabe als zukünftige Fremdsprachenlehrkräfte mit der Entwicklung eigener Schreibfertigkeiten in Erst- und Zweitsprache (bzw. Dritt-, Viertsprache usw.) zu verknüpfen.

2. Das sprachliche Register der Wissenschaft und seine Rolle im Studium

Schreiben ist auch im Wissenschaftskontext ein grundlegendes Instrument der Verständigung. Bereits 2003 halten Ehlich und Steets fest, dass das Verständnis wissenschaftlicher Schreibfähigkeit als systematisch zu vermittelnder Kompetenz zusehends wachse. Da die Qualität wissenschaftlicher Texte maßgeblich über den Erfolg in Studium und Wissenschaft entscheide, sehen sie Schulen wie Universitäten im selben Maße verpflichtet, wissenschaftssprachliche Kompetenzen aufzubauen. Bereits im Jahre 2003 sei die Schreibkompetenz der Schüler*innen beim Schulabschluss nicht in dem Maße entwickelt, dass sie den Anforderungen der Universitäten genügen könne. Insbesondere in den Bachelorstudiengängen müsse dementsprechend an einem systematischen Aufbau der wissenschaftlichen Schreibkompetenz gearbeitet werden. Dies finde jedoch an den Universitäten nicht statt. Man gehe dort indes davon aus, dass die Schulen die Lernenden in dem Maße ausbilden, dass sie hinreichend auf die an der Universität geforderten Ansprüche vorbereitet seien (vgl. Ehlich & Steets 2003, 1, Feilke & Steinhoff 2003, 112f). Auch Kruse schreibt, dass Universitäten die Schreibausbildung als Voraussetzung für den Zugang zur Hochschule verstehen und entsprechend die Schulen als Verantwortliche für die Ausbildung der Schreibfähigkeit sehen (vgl. Kruse 2003, 95f). In der Realität bestehe zwischen den Anforderungen der Universität und den in der Schule erworbenen Fähigkeiten und Fertigkeiten jedoch eine erhebliche Diskrepanz (vgl. Ehlich & Steets 2003, 1).

Im Kontext der Entstehung des prozessorientierten Ansatzes wurden neue didaktische Modelle und Vorgehensweisen in der Schreibberatung entwickelt. Den prozessorientierten Ansatz als wissenschaftliche Basis und didaktische Legitimation verstehend, entstanden Schreibzentren, die sich der Beratung von Studierenden hinsichtlich ihres Schreibprozesses widmen (vgl. Kruse 2003, 102)[1]. Trotz der großen Verbreitung von Schreibzentren bzw. -beratungen, ist der Besuch dieser in der Regel nicht verpflichtend in das Studium integriert[2], sodass die Studierenden nur bei Bedarf und eher selten auf diese Angebote zurückgreifen. Auch im Rahmen der verschiedenen Module und Seminare kommt es leider nur gelegentlich zu einem systematischen Kompetenzaufbau im Bereich des akademischen respektive wissenschaftlichen Schreibens. Hinzu kommt eine Vielzahl an neuen Prüfungsformaten, die hier keinesfalls negativ bewertet werden sollen, die aber dafür sorgen, dass die Zahl der zu verfassenden Hausarbeiten stark gesunken ist.

---

[1]   Eine Auflistung der theoretischen und praktischen Herausforderungen des prozessorientierten Ansatzes liefert Kruse (2003, 103). Informationen zum kontextorientierten und zum soziokulturellen Ansatz sowie den Chancen und Herausforderungen finden sich ebenfalls bei Kruse (2003, 102f).

[2]   An der Universität Potsdam ist in 2-Fach-Bachelor-Studiengängen sowie im Lehramt jeweils ein Kurs zum wissenschaftlichen Arbeiten und Schreiben verpflichtend inkludiert.

Die Konsequenz hieraus ist, dass Studierende seltener die Chance bekommen, sich in dieser Disziplin zu üben und somit weniger Möglichkeiten haben, sich auf das Verfassen der Abschlussarbeiten vorzubereiten. Spätestens am Ende des Studiums wird von ihnen aber eine Arbeit erwartet, die den Normen der jeweiligen Fachdisziplin entspricht und unter Beweis stellt, dass sie sich gemäß den fachspezifischen Regelungen adäquat ausdrücken können. Die Entwicklung der wissenschaftlichen Schreibkompetenz ist jedoch ein mehrere Jahre umfassender Prozess, der entsprechender Anleitung bedarf. Unseres Erachtens nach ist die Verantwortung für einen kontinuierlichen Aufbau wissenschaftlicher Schreibkompetenz sowohl in den Schulen als auch an den Hochschulen zu sehen. Ehlich zeichnet im Jahre 2003 folgendes Bild:

> Mangelnde hochschuldidaktische Reflexion und Hoffnung der Lehrenden darauf, dass sich in der Praxis universitären Arbeitens die Textkompetenz schon von selbst einstellen werde, bestimmen weithin die universitäre Wirklichkeit. (Ehlich 2003, 25)

Die besondere Relevanz der wissenschaftlichen Schreibkompetenz belegt Ehlich (2003, 17) mit der Feststellung, dass es sich bei universitärem Wissen um versprachlichtes Wissen handle. Sowohl die Universität als auch die Schule seien versprachlichte Institutionen. Dementsprechend bediene sich das Lernen an der Hochschule spezieller Diskurs- und Textformen. In der europäischen Tradition der Wissenschaften war die Beschäftigung mit dem Schreiben von Texten bereits in der Antike durch das Fach „Rhetorik" im Studium verankert (vgl. z.B. Trappen 2002). Die Rhetorik bildete bis ins 18. Jahrhundert das Zentrum der wissenschaftlichen Ausbildung. Sie verlor dann zusehends an Bedeutung und verschwand schließlich gänzlich aus den Universitäten (siehe hierzu ausführlich: Neumann 1997). Seither mangele es, so Kruse (2003, 96), an einer Anleitung literarischen Schreibens sowie an Unterweisungen im Schreiben wissenschaftlicher Texte. Kruse (2003, 95) hält fest, dass Schreiben, Lesen und Sprechen als „allgegenwärtige Formen des akademischen Diskurses" vorausgesetzt werden und lediglich implizit im Rahmen von Seminardiskussionen oder schriftlichen Arbeiten geübt werden. Dabei ist auffällig, dass *Literacy* benotet (z.B. bei

Referaten oder Hausarbeiten), sie aber nicht „direkt als Lerngegen[stand] benannt und unterrichtet" (Kruse 2003, 95) wird.[3] Zwar sind hierzu in den letzten 15 Jahren einige Maßnahmen getroffen worden, wie bspw. die bereits erwähnte Einrichtung von Schreibzentren, Tutorien zum wissenschaftlichen Schreiben, Schlüsselkompetenzmodulen, in denen wissenschaftliches Arbeiten und Schreiben geübt werden kann, Veranstaltungen wie „Die lange Nacht der aufgeschobenen Hausarbeiten" (Universität Tübingen) usw., um Studierenden Möglichkeiten der Schreiberfahrung und Entwicklung von Schreibkompetenz unter besonderer Berücksichtigung wissenschaftlicher Textsorten zu bieten. Allerdings sind diese Angebote oftmals freiwillig und es stellt sich gleichzeitig die Frage, ob Schreibzentren flächendeckend die jeweiligen Disziplinen bedienen können. Vielmehr sollte auch innerhalb der Fächer die Schreibkompetenz als Teil der Textkompetenz systematisch durch verschiedene Angebote innerhalb einzelner Module gefördert werden.

Obwohl die Pisa-Studie die ungünstigen Bedingungen der Förderung von Sprachkompetenz (und folglich auch Textkompetenz) ans Licht brachte, blieben die Konsequenzen diesbezüglich relativ eingeschränkt. Man konzentrierte sich bei der Diskussion in erster Linie und fast ausschließlich auf die Lesekompetenz. Im Kontext der Förderung von sprachbezogenen Kompetenzen (*Literacy*) ist das Schreiben jedoch von ebenso großer Relevanz. Da *Literacy* lebenslanges Lernen verlangt und ein explizites oder implizites Ziel aller Bildungseinrichtungen darstellt, ist die starke Konzentration der Debatte auf die Schulen ebenfalls ungünstig. Denn zum einen ist die Aneignung von Schreibkompetenz mit dem Ende der Schulzeit keinesfalls abgeschlossen, zum anderen benötigt die Verbesserung des Schreibunterrichts an Schulen Lehrer*innen, die ein vertieftes Verständnis des Schreibprozesses erworben haben (vgl. Kruse 2003, 96). Kurzum lässt sich die Problematik wie folgt

---

[3]   Kruse führt als positive Gegenbeispiele die Schreibzentren in Berlin, Bielefeld, Bochum und Essen an, in denen Schreibkompetenz in systematischer Weise aufgebaut wird und Lehrende und Fachbereiche darin unterstützt werden, wissenschaftliche Arbeiten konsequent anzuleiten (vgl. Kruse 2003, 95).

zusammenfassen: „Was an den Hochschulen fehlt, wird sich in den Schulen nicht vermitteln lassen" (ebd.).

Die Relevanz profunder Kompetenzen im Bereich *Literacy* kann exemplarisch an den Ergebnissen einer Studie von Nesi und Gardener (2012) verdeutlicht werden. Im Rahmen einer Untersuchung mit studentischen Texten (BAWE Corpus) englischer Hochschulen filterten sie Genre-Familien heraus, denen sie verschiedene soziale Funktionen und die entsprechenden Aufgabenarten im Studium zuordneten:

1. Demonstration von Wissen und Verstehen (Erklärung, Übungen)
2. Fähigkeit zu informieren und selbstständigem Argumentieren (Kritiken, Essays)
3. Entwicklung von Forschungskompetenz (Literaturberichte, *narrative recounts*, Forschungsberichte)
4. Vorbereitung für berufliches Handeln (Fallberichte, *design specifications*, Proposals)
5. Schreiben für sich selbst und andere (Erzählende Darstellungen, *empathy writing*)

(vgl. Nesi & Gardener 2012,
insbesondere Kapitel 2 und 3)

Auf die deutsche Hochschullandschaft übertragbar ist sicherlich die breit gefächerte Vielfalt an unterschiedlichen Genres (vgl. hierzu auch Kruse 2016, 30).

Im Folgenden fokussieren wir insbesondere das Format der Haus- bzw. Seminararbeit, da diese eine Vorbereitung zum einen auf Abschlussarbeiten, zum anderen – bei einer wissenschaftlichen Karriere – auf das Schreiben von Artikeln und Monografien darstellt.

3. Zur Rolle von Seminar-, Modul- und Abschlussarbeiten

Trotz veränderter Prüfungsformate[4] und einer starken Reduktion an Hausarbeiten hat das Schreiben wissenschaftlicher Texte – zumindest in den geistes- und sozialwissenschaftlichen Fächern – im Studium in Deutschland weiterhin eine zentrale Funktion (vgl. Ehlich 2003, 20 und Kaiser 2010, 17). Dies belegt nicht zuletzt die Relevanz der Abschlussarbeiten für den erfolgreichen Ausgang des Studiums. Das Format der Hausarbeit fördert die Übung wissenschaftlichen Schreibens und stellt die „didaktische Paralleltextart zum *Wissenschaftlichen Artikel* [Hervorhebung im Original]" (Ehlich 2003, 20) dar. Seminar- bzw. Hausarbeiten dienen der Darstellung von Informationen zu einem eindeutig begrenzten Sachverhalt. In ihnen wird der aktuelle wissenschaftliche Stand zum Thema wiedergegeben und dabei werden die entsprechenden Quellen und ggf. Methoden verwendet (vgl. Kaiser 2010, 17).

Hausarbeiten oder Seminararbeiten ermöglichen den Studierenden den exemplarischen Kontakt mit formalen wie inhaltlichen Arbeitsweisen – je nach Fachrichtung und Thema kann eine Hausarbeit empirisch oder hermeneutisch ausgerichtet sein. Um diese Art der Leistungsmessung erfolgreich zu bewältigen, müssen Studierende über verschiedene methodische und sachliche Qualifizierungen verfügen. Im Idealfall werden nach der Eingrenzung des Themas und der ersten inhaltlichen Annäherung durch Literaturrecherche und -lektüre die relevanten Texte zusammengestellt und in der Folge das konkrete Thema formuliert. So haben die Schreibenden einen Rahmen definiert, innerhalb dessen sie ihre Gedanken entwickeln und eine strukturierte Arbeit verfassen können. Nach dem Formulieren einer Rohfassung folgen diverse sprachliche wie inhaltliche Überarbeitungsschritte (vgl. Ehlich 2003, 20f und Kaiser 2010, 17). Seminar- bzw. Abschlussarbeiten werden in einem neutralen und sachlichen Sprachstil unter dem Einsatz von

---

[4]   Kaiser (2010, 14) verweist darauf, dass mündliche Darstellungsformen an deutschen Hochschulen immer mehr an Bedeutung gewinnen. Als eine Konsequenz sieht sie die Produktion weniger langer und komplexer schriftlicher Texte.

Fachvokabular und Wissenschaftssprache (z.B. Nominalstil) verfasst (vgl. Kaiser 2010, 17). Im Laufe des Studiums ist im besten Fall eine Progression angelegt, die eine Entwicklung von der ersten Seminararbeit im Bachelor bis hin zur Masterarbeit beschreibt und in der sich die Qualität der Texte immer mehr einem wissenschaftlichen Artikel annähern sollte.[5]

Das Schreiben von Seminar- oder Abschlussarbeiten stellt Studierende aber vor große Herausforderungen und ist oftmals mit Unsicherheit verbunden.[6] Hochschullehrende sind entsprechend gefordert, ihre Studierenden über die „bloße Angabe von formalen Anforderungen im äußerlichsten Sinne" (Ehlich 2003, 22) hinaus anzuleiten. Dies sollte zum einen auf inhaltlicher, zum anderen auf (wissenschafts)sprachlicher Ebene geschehen. Kaiser (2002) definiert als wichtigste Bewertungskriterien von wissenschaftlichen Textsorten im Studium eine „klare Textstruktur, de[n] transparente[n] Umgang mit den Quellen und das Erfüllen bestimmter formaler Kriterien" (134-157).

4. Die Wissenschaftssprache und der Aufbau wissenschaftlicher Schreibkompetenz

Wissenschaftssprache hat die Funktion eines Verständigungsmediums. Mit ihr sollen Forschungserkenntnis festgehalten, zur Diskussion gestellt und öffentlich gemacht werden. Wissenschaftssprache ist geprägt durch „eine hochfrequente Nutzung von bestimmten, gruppenspezifisch bevorzugten Sprachgebrauchsregistern einer

---

[5]   Ehlich schildert in seinem Beitrag, welchen Einfluss das Schreiben von Seminararbeiten auf das universitäre Lernen hat und verweist in diesem Zusammenhang auf die Entwicklung hin zu Studierendentexten, in denen neues Wissen generiert wird (vgl. Ehlich 2003, 22).

[6]   Ehlich weist 2003 darauf hin, dass Studierendentexte noch ein eher unerforschtes Gebiet darstellen und unterstreicht die Relevanz dieses Forschungsgebiets: „Obwohl nahezu jeder akademisch Lehrende im Laufe seiner beruflichen Tätigkeit geradezu mit einer Unzahl von Seminararbeiten konfrontiert wird, ist die textlinguistische Analyse dieser universitären Form kaum auch nur rudimentär angegangen. [...] Hier liegt ohne Zweifel eines der größten Forschungsdesiderate in bezug [sic!] auf die Wissenschaftskommunikation im universitären Lehr-Lern-Zusammenhang vor" (Ehlich 2003, 22).

ethnischen Sprache" (Cirko 2013, 72). Sowohl die Morphosyntax als auch die Artikulation und Orthographie sind qualitativ identisch mit der jeweiligen Sprache, jedoch ist die Wissenschaftssprache quantitativ dadurch charakterisiert, dass spezifische syntaktische Strukturen anderen vorgezogen werden. Die Gründe hierfür sind pragma-semantischer und konventionell-stilistischer Natur. Auf Personen anderer Muttersprachen kann sie bisweilen wie eine eigene zu erlernende (Fremd)Sprache wirken (vgl. Circo 2013, 72f).

Wissenschaftliches Schreiben umfasst aber nicht nur die Beherrschung der Wissenschaftssprache, sondern ist immer auch eine Auseinandersetzung mit Wissen. Die primäre Funktion wissenschaftlichen Schreibens ist die Produktion und Sichtbarmachung neuen Wissens. Die Studierenden müssen in der Lage sein, „in Interaktion mit dem bereits geschriebenen Text über die eigenen Ideen hinaus zu neuen Erkenntnissen zu gelangen" (Kruse 2003, 101). Dabei steuern sie den komplexen kognitiven Prozess, der aus „Ergründen, Verstehen, Strukturieren und Kommunizieren eines Themas" (Kruse 2003, 101) besteht. Es besteht also – wie von der neueren akademischen Schreibdidaktik häufig dargelegt – ein enger Zusammenhang zwischen Schreiben und kritischem Denken und der Auseinandersetzung mit fachlichen Inhalten. So unterstreicht Kruse, dass Wissen sich erst dann formt, wenn es geschrieben wird. Aus diesem Grund sei Schreiben als „Konstruktion von Wissen durch Sprache" (Kruse 2003, 106) zu verstehen.

Beim Schreiben handelt es sich zudem um einen komplexen Prozess des Selbstmanagements. Die Schreibenden müssen ihre „intellektuellen, sprachlichen, motivationalen und kommunikativen Ressourcen" (Kruse 2003, 101) aktivieren, um so einen Text produzieren zu können, der „der Sache, den selbst gestellten Anforderungen und den sprachlichen Normen" (Kruse 2003, 101) genügt. Beim Schreiben muss also vielen unterschiedlichen Anforderungen zur selben Zeit entsprochen werden. Es ist darüber hinaus nötig, kontinuierlich Entscheidungen in Bezug auf „Wortwahl, [...] Satzkonstruktion, [...] Verknüpfung der Sätze, [...] Strukturierung des ganzen Textes" (Kruse 2003, 101) zu treffen. Kruse verweist darauf, dass eine Vielzahl dieser Entscheidungen nicht bewusst, sondern unbewusst über das intuitive Sprach- und Normverständnis gefällt werden. Das substantielle Sprachwissen sei also in der Regel weniger aktiv involviert als die Intuition. Aber auch gewohnheitsmäßige Schreibstrategien und Regelwissen aus der schulischen oder universitären Schreibsozialisation werden häufig unbewusst eingesetzt.

Beim Verfassen eines Textes gilt es, konventionell-festgelegte Regeln zu beachten. Personen einer bestimmten Sprachgesellschaft verfügen über ein Regelwissen, das sie beim Verfassen eines Textes implizit anwenden. Dementsprechend existieren Vorstellungen darüber, wie ein wissenschaftlicher Text gestaltet sein sollte. Kruse (2003, 98) trägt folgende Erwartungen an wissenschaftliche Texte zusammen:

- in Standardsprache verfasst,
- grammatisch und orthographisch korrekt / der Norm entsprechend,
- Verwendung von stilistischer und semantischer Wissenschaftssprache,
- entsprechende Textstruktur und Textorganisation,
- Wahrung fachspezifischer und fachsprachenspezifischer Besonderheiten,
- Zitierkonvention, Literaturverzeichnis und Layout an den fachüblichen Standards ausgerichtet.

Um die Studierenden in die Lage zu versetzen, qualitativ hochwertige Texte zu formulieren, bedarf es eindeutiger Informationen hinsichtlich des Aufbaus, der Struktur und der Qualität des zu verfassenden Textes. Sie brauchen also „eine Vorstellung vom Produkt des Schreibens [...] und [müssen] wissen, welche Konventionen und Normen sie zu erfüllen haben" (Kruse 2003, 99).[7] Gleichzeitig stellt der Aneignungsprozess wissenschaftlicher Schreibkompetenz deshalb eine Herausforderung dar, weil sich die Studierenden in einer widersprüchlichen Kommunikationssituation befinden:

---

[7]   Zur Beziehung zwischen Lesen und Schreiben und der gegenseitigen Beziehungen zwischen beiden Kompetenzen siehe Kruse 2003, 99f oder Elbow 2000, 281ff.

Zum einen sind sie Anfänger*innen im Bereich des wissenschaftlichen Schreibens, zum anderen imitieren sie Expert*innen unter Nutzung eigener, z.t. konventionell-mündlicher Sprachmuster. Feilke und Steinhoff zeigen in ihrem Projekt[8] zum Erwerb der Wissenschaftssprache, dass das Problem der Habitusaneignung von Studierenden sehr unterschiedlich angegangen wird. Sie benennen folgende Vorgehensweisen:

- Sie präferieren die ihnen konnotativ vertraute Sphäre der Alltagssprache und verlassen sich auf die Wirksamkeit alltagssprachlich bewährter Mittel.
- Sie reflektieren zwar die Notwendigkeit, den fremden Habitus zu übernehmen, üben sich aber in expliziter Rollendistanz.
- Sie übernehmen imitativ den fremden Habitus, ohne die funktionale Angemessenheit kontrollieren zu können. (Feilke & Steinhoff 2003, 119)

Im Kontext wissenschaftlichen Schreibens ist eine Vielzahl der sprachlichen Mittel automatisch zugänglich. Dabei ist zu beobachten, dass die Wahl über grammatische Elemente (z.B. Tempus, Genus, Kasus, Modus, Konnektoren etc.) in der Regel unbewusst geschieht. Auch literale Prozeduren (z.B. Satzgefüge, argumentative Muster, Gliederung etc.) sind sich wiederholende Aspekte, deren Verwendung automatisiert abläuft (vgl. Feilke 2012, Kruse 2016, 40). Studierenden ist folglich die Wahl der einzelnen Elemente nicht bewusst.[9] Während sie sich Unterstützung bei der Bewältigung von

---

[8]   Feilke und Steihoff (2003) beschreiben in ihrem Beitrag die Entwicklungsschritte der wissenschaftssprachlichen Kompetenz. Zu diesem Zweck erläutern sie Phänomene wie die Transposition des alltagssprachlichen Habitus in die Domäne Wissenschaft oder eine nachahmende Anpassung ohne Entwicklung der entsprechenden konzeptuellen Strukturen.

[9]   Kaiser (2010, 22) konnte in einer vergleichenden Studie zwischen deutschen und venezolanischen Studierenden zeigen, dass nicht nur Nicht-Muttersprachler*innen Schwierigkeiten mit der deutschen Sprache hatten. Obwohl sich für sie spezifische Elemente der Wissenschaftssprache, wie z.B. Nominalisierung, Passiv und Fachvokabular beim Schreiben von Texten problematisch gestalteten, hatten auch deutsche Studierende mit der Aneignung der Wissenschaftssprache erhebliche Probleme. Im Gegensatz zu den venezolanischen Studierenden stellte für L1-Sprecher*innen des Deutschen insbesondere das wissen-

sprachlichen Mitteln der Wissenschaftssprache wünschen, lehnen sie die Vermittlung elementaren Grammatikwissens im Kontext wissenschaftlichen Schreibens jedoch eher ab. Für Sprachwissen interessieren sie sich insbesondere dann, wenn sie dadurch mehr Sicherheit beim Formulieren erlangen. Kruse (2016, 41f) schlägt mit Bezug auf weitere Autor*innen für einen systematischen Aufbau der wissenschaftlichen Schreibkompetenz u.a. folgende Elemente vor:

- Gebrauch von Verben des Zitierens und Verweisens (*reporting verbs*)
- Verwendung einer Einleitungsrhetorik
- Umgang mit Zitaten / Einbettung von Zitationen
- sparsamen Gebrauch der Personalpronomina ,ich' und ,wir'
- Verwendung von so genannten *hedges*[10]
- reglementierten Gebrauch von Mittel des Äußerns von Kritik
- genderneutrale Bezeichnungen
- Interpretation von Daten bzw. so genannte Datenkommentare

Für die Analyse hinsichtlich des Lernstandes in Bezug auf die Wissenschaftssprache betrachten wir in der Folge im Rahmen des Kooperationsprojekts entstandene Texte von Studierenden der Universtäten Essen und Tübingen basierend auf den in Anlehnung an Kruse (2016, 40ff) zusammengestellten Kriterien. Ergänzend wird basierend auf Feilke & Steinhoff (2003, 119) der Einsatz alltagssprachlicher vs. wissenschaftssprachlicher Elemente in den Blick genommen. In diesem Kontext möchten wir noch auf zwei Phänome, die bei Honegger & Sieber (2012, 38) genannt werden,

---

schaftliche Stilideal ein Problem dar. Zu beobachten war vor allem der Einsatz umgangssprachlicher Strukturen und die Verwendung eines pseudowissenschaftlichen Stils (z.B. eine zu komplizierte Syntax, übertriebene Nominalisierung, zu hoher Einsatz von Fremdwörtern usw.).

10 Kruse zufolge finden *hedges* in der Wissenschaft deshalb so häufig Anwendung, weil sie es ermöglichen, „den Grad an Sicherheit, den wir einer Aussage beigeben wollen, zu dosieren" (Kruse 2016, 42).

hinweisen: ‚Sprachlogisches Zittern' und ‚Ich-Instanzen'. Unter ‚sprachlogischem Zittern' verstehen die Autoren das „Ringen [...] um eine begrifflich präzise und kohärente Einbettung der gewünschten Aussage" (38), etwa in:

> (2) Die Gattung Fabel entstand vor grauer Uhrzeit.
> (3) Anschließend werde ich die Deutschdidaktik erwähnen.

Nach Honegger & Sieber (2012, 38-39) bezieht sich das Phänomen vor allem auf die Bereiche der Kongruenz, Kohäsion und Phraseologie. Dabei handele es sich nicht um schwere Normverstöße, sondern um „das Ringen um Präzision der Aussage, der Argumentation und um die Verwendung der Fachsprache" (39). Die zweite Kategorie „Ich-Instanz" umfasst das vor allem im deutschen Sprachraum weit verbreitete Tabu, das Personalpronomen *ich* in wissenschaftlichen Texten zu gebrauchen. Dass das Personalpronomen selbstverständlich als Leseführung und ggf. als Denkinstanz sparsam eingesetzt werden kann, soll an dieser Stelle nicht diskutiert werden; für die folgende Analyse der Lernertexte ist der kontextuelle Gebrauch des Personalpronomens – sofern vorhanden – von Interesse.

Neben den sprachlich-formalen Aspekten müssen selbstverständlich auch inhaltliche Kriterien, u.a. der präzise Gebrauch von Begriffen / Konzepten, der inhaltlich-logische Zusammenhang von Absätzen und Textabschnitten, die korrekte Darstellung der Theorie und deren logische Anwendung im möglichen Analyseteil usw., Beachtung finden.

5. Die Autonomisierung des Schreibprozesses durch Feedback

Feedback-Schleifen haben zum Ziel, Schreiblernprozesse zu autonomisieren sowie die Phase der Überarbeitung (nach dem Feedback) als grundlegende Phase innerhalb der Textproduktion zu inkludieren, denn „kein Text ist gleich auf Anhieb perfekt" (Knorr 2012, 75). Im Sinne von „Writing is rewriting" (vgl. Augst 1988) wird das Überarbeiten als Teil der Lernform „Text" begriffen, der nicht ausschließlich der Überlieferung von Wissen diene, sondern durch den die / der Schreibende Textkompetenz entwickele. Einige Textformen werden hierfür verstärkt gebraucht, wie bspw. innere Monologe, Resümees, Essays und Analysen. Seminararbeiten sind Textformen, die ausschließlich im Lehrlernkontext der Universität existieren (vgl. Knorr 2012, 76). Dem ist insofern zuzustimmen, als dass ihre besondere Form tatsächlich ein universitäres Lehrlernprodukt ist und sie als Vorbereitung bzw. zum Üben von analytischem Schreiben und logischem Argumentieren (unter Gebrauch von wissenschaftlichen Quellen) sowie zur Entwicklung eigener Fragestellungen dienen. Sie sind als Prätexte der Bachelor- und Masterarbeit zu verstehen. Studierende zu gegenseitigen Feedbacks anzuhalten bzw. sie dafür auszubilden birgt ein doppeltes Lernpotential: für die / den Textproduzenten*in und für die / der Kommentierende*n.[11] Die / der Kommentierende eignet sich durch den Perspektivwechsel metakognitives Wissen über den Schreibprozess und Anforderungen an das Textprodukt" (ebd., 77) an. Allerdings, wie bereits kurz erwähnt, ist es dringend notwendig, die Feedback-Gebenden ausreichend formal und inhaltlich zu schulen und für „konstruktives" und „wollwollendes" Feedback zu sensibilisieren oder, wie Knorr (2012, 77) schreibt, für eine „kooperative[...] Rückmeldung", bei der „das Optimieren eines Textproduktes" zentrales Ziel ist.[12] Auch muss der Umgang mit Kommentierungen geübt werden, da ungeübte Schreiber*innen „dazu neigen, Anmerkungen der Kommentierenden ungefragt in eigene Texte zu übernehmen" (77). Zudem muss zwischen Rand- und Schlusskommentaren sowie direkten Eingriffen bzw. Korrekturen im Text unterschieden werden (vgl. ebd., 78). In der vorliegenden Studie von Knorr (2012, 82-84) zu Korrekturen in einer Herausgeberschaft mit Artikeln von mehrsprachigen Autor*innen wird gezeigt, dass ¼ aller Korrekturen die Norm, i.e.S. grammatische

---

[11]   Zum Verständnis von Feedback als kollaborative Arbeitsbeziehung siehe Kruse (2016, 44ff).

[12]   Knorr (2012, 95) spricht an späterer Stelle von einer „Textkommentierungskompetenz", die Form, Modus und Zweck der sprachlichen Handlung umfasst.

Verstöße gegen die Norm, betreffen. Zudem kann die Autorin zeigen, dass primär defizitorientiertes Feedback gegeben wird.

An dieser Stelle soll der Vollständigkeit halber noch der Prozess der Schreibreflexion – sowohl während und nach dem Verfassen der Erstversion, als auch während des Rezipierens des Kommentars und der anschließenden Überarbeitung – aufgeführt werden (siehe auch ‚Selbstreflexion', ‚Selbstwirksamkeit', ‚Selbstregulation'). Für eine zirkuläre Förderung der Textkompetenz sind diese Phasen nicht zu vernachlässigen.

> Ein größerer Bewusstseinsgrad für die Prozesse und die Art und Weise wie man schreibt, wirft Licht auf die Probleme, auf die man während der Textproduktion stößt, und kann Entscheidungen beleuchten, die man im Laufe eines Schreibprozesses trifft. (Heine 2012, 106)

Nach Kruse (2016) gibt es vier verschiedene Funktionen von Feedback:

Abb. 1:   Funktionen von Feedback (Kruse 2016, 45).

Kruse (2016, 45) legt der Beschreibung der verschiedenen Feedback-Arten zwei unterschiedliche Dimensionen zugrunde. Anhand der einen kann zwischen dem Unterstützen von sprachlichen bzw.

textuellen Anforderungen und dem Unterstützen von fachlichen Anforderungen unterschieden werden. Die andere Dimension verdeutlicht die individuellen bzw. kollektiven Arbeitsformen, die das Feedback fördert. Die folgenden zwei Feedbackfunktionen sind für das von uns konzipierte Seminar relevant:

- Bewältigung sprachlicher und rhetorischer Anforderungen, z.B. das Üben und Einsetzen adressatenadäquater Ansprache und textsortenspezifischer Mittel, zudem kommen Textbeurteilungskompetenz und Sprachreflexion, die durch Feedback geben und erhalten angeregt bzw. gefördert werden.
- Feedback fördert zudem den Aufbau von so genannten *learning communities* (vgl. ebd., 46): Vernetzung von Studierenden untereinander, Austausch und Lernen mit anderen, möglicherweise Arbeitsteilung usw.

Die Feedbackphase des in dem von uns konzipierten Seminars diente primär der Kollaboration und der Unterstützung im sprachlichen Bereich, da die Förderung der (wissenschaftlichen) Schreibkompetenz als Nebenkompetenz (aufgrund der an das Seminar geknüpften Hausarbeit im Sinne der Studienordnung) gefördert werden sollte. Folglich konnten nicht alle Phasen des Schreib- und Feedbackprozesses durchlaufen werden, wie im kommenden Abschnitt erläutert werden wird. Beim Peer-Feedback des Seminars handelte es sich um ein offenes und subjektives Feedback, da selektiv einzelne Aspekte des Textes kommentiert oder korrigiert wurden. Hierbei wird auf die „persönliche Lesart" (Schindler 2012, 58) der / des jeweiligen Studierenden zugrückgegriffen bzw. diese kommuniziert.

6. Aufbau, Struktur und Ergebnisse des gemeinsam durchgeführten Seminars

6.1 Seminarkonzept

Das Seminar *Exploitation de l'image en cours de FLE* wurde im Wintersemester 2017 / 2018 an der Eberhard Karls Universität Tübingen und der Universität Duisburg-Essen von den Autorinnen durchgeführt und bestand aus einer theoriegeleiteten und einer anwendungsorientierten Phase. Innerhalb der theoriegeleiteten Phase wurden nach mehreren einleitenden Sitzungen zu Bildarten und *visual literacy* sowie einer Sitzung zum wissenschaftlichen Schreiben kurze Texte (2-3 Seiten) zum Einsatz von Bildern im Fremdsprachenunterricht verfasst, die als Basis bzw. als theoretischer Einstieg der zum Seminar gehörenden Hausarbeit dienen sollten.[13] Anschließend wurden die Studierenden beider Universitäten in gemischte Gruppen geteilt, innerhalb derer sie im Peer-Review-Verfahren in einer weiteren Seminarsitzung nach zuvor ausgewählten Kriterien die Texte lesen und kommentieren sollten. Die kommentierten Texte wurden in Moodle hochgeladen und die Studierenden konnten anschließend die Kommentare für die Überarbeitung ihrer Texte verwenden. In der folgenden Seminarsitzung wurden einige Kommentare, die unverständlich oder schwer nachvollziehbar waren, gemeinsam mit der jeweiligen Dozierenden besprochen und reflektiert.

In der Anwendungsphase des Seminars wurde das erarbeitete theoretische Grundverständnis zum Einsatz von Bildern im Fremdsprachenunterricht für die Planung von Unterrichtssequenzen / -reihen und 45-minütigen Unterrichtseinheiten genutzt. Die wissenschaftlichen Einleitungen dienten als Begründungsgrundlagen für den gewählten Bildzugang und Einsatz in den konzipierten Einheiten.

Die Hausarbeit selbst wurde erst nach dem Seminar verfasst. Inhaltlich hatte sie allerdings den Einsatz von Bildern im Fremdsprachenunterricht (analysiert anhand von Lehrwerken oder in Materialien von bereits konzipierten Unterrichtsstunden) zum Thema. Dabei wurden didaktische und literarische Funktionen von Bildern thematisiert und deren Einsatzmöglichkeiten im Unterricht dargestellt. Zudem wurde die Förderung von unterschiedlichen Kompetenzen mithilfe von Bildern diskutiert (z.B. *visual literacy*, aber auch die Kompetenzen Sprechen, Leseverstehen usw.).

---

[13]   Laut Studienordnung für Bachelor Lehramt Gymnasium Französisch an der Universität Tübingen aus dem Wintersemester 2015/2016.

6.2 Texte der Studierenden

Die Einleitungen zu den Hausarbeiten wurden außerhalb des Seminars verfasst und von den Studierenden in Moodle bis zu einem festgelegten Zeitpunkt hochgeladen. Die Anzahl der Texte, die in der folgenden Tabelle erfasst ist, spiegelt die Anzahl der Gruppenmitglieder wider. Die Anzahl der Kommentare bezieht sich auf alle hochgeladenen Kommentare in Moodle, z.T. wurden zwei oder drei Kommentare zu einem Text von unterschiedlichen Personen erstellt. Die „Differenz Texte // Kommentare" gibt an, ob für alle hochgeladenen Texte mindestens ein Kommentar vorlag (Differenz = 0): Das war allerdings bei vier Gruppen nicht der Fall. Obwohl bspw. in Gruppe 2 insgesamt sechs Kommentare hochgeladen wurden, gab es nicht zu jedem Text eine kommentierte Version, sondern es wurden für einen Text zwei Kommentare / kommentierte Versionen in Moodle hochgeladen und für einen Text lag kein Kommentar vor (-1).

Kurs *Exploitation de l'image en cours de FLE*							
Anzahl	Gruppe 1	Gruppe 2	Gruppe 3	Gruppe 4	Gruppe 5	Gruppe 6	Σ
Texte	5	6	4	5	5	5	30
Kommentare	3	6	3	3	9	8	32
Differenz Texte // Kommentare	-2	-1	-1	-2	0	0	-6

Tabelle 1: Übersicht Texte und kommentierte Texte

Insgesamt wurden 30 Texte von 30 Studierenden verfasst, von denen 24 anschließend kommentiert wurden. In Moodle konnten 32 kommentierte Versionen verzeichnet werden, dabei lagen für einige wenige Texte, wie bereits erwähnt, zwei und drei kommentierte Versionen vor. Die Kommentare wurden vorwiegend in Word mit der Kommentarfunktion oder in der PDF-Version vorgenommen. Einige wenige Studierende arbeiteten mit den ausgedruckten Versionen der Texte und fügten handschriftlich Kommentare ein bzw. nahmen Korrekturen (u.a. Streichungen) vor. Es

kann festgestellt werden, dass diese anschließend in Moodle hochgeladenen korrigierten Versionen im Gegensatz zu den elektro-
nisch korrigierten Versionen weniger umfangreich und detailliert
ausfallen.

6.3 Qualitative Analyse der Studierendentexte

Im aktuellen Abschnitt werden die von den Studierenden verfass-
ten Einleitungen der Hausarbeiten hinsichtlich der zuvor aus der
Forschungsliteratur zu studentischen Schreibprozessen bzw. zum
wissenschaftlichen Schreiben isolierten Charakteristika untersucht.
Dabei werden folgende Merkmale, die für wissenschaftliche Texte
besonders kennzeichnend sind, ausgewertet:

- ‚Formalität' (Umgang mit Zitaten und Quellen, Gebrauch
  von Fußnoten, differenzierte Zeichensetzung)
- ‚Lexikalisch-grammatische Unmarkiertheit' (im Sinne des
  Gebrauchs konzeptueller Schriftlichkeit, Standardsprache,
  keine Merkmale umgangssprachlicher Lexik, keine mündlichen Strukturen)
- ‚stilistische Markiertheit' (z.B. Nominalstil, sparsamer Gebrauch der Personalpronomina *ich, wir*)
- Verwendung fachspezifischer Termini (z.B. ‚didaktisch')

Aufgrund des begrenzten Umfangs des vorliegenden Artikels werden ausschließlich ausgewählte Einstiegsparagraphen der eingereichten Texte und Kommentare der Studierenden vor (=Version 1)
und nach der Peer-Korrektur (=Version 2, eingereichte Hausarbeit)
explorativ analysiert. Dabei werden nur Textauszüge von monolin-
gualen Studierenden der Universität Tübingen, die in Baden-Württemberg aufgewachsen sind, angeführt, um auf verschiedene Phänomene deutschsprachiger Studierender (Deutsch als L1) zu refe-
rieren.[14]

---

[14] Das bedeutet nicht, dass Texte von zwei- und mehrsprachigen Studierenden
für kommende Untersuchungen unberücksichtigt bleiben sollen. Der hier vorgenommene Ausschluss trägt dem Fakt Rechnung, dass in diesen Texten noch
weitere Phänomene auftreten könnten (und auch aufgetreten sind!), deren Exis-
tenz möglicherweise auf den Einfluss der L2 und damit entwickelter Strukturen, Strategien usw. zurückzuführen ist, worauf im vorliegenden Artikel nicht

Die kommenden Textauszüge dienen der Veranschaulichung verschiedener sprachlicher und inhaltlicher Phänomene, die in mehreren Texten ausfindig gemacht werden konnten, insbesondere: I) Die Mischung von umgangssprachlicher und standard- bis wissenschaftsprachlicher Lexik sowie II) das ‚sprachlogische Zittern':

(4)
Betrachtet man die neueren Lehrbücher für das Schulfach Französisch, springen auf jeder Seite mehrere Fotos und Bilder, Comiczeichnungen, aber auch Ikone und Symbole und farbige Kästen ins Auge. Die Schülerinnen und Schüler werden von fiktiven Freunden oder Familien durch das Schulbuch geführt, die mitunter an den passenden Stellen bestimmte Regeln durch Sprechblasen kommunizieren. Die Lehrwerke sind komplett visuell gestaltet; doch nicht nur die Lehrwerke, sondern auch das zusätzliche Material der Lehrkräfte. Wie Hallet richtig bemerkt, haben die Lehrkräfte die Möglichkeit, sich diverses Bildmaterial im Internet zu besorgen, und auch so immer die Möglichkeit einen Bezug zum tagesaktuellen Geschehen, eben mittels Bildern, herzustellen. Er behauptet, dass die Lehrwerksproduzenten davon ausgehen, dass Bilder, die überall präsent sind, sowohl didaktisch als auch kognitionspsychologisch förderlich für das Erlernen der Fremdsprachen sind[15].

(Textauszug 4: TSUT_w_2017/18, Version 1)

Als umgangssprachlich sind die Formulierungen *ins Auge springen* und *komplett* (im Kontext des Textes als Adverb gebraucht) anzuführen. Hier entsteht ein Bruch zwischen der sonst doch sehr wissenschaftlichen Lexik des Textes. Das sprachlogische Zittern wird anhand von **Ikone*, und **Kästen* ersichtlich, hier wären die korrekten Bezeichnungen *Ikons* und *Kästchen* gewesen. Der Rückbezug auf Autoritäten (=das Anführen von Zitaten) zur Unterstützung der eigenen Aussagen wird von der Studierenden erfolgreich eingesetzt. Sowohl im vorliegenden Textauszug (4) als auch in weiteren Texten wird ersichtlich, dass Studierende zwischen dem Anführen der

---

detailliert eingegangen werden kann. Vor allem an der Universität Duisburg-Essen haben viele Studierende mit einer weiteren L1 bzw. L2 am Projekt teilgenommen, wie bspw. Türkisch oder Arabisch. Diese Texte sind unter Berücksichtigung linguistischer und fachdidaktischer Studien zu mehrsprachigen Sprecher*innen zu analysieren.

15   Vgl. Hallet 2008, 212. (=Fußnote im Text der Studierenden, der Vollständigkeit halber hier angeführt)

Autor*innen (Quellen) in Fußnoten und im Fließtext selbst schwanken, da dies in verschiedenen Fachbereichen unterschiedlich gehandhabt wird. Fußnoten werden allerdings in den uns vorliegenden Texten kaum für das Hinzufügen zusätzlicher Informationen oder weiterführender Quellen gebraucht.

Im letzten Satz treten die Termini *didaktisch* und *kognitionspsychologisch* auf: Sie werden mit Bezug zur jeweiligen Wissenschaft gebraucht ‚etwas ist aus Sicht der Didaktik oder aus Sicht der Kognitionspsychologie förderlich', allerdings ist die Formulierung „didaktisch und kognitionspsychologisch förderlich" eine Dopplung. Der kausal-korrekte Zusammenhang wäre der folgende: Der Einsatz von Bildern wird als didaktisch förderlich erachtet, weil sie Lernende auf kognitiver Ebene unterstützen, Kompetenzen zu entwickeln.

Der folgende Studierende TR vermeidet das Personalpronomen *ich* und weicht auf das Pronomen *man* aus. Ob diese Struktur jedoch in bestimmten Fällen vorteilhafter ist, muss in Frage gestellt werden, denn durch ihren Gebrauch erfährt der Text eine Beliebigkeit und *man* (=der Textrezipient) stellt sich die Frage, von wem eigentlich gesprochen wird. Günstiger wäre der Gebrauch unpersönlicher Strukturen, wie anhand des Textauszug veranschaulicht werden kann:

(5)
1. DIE ROLLE VON BILDERN IM FREMDSPRACHENUNTERRICHT
Um diese Frage beantworten zu können, sollte man sich erst mal vor Augen führen, in welchen Zusammenhang Bilder mit dem Unterrichten einer Fremdsprache stehen.

(Textauszug 5: TRUT_m_2017/18, Version 2)

Der Gebrauch des Personalpronomens *man* übt oft eine „Ratgeberfunktion" aus (siehe vorheriges Beispiel 5) oder aber unterstellt dem / der Rezipienten/in, dass auch er / sie so denken würde. Sieht man einmal von der nicht-zielsprachigen Kasusmarkierung (**in welchen Zusammenhang*) und dem inkohärenten Einstieg in die Thematik (Welche konkrete Frage denn?) ab, so kann am vorherigen Text zusätzlich der noch nicht ausgebaute Nominalstil nachgezeichnet werden. Anstelle von „Zur Beantwortung dieser Frage muss zunächst der Zusammenhang zwischen dem Gebrauch von Bildern und dem Unterrichten einer Fremdsprache erläutert / analysiert / werden" wird der Satz mit drei Vollverben und zwei Modalverben gebildet. Dabei werden u.a. umgangssprachliche Formen, wie etwa *erst mal* (anstelle von *erst einmal / zunächst*), gebraucht. Zudem kann festgestellt werden, dass der Studierende zeitweise zu einer erzählenden Schreibperspektive neigt, was sich u.a. an Formulierungen wie „vielerlei Kompetenzen" und „so sind uns" zeigt.

> (6)
> Die Sprechfähigkeit alleine verlangt von sich aus keine visuellen Reize, da das gesprochene Wort im Grunde eine verbale Äußerung darstellt, die in keinem direkten Verhältnis zu einem visuellen Reiz steht. Kommunikation ist jedoch mehr als nur Schallwellen, die von einem Mund an ein (anderes) Ohr gelangen; und dabei spielen vielerlei Kompetenzen eine Rolle. Eine davon ist das Hörsehverstehen (KMK 2012: 12). Auch wenn in den Bildungsstandards explizit keine Rede ist von einer bildlichen Auffassungsgabe ist, so sind uns „Bilder omnipräsent und fester Bestandteil des Alltags und des sozialen Lebens von Jugendlichen im In- und Ausland" (Hecke 2010a: 158).
> (Textauszug 6: TRUT_m_2017/18, Version 2)

Der Textauszug (6) zeigt das Bemühen um Einbindung von Quellen (auch wenn hier grammatisch nicht ganz korrekt eingebunden) und den Gebrauch allgemein-wissenschaftlicher bzw. hochsprachlicher Lexik und Bezeichnungen (z.B. *keine visuellen Reize, explizit, verbale Äußerung*) sowie fachdidaktischer Begriffe (z.B. *Hörsehverstehen, Bildungsstandards*), als auch eine differenzierte Zeichensetzung (Komma und Semikolon). Es werden daher bereits einige zentrale Merkmale des wissenschaftlichen Textes umgesetzt. Auch im nächsten Textauszug ist ein differenzierter Umgang mit Zeichensetzung (korrekte Kommasetzung, Einsatz von Gedankenstrichen) und orthographischen Stilmitteln (Kursivierung von Begriffen) feststellbar:

> (7)
> Bilder sind in der heutigen Zeit ein omnipräsentes Phänomen. Immer und überall sind wir dem Medium *Bild*, egal ob in animierter oder in statischer Form, ausgeliefert. Vor allem einer passiven Wahrnehmung sind wir in unserem Alltag ständig ausgesetzt. Daraus folgt eine Art gegebene Bildverarbeitung, die sich jeder Mensch in unserer Gesellschaft angeeignet hat. Doch kann sich wirklich jeder auch kritisch mit einem Bild auseinandersetzen

bzw. verstehen, dass ein Bild – auch wenn es ein Foto ist – niemals die Realität zeigt, sondern immer eine Art der Fiktion ist? Im Folgenden wird auf
die Aussage eingegangen, inwiefern der richtige Einsatz von Bildmaterial
oder die Arbeit mit Bildern im Fremdsprachenunterricht von besonderer Bedeutung sein sollte.

(Textauszug 7: KAHI_w_2017/18, Version 1)

Die Autorin gebraucht Mittel der Textkohäsion wie *daraus folgt* und
im Folgenden, die in wissenschaftlichen Texten häufig verwendet
werden. Das erste kohäsive Mittel *daraus folgt* ist jedoch nicht in-
haltlich-logisch eingesetzt, da das Vorhandensein von Bildern nicht
die automatische Bildverarbeitung bedingt, sondern lediglich diese
anregt bzw. eine Grundlage / Tatsache für die große Bedeutung
von Bildern bildet.

Zeitweise werden in (7) alltagssprachliche Formulierungen
den Texten „beigemischt", hier etwa „egal ob", und unpräzise Bezeichnungen gebraucht, u.a. „gegebene Bildverarbeitung" (im
Sinne von ‚unterbewusst ablaufende Bildverarbeitung'). Im über-
wiegenden Teil der Einleitung werden standardsprachliche, kon-
zeptuell schriftsprachliche Verbkonstruktionen gebraucht (u.a. *etwas ausgesetzt sein, auf etwas eingehen, sich etwas aneignen, von besonderer Bedeutung sein*), was eine lexikalisch-grammatische Unmarkiertheit des Textes sichtbar werden lässt. Der Text ist dennoch zu
stark auf einen fiktiven Rezipienten konzentriert und hat zeitweise
eine Ratgeberfunktion inne (vgl. auch Textauszug 5).

6.4 Feedback der Studierenden zu den Texten

Beim Feedback von Texten werden zwei Arten der Korrektur ersichtlich: Zum einen kann festgestellt werden, dass Kommentare an
den Texten oftmals etwas unspezifisch bleiben, d.h. meist nur eine
Wertung, nicht aber einen Verbesserungsvorschlag oder aber die
konkrete Einordnung, wie bspw. „umgangssprachlich", „schwer
verständlich", „unpräzise" usw., enthalten. Zudem werden selten
Fragen an den Produzenten formuliert. Das untere Beispiel verdeutlicht die Problematik:

Bilder sind in der heutigen Zeit ein omnipräsentes Phänomen. Immer und überall sind wir dem Medium *Bild*, egal ob in animierter oder in statischer Form, ausgeliefert. Vor allem einer passiven Wahrnehmung sind wir in unserem Alltag ständig ausgesetzt. Daraus folgt eine Art gegebene Bildverarbeitung, die sich jeder Mensch in unserer Gesellschaft angeeignet hat. Doch kann sich wirklich jeder auch kritisch mit einem Bild auseinandersetzen [...].

Formulierung etwas missglückt.

(Textauszug 7: KAHI_w2017/2018, Version 1 mit Kommentar)

In der Überarbeitung zeigte sich, dass die Textproduzentin mit dieser Art von Kommentar umgehen konnte, da sie verstanden hatte, was das Problem an der markierten Stelle war. Es gelang ihr die Satzstruktur zu verkürzen und ihre intendierte Aussage in den vorherigen Satz einzubinden.

> (8)
> Arbeit mit Bildern im Fremdsprachenunterricht
> Bilder sind in der heutigen Zeit ein omnipräsentes Phänomen. Immer und überall sind wir dem Medium *Bild*, egal ob in animierter oder in statischer Form, vor Allem passiv ausgeliefert. Darauf folgt eine Art gegebene oder im Laufe der Zeit ausgebildet Bildverarbeitung, die sich jeder Mensch in unserer Gesellschaft mehr oder weniger angeeignet hat.
> (Textauszug 8: KAHI_w2017/2018, Version 2)

Der kommende Textauszug enthält eine Vielzahl von Kommentaren und wurde vom *Peer* sehr gründlich gelesen, allerdings werden kaum Verbesserungsvorschläge vorgenommen. Es fällt schwer, die einzelnen Anmerkungen – die größtenteils durchaus berechtigt sind – inhaltlich nachzuvollziehen.

(9)

Bilder begegnen uns überall in unserem Leben. Täglich werden wir mit ihnen konfrontiert, egal wo wir uns aufhalten; sei es Zuhause, auf der Arbeit, in öffentlichen Verkehrsmitteln, in der Universität, beim Arzt oder beim Einkaufen. Bilder sind für uns etwas Alltägliches. Wir nehmen sie mittlerweile aufgrund ihres häufigen Auftretens wahrscheinlich nur noch unbewusst wahr. Sie sind für uns selbstverständlich und Teil unseres Alltags. Wir kommen deshalb nicht mehr dazu, nach dem Erfassen der Bilder, weiter zu hinterfragen, was diese für uns überhaupt zu bedeuten haben, was sie ausdrücken wollen (vgl. Höpel, 2008, S.64). Gerade Kinder und Jugendliche werden über soziale Netzwerke häufig mit Bildern konfrontiert. Doch nicht nur in ihrem Alltag nimmt die Verwendung und Publikation von Bildern zu. Auch in der Schule werden Schülerinnen und Schüler täglich im Unterricht mit Bildern konfrontiert und müssen mit diesen arbeiten. Dabei findet man Bilder häufig in den Lehrbüchern in Form von Fotos, Zeichnungen oder grafischen Elementen (vgl. Hallet, 2008, S.212). Doch nicht nur in den Büchern, denn „Bilder werden in allen Fächern und in allen Phasen des Unterrichts eingesetzt" (Höpel, 2008, S.60).

Randkommentare:
Titel fehlt.
Absätze fehlen
Gruppe 4 Ausdruck
Repetitiv, redundant
Gruppe 4 Ausdruck
Gruppe 4 Ausdruck
Gruppe 4 Formulierung
Gruppe 4 sollen
Gruppe 4 Absatz
Gruppe 4 Stil
Gruppe 4 Ausdruck

Textauszug 9: LAKE_w_2017/2018, Version 1 mit Kommentaren

Die Lexeme *überall, Alltägliches, häufiges* und *Büchern* wurden mit dem Kommentar ‚Ausdruck' markiert. Die / der Korrektor*in empfindet die Bezeichnungen als nicht dem wissenschaftlichen Stil entsprechend, ggf. als zu umgangssprachlich oder unpräzise, wobei diese Klassifizierung für *häufig* nicht zutrifft. „Wir kommen deshalb nicht mehr dazu" ist als (nicht adäquate) ‚Formulierung' markiert, hier hätte ein Verbesserungsvorschlag formuliert werden können. Der gesamte erste Teil der Einleitung wird als repetitiv beschrieben, was durchaus eine sinnvolle Anmerkung ist. Die letzte Markierung wird als ‚Stil' betitelt: Hier hätte im Grunde der Anschluss des letzten Satzes mit Gedankenstrich erfolgen oder aber dem abschließenden Satz eine verbale Struktur hinzugefügt werden sowie *sondern* anstelle von *denn* gebraucht werden müssen (z.B.

„Doch nicht nur in X treten sie auf, sondern …"). Die Vielzahl der Anmerkungen zeigt einerseits den Handlungsbedarf in Bezug auf das Üben von akademischem Schreiben, andererseits die dringend-erforderliche Präzisierung der Kategorien und das notwendige An-führen von Formulierungshilfen.

Eine weitere Art des Feedbacks im vorliegenden Korpus konnte als „Überkorrektur" identifiziert werden:

(10)

(Textauszug 10: KAST_w_2017/2018, Version 1 mit Kommentaren)

Positiv hervorzuheben ist die Beibehaltung der sachlichen Ebene der Peerkorrektorin, die sowohl auf sprachlicher als auch auf in-haltlicher Ebene kommentiert, nachfragt und Vorschläge unterbrei-tet. Einige umgangssprachliche Formulierungen wie „die Masse an" und „Lebensalltag"[16] werden als solche identifiziert und Ge-genvorschläge unterbreitet: Nicht immer sind die Vorschläge im Sinne des wissenschaftlichen Schreibens. So wird bspw. „die Masse an Bildern" durch „die enorme Anzahl an Bildern" korrigiert, wo-bei *enorm* als umgangssprachlich (vgl. Duden online) einzustufen ist. Hier hätte ein weniger markiertes Adjektiv wie *hohe* oder *große* gewählt werden müssen. Zudem werden einige im Kontext korrekt

---

16   Der Duden schlägt *Alltag* und *Alltagsleben* als standardsprachliche Varianten vor (vgl. www.duden.de).

gebrauchte Bezeichnungen, wie etwa *Untersuchungen*, in Frage gestellt.

Abschließend kann festgestellt werden, dass zahlreiche grammatisch-lexikalische Fehler trotz (mehrfacher) Korrekturen nicht erkannt werden. So bleiben bspw. in den Textauszügen (5) und (6), die bereits aus der überarbeiteten Version 2 des Studierenden stammen, der fehlerhafte Kasus (**in welchen Zusammenhang*) und die Verbdopplung von *ist* im letzten Satz auch nach Peerkorrektur und Überarbeitung erhalten. Weder Korrekturleser*in noch Textproduzent*in haben diese nicht-zielsprachigen Strukturen in der ersten Version erkannt und behoben. Bei der Großzahl der Texte wäre nach der Überarbeitungs- bzw. Reformulierungsphase eine weitere Feedback-Korrekturphase notwendig gewesen.

7.   Modifikationsvorschläge und Fazit

Aus der Analyse der Einleitungen (Version 1 und 2) sowie der Peer-Kommentare können folgende Bedarfe abgeleitet werden:

1.   Bei der Förderung von Schreibprozessen im Hochschulstudium ist die Arbeit mit Kriterienrastern von Vorteil. Diese können anhand von Parallel- bzw. Modelltexten erarbeitet werden. Studierende müssen – ähnlich wie an fremdsprachliche Textsorten – an verschiedene Merkmale des wissenschaftlichen Textes für ihr studiertes Fach herangeführt werden, um formale, sprachliche sowie inhaltliche Kriterien und Umsetzungsmöglichkeiten kennenzulernen. Auf formaler Ebene (z.B. Umgang mit Quellen, Aufbau der Arbeit, Fußnotenhinweise usw.) hat der Großteil der in unserem Setting untersuchten Studierenden die wissenschaftlichen Standards erfüllt. Sprachlich und inhaltlich gibt es aber noch Handlungsbedarf, woraus sich der folgende Absatz zur Sprachreflexion ableitet.

2. Sprachreflexionsprozesse müssen angestoßen und vertieft werden. Das heißt u.a., dass Wissenschaftssprache systematisch und sukzessiv im Rahmen von Schreibprozessen analysiert und diskutiert wird. Es gilt, eigene (umgangssprachliche) Sprachstrukturen in der Schriftsprache zu erkennen und zu reflektieren. Es empfiehlt sich, Schreibprozesse mit Hilfe von Modelltexten und durch das Training von Sprachmustern (z.B. Umformulieren im Nominalstil) zu fördern. Zudem beinhaltet der Reflexionsprozess die präzise Verwendung von Konzepten und Begriffen.

3. Evaluationsprozesse (Autoevaluation und Fremdevaluation / Feedback) im Hochschulstudium müssen angeleitet werden. Hierbei sind einerseits konkrete Fragestellungen zu den Texten seitens der Textproduzent*innen verfassen zu lassen, die anschließend von den Peers direkt beantwortet werden oder aber hinsichtlich derer die jeweiligen Texte evaluiert werden. Des Weiteren muss anhand verschiedener Kriterien evaluiert werden, d.h. die Evaluation ist kleinschrittig zu vollziehen (formale Korrektur, grammatisch-lexikalische Korrektur gekoppelt an die inhaltliche Korrektur, stilistische Korrektur). Außerdem müssen Studierenden für den Unterschied zwischen Sach- und Beziehungsebene sensibilisiert werden und eine adäquate Wortwahl üben, das beinhaltet u.a. das Formulieren von Kommentaren (im Sinne eines positiven und nicht eines defizitorientierten Feedbacks) in Word- oder PDF-Dokumenten.

4. Das Feedback durch einen Peer sollte im Idealfall durch eine weitere Person geprüft werden. Das Feedback muss anschließend mit der / dem Textproduzent*in besprochen werden, ggf. sollte eine weitere Feedback-Korrekturphase eingeplant werden.

Die systematische Förderung des wissenschaftlichen Schreibens ist ein Desiderat, das eine Vielzahl von Fächern und Bereichen betrifft und nicht allein den Schreibzentren überlassen werden darf / kann. Schreibkompetenz, i.e.S. die Unterscheidung zwischen (konzeptueller) Mündlichkeit und Schriftlichkeit sowie das im vorliegenden Artikel diskutierte wissenschaftliche Schreiben, als Teil von

Textkompetenz sollte spiralförmig-progressiv und regelmäßig in den Studiengängen – u.a. im Hinblick auf die obligatorischen Abschlussarbeiten, aber auch mit Bezug zu späteren Handlungsfeldern – gefördert werden. Es konnte gezeigt werden, dass Lehramtsstudierende des Faches Französisch im Bachelorstudium noch zahlreiche Schwierigkeiten mit dem strukturiert-inhaltlichen Verfassen von Texten sowie sprachlich-adäquaten Formulierungen haben und dass der präzise Gebrauch wissenschaftlicher Konzepte sich als schwierig darstellt. Zudem sind das Kommentieren von Peer-Texten auf sachlicher Ebene sowie die Evaluation der selbigen nach unterschiedlichen Kriterien keine Selbstläufer, sondern müssen ebenso geübt werden. Insbesondere die Anleitung und Unterstützung von Textproduktionen sowie die Evaluation von Texten sind für das Handlungsfeld von Lehrkräften – also für Lehramtsstudierende – von zentraler Bedeutung.

Bibliographie

CIRKO, Lesław. 2013. „Deutsch als Sprache der Wissenschaft aus der Sicht eines Auslandsgermanisten". In: DAAD & Goethe Institut & Institut für Deutsche Sprache. edd. *Deutsch in den Wissenschaften. Beiträge zu Status und Perspektiven der Wissenschaftssprache Deutsch*. München: Klett-Langenscheidt, 72–77.

EHLICH, Konrad & STEETS, Angelika. 2003. „Einleitung". In: dies. edd. *Wissenschaftlich schreiben – lehren und lernen*. Berlin & New York: Walter de Gruyter, 1-9.

EHLICH, Konrad. 2003. „Universitäre Textarten, universitäre Struktur". In: Ehlich, Konrad & Steets, Angelika. edd. *Wissenschaftlich schreiben – lehren und lernen*. Berlin & New York: Walter de Gruyter, 13-28.

ELBOW, Peter. 2000. *Everyone can write. Essays toward a hopeful theory of writing and teaching writing*. New York: Oxford University Press.

FEILKE, Helmuth & STEINHOFF, Torsten. 2003. „Zur Modellierung der Entwicklung wissenschaftlicher Schreibfähigkeiten". In: Ehlich, Konrad & Steets, Angelika. edd. *Wissenschaftlich schreiben – lehren und lernen*. Berlin & New York: Walter de Gruyter, 112-128.

FEILKE, Helmuth. 2012. „Was sind Textroutinen? Zur Theorie und Methodik des Forschungsfeldes". In: FEILKE, Helmuth & LEHNEN, Katrin. edd. *Schreib- und Textroutinen. Theorie, Erwerb und didaktisch-mediale Modellierung*. Frankfurt a.M.: Peter Lang, 1-31.

HEINE, Carmen. 2012. „Prozessansatz im traditionell produktorientierten ‚Academic Writing' Textproduktionsunterricht. In: Knorr, Dagmar & Verhein-Jarren, Annette. edd. *Schreiben unter Bedingungen von Mehrsprachigkeit*. Frankfurt a.M.: Peter Lang, 99-116.

HONEGGER, Monique & SIEBER, Peter. 2012. „Schreibkompetenz von mehrsprachigen Lehramtsstudierenden. Die Schulsprache als Knackpunkt." In: Knorr, Dagmar & Verhein-Jarren, Annette. edd. *Schreiben unter Bedingungen von Mehrsprachigkeit*. Frankfurt a.M.: Peter Lang, 35-49.

KAISER, Dorothee. 2002. *Wege zum wissenschaftlichen Schreiben. Eine kontrastive Untersuchung zu studentischen Texten aus Venezuela und Deutschland*. Tübingen: Stauffenburg.

KAISER, Dorothee. 2010. „Wissenschaftliche Textsortenkompetenz für deutsche und internationale Studierende". In: BRANDL, Heike & DUXA, Susanne & LEDER, Gabriela & RIEMER, Claudia. edd. *Ansätze zur Förderung akademischer Schreibkompetenz an Hochschulen. Fachtagung 2. – 3. März 2009 an der Universität Bielefeld*. Göttingen: Universitätsverlag Göttingen, 11-26.

KNORR, Dagmar. 2012. „Textkommentierungen. Formen und Funktionen". In: Knorr, Dagmar & Verhein-Jarren, Annette. edd. *Schreiben unter Bedingungen von Mehrsprachigkeit*. Frankfurt a.M.: Peter Lang, 75-98.

KRUSE, Otto. 2003. „Schreiben lehren an der Hochschule: Aufgaben, Konzepte, Perspektiven". In: Ehlich, Konrad & Steets, Angelika. edd. *Wissenschaftlich schreiben – lehren und lernen*. Berlin & New York: Walter de Gruyter, 95-111.

KRUSE, Otto. 2016. „Wissenschaftliches Schreiben forschungsorientiert unterrichten". In: HIRSCH-WEBER, A. & SCHERER, S. edd. Wissenschaftliches Schreiben in Natur- und Technikwissenschaften. Wiesbaden: Springer Spektrum, 29-54.

NEUMANN, Uwe. 1997. „Rhetorisches Grundwissen als allgemeines wissenschaftliches Ausbildungsziel". In: JAKOBS, Eva-Maria & KNORR, Dagmar. edd. *Schreiben in der Wissenschaft*. Frankfurt a. M. u.a.: Lang, 159-168.

NESI, Hilary & GARDNER, Sheela. 2012. *Genres Across the Disciplines. Student Writing in Higher Education*. Cambridge: Cambridge University Press.

SCHINDLER, Kirsten. 2012. „Texte im Studium schreiben und gegenseitig beurteilen. Akademische Textkompetenzen bei Lehramtsstudierenden." In: Knorr, Dagmar & Verhein-Jarren, Annette. edd. *Schreiben unter Bedingungen von Mehrsprachigkeit*. Frankfurt a.M.: Peter Lang, 51-74.

TRAPPEN, Stefan. 2002. „Repertoires öffnen. Ein Rhetorik-Modell für Schreibtrainings." In: Perrin, Daniel & Kruse, Otto & Böttcher, Ingrid & Wrobel, Arne. edd. *Schreiben. Von intuitiven zu professionellen Schreibstrategien*. Wiesbaden: Westdeutscher Verlag, 169-182.

Internetquellen

Dudenredaktion (online): www.duden.de. Zugriff: 04.02.2020.

Der Workshop – die etwas andere Simulation im Lehramtsstudium

Aline Willems

1. Allgemeine theoretische Verortung

Die Anzahl an Definitionen, was eine gute Fremdsprachenlehrkraft ausmache, sind mannigfaltig (vgl. bspw. Hallet 2006, Krechel 2014, Frey 2014) und genau wie Lehr- und Lernmethoden dem Wandel der Zeit unterworfen. Unabhängig davon, ob sich die entsprechenden Ausführungen an Weinerts Kompetenzmodell anlehnen oder vor dessen Publikation verfasst wurden, lassen sich die aktuell verwendeten Modelle immer noch mit der von Shulmann (1986)[1] spezifizierten Trias aus a) Fachwissen, b) fachdidaktischem Wissen und Können sowie c) pädagogisch-psychologischem Wissen und Können beschreiben, die sich bis heute im Aufbau des (fremdsprachlichen) Lehramtsstudiums in Deutschland und den zugrundeliegenden Richtlinien der Kultusministerkonferenz (nachfolgend KMK) widerspiegelt (vgl. u.a. KMK 2019a, KMK 2019b). Eine dieser Bestimmungen stellen die *Ländergemeinsame[n] inhaltliche[n] Anforderungen für die Fachwissenschaften und Fachdidaktiken in der Lehrerbildung* (KMK 2019a) dar, in welchen die Themengebiete festgelegt werden, mit denen sich die angehenden Lehrkräfte im Rahmen ihres Studiums auseinandersetzen sollten und hinsichtlich derer sie

---

[1] In diesem Zusammenhang sei angemerkt, dass Shulmann (1986) mit der Argumentation für diese drei Säulen der Lehrkompetenz massiv auf eine Stärkung der Fachwissenschaften drängt, die in den 1980er Jahren zur Erlangung von Lehrer*innenzertifikaten in den USA weitgehend in den Hintergrund gerückt waren. Des Weiteren benennt er die Einzelkategorien der Trias als *content knowledge, pedagogical content knowledge* und *curricular knowledge*, die er untereinander in Beziehung setzt und die in der aktuellen Rezeption seiner Thesen für den deutschen Schulraum wie hier im Fließtext verwendet übersetzt werden (vgl. u.a. Rutsch et al. 2018, 12).

bei Eintritt in den Vorbereitungsdienst über „grundlegende Kompetenzen" verfügen sollten (KMK 2019a, 3). Im Hinblick auf die Fachdidaktiken der Fremdsprachen sieht die KMK Folgendes vor:

- Theorien des Sprachlernens und individuelle Voraussetzungen des Spracherwerbs [FD 1][2] auch unter Berücksichtigung migrationsbedingter Mehrsprachigkeit und interkultureller Kontexte [FD 2]
- Fachdidaktische Diagnoseansätze, Lernstandserhebung [FD 3] und darauf basierende Förderkonzepte [FD 4]
- Theorie und Methodik des kommunikativen Fremdsprachenunterrichts [FD 5]
- ziel-, schüler- und fachgerechte Planung, Durchführung und Reflexion kompetenzorientierten Fremdsprachenunterrichts [FD 6] unter Berücksichtigung individueller Förderbedarfe in heterogenen Lerngruppen [FD 7]
- Theorien, Ziele und Verfahren des sprachlichen und interkulturellen Lernens und deren Umsetzung im Unterricht [FD 8]
- Literatur-, text-, kultur- und mediendidaktische Theorien, Ziele und Verfahren [FD 9]
- Fachdidaktische Besonderheiten im jeweiligen Fremdsprachenunterricht [FD 10]
- Anforderungen an bilinguales Lernen und Lehren [FD 11]
- Konzepte, Medien und Methoden des inklusiven Fremdsprachenunterrichts [FD 12]
- Formen der unterrichtlichen Kooperation mit sonderpädagogisch qualifizierten Lehrkräften und sonstigem pädagogischen Personal bei der Planung, Durchführung und Reflexion inklusiven Unterrichts [FD 13]
- fachlich fundierte Textkompetenz als Basis für die Auswahl und Didaktisierung authentischer Texte im Unterricht und für die Entwicklung textbasierter Aufgaben [FD 14] (KMK 2019a, 46)

Da die beiden KMK-Papiere (KMK 2019a & b) „eine Grundlage für die Akkreditierung und Evaluierung von lehramtsbezogenen Studiengängen bilden" (KMK 2019a, 2), finden sich die obigen Angaben in den meisten aktuellen Modulhandbüchern fremdsprachlicher Lehramtsstudiengänge in vergleichbarer Form abgebildet,[3] so

---

[2] Um nachfolgend stets Bezug auf die einzelnen Aspekte der KMK-Vorgaben nehmen zu können, wurden diese durch die Autorin gelabelt. Die Labelung entstammt nicht dem Original.

[3] Die älteste Fassung der *Ländergemeinsame[n] inhaltliche[n] Anforderungen für die Fachwissenschaften und Fachdidaktiken in der Lehrerbildung* datiert von 2008 und wurde zunächst 2017 um inklusionsspezifische Fragestellungen erweitert. Somit ist es durchaus möglich und auch sehr wahrscheinlich, dass ein Großteil der

dass die inhaltliche Ausgestaltung der fachdidaktischen universitären Lehre (und Prüfungen) als umfassend geregelt betrachtet werden kann.

Gleichzeitig muss festgehalten werden, dass die tatsächliche didaktische Kompetenz (vgl. bspw. Viebrock 2018, 51, Grimm & Meyer & Volkmann 2015, 19, Müller-Hartmann & Schocker-von Ditfurth 2004, 14, Hallet 2006, 27) bzw. die professionelle Handlungskompetenz von Lehrkräften (vgl. u.a. Voss et al. 2015, 180, Franz & Wacker & Heyl 2018, 49-56) einerseits durch individuelle lernbiografische Erfahrungen vorgeprägt ist und andererseits während aller Phasen der Lehramtsaus- und -weiterbildung ausgebaut werden sollte. Dabei muss ein potentiell vorhandener Oberflächenzugang des Lernens (*surface learning approach*; vgl. dazu und im Folgenden u.a. Marton & Själjö 1976a & b, Biggs & Tang 2011, 24-27) nicht zuletzt gemäß universitärem Selbstverständnis in einen Tiefenzugang des Lernens (*deeper learning approach*) überführt werden, auch wenn an einigen Hochschulen immer noch eine deutliche Zahl an Studienleistungen und Modulabschlussprüfungen in den Bachelor- und Masterstudiengängen durch ihre Konstruktionsweise des Abfragens ‚oberflächlicher' Daten und Fakten den Hang von Studierenden zum *surface learning approach* verstärkt (vgl. u.a. Hattie 2015, 80). Der Unterschied dieser beiden Ansätze lässt sich vergleichbar zu anderen bekannten Lernzieltaxonomien[4] mit unterschiedlichen Operatoren verdeutlichen.

---

derzeit gültigen Modulhandbücher noch auf der Fassung von 2008 bzw. bestenfalls von 2017 beruht, aber die momentan aktuelle Version von 2019 noch auf ihre Implementierung an den deutschen Hochschulen wartet. Wenngleich online nur noch die KMK 2019a-Version verfügbar ist, liegt der Autorin das Vorgängerdokument vor: Die Fassungen von 2019 und von 2017 sind fast identisch – lediglich FD 14 wurde neu hinzugefügt.

[4]   Die bekannteste Lernzieltaxonomie ist diejenige einer US-amerikanischen Arbeitsgruppe, benannt nach ihrem Vorsitzenden Benjamin Bloom, die erstmals 1956 veröffentlich wurde. In den nachfolgenden Jahrzehnten wurde diese Taxonomie mehrfach weiterentwickelt bzw. entstanden Gegenvorschläge. Für eine allgemeine Einführung in Lernzieltaxonomien s. auch Anderson (2010), für einen Vergleich der Taxonomien Blooms und Marzanos vgl. bspw. Irvine (2017).

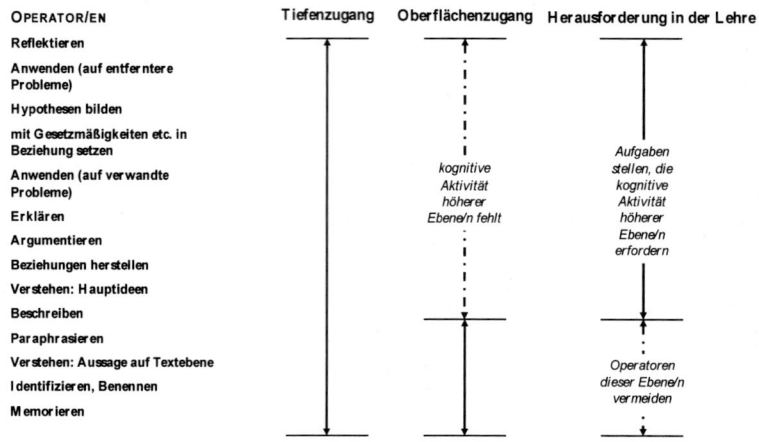

Abb. 1:   **Kognitive Ebene/n des Lehrens und Lernens (in Anlehnung an Biggs & Tang 2011, 46)**

Nun wird damit jedoch noch nicht die Frage beantwortet, wie Aufgaben gestaltet sein könnten bzw. sollten, um einen Tiefenzugang des Lernens zu ermöglichen. Biggs & Tang (2011) geben dazu eher allgemeine Hinweise, die sich in ähnlicher Art und Weise in zahlreichen anderen Publikationen zu erfolgreichem Lehren und Lernen finden lassen, jedoch an dieser Stelle exemplarisch angeführt werden, weil sie den universitären Lehr- / Lernalltag durchaus anschaulich abbilden können und es ermöglichen, die eigene Lehre checklistenartig daran zu reflektieren. Zum einen gilt es, sowohl auf Seite der Lernenden als auch der Lehrenden, Verhaltensweisen zu reduzieren bis bestenfalls zu vermeiden, die einen ausschließlichen Oberflächenzugang des Lernens unterstützen können:

1. From the student's side:
   - an intention only to achieve a minimal pass. Such may arise from a 'meal ticket' view of university or from a requirement to take a subject irrelevant to the student's programme [SL_S1][5];
   - non-academic priorities exceeding academic ones [SL_S2];
   - insufficient time; too high a workload [SL_S3];

---

[5]   Um nachfolgend Bezug zu den einzelnen Aspekten nehmen zu können, wurden diese durch die Autorin gelabelt. Die Label finden sich nicht im Original.

- misunderstanding requirements, such as thinking that factual recall is adequate [SL_S4];
- a cynical view of the subject topic and/or of the teaching context itself [SL_S5];
- high anxiety [SL_S6];
- genuine inability to understand particular content at a deep level [SL_S7].

2. From the teacher's side:
- teaching piecemeal by bullet lists, not bringing out the intrinsic structure of the topic or subject. (We hasten to add that some bullet lists, like these two here, for instance, are OK[...]) [SL_T1];
- assessing for independent facts, which is almost inevitably the case when using short answer and multiple-choice tests [SL_T2];
- teaching, and especially assessing, in a way that encourages cynicism: for example, 'I hate teaching this section, and you're going to hate learning it, but we've got to cover it' [SL_T3];
- providing insufficient time to engage the tasks; emphasizing coverage at the expense of depth [SL_T4];
- creating undue anxiety or low expectations of success: 'Anyone who can't understand this isn't fit to be at university' [SL_T5].

(Biggs & Tang 2011, 25f.)

Zum anderen heißt es, diejenigen Faktoren zu erhöhen, die den Studierenden einen Tiefenzugang des Lernens ermöglichen:

1. From the student's side:
- an intention to engage the task meaningfully and appropriately. Such an intention may arise from an intrinsic curiosity or from a determination to do well [DL_S1];
- appropriate background knowledge and a well-structured knowledge base [DL_S2];
- the ability to focus at a high conceptual level, working from first principles [DL_S3];
- a genuine preference for working conceptually rather than with unrelated detail [DL_S4].

2. From the teacher's side:
- teaching in such a way as to explicitly bring out the structure of the topic or subject [DL_T1];
- teaching to elicit an active response from students, e.g. by questioning, presenting problems for them to solve, rather than teaching to expound information [DL_T2];
- teaching by building on what students already know [DL_T3];
- confronting and eradicating students' misconceptions [DL_T4];
- assessing for structure rather than for independent facts [DL_T5];

- teaching and assessing in a way that encourages a positive learning atmosphere, so students can make mistakes and learn from them [DL_T6];
- emphasizing depth of learning, rather than breadth of coverage [DL_T7];
- in general, and most importantly, using teaching and assessment methods that support the explicit aims and intended outcomes of the course [DL_T8].

(Biggs & Tang 2011, 26f.)

Sicher könnten diese Listen basierend auf weiteren Forschungser-gebnissen und Erfahrungen von Lehrenden sowie Lernenden an Hochschulen fortgeführt werden – den Gedanken der Leser*innen seien an dieser Stelle keine Grenzen gesetzt.

Weitere Lösungsvorschläge zur Ausgestaltung einer den Tie-fenzugang fördernden universitären Lehre finden sich bspw. bei Hattie (2015), der darin die Hauptergebnisse seiner bisherigen Meta-Analysen zum *Visible Learning* in Bezug auf die Kohorte der Lernenden im Studierendenalter vorstellt.[6] Neben den hier bereits ausgeführten Argumenten zum Oberflächen- und Tiefenzugang weist der Autor darauf hin, dass die Anzahl der Teilnehmer*innen an einer Lehrveranstaltung einen vergleichsweise geringen Ein-fluss auf den Lernerfolg habe, und dass es stattdessen wesentlich wichtiger sei, dass Studierende diejenigen Texte oder Videos – be-sonders beliebt im Zeitalter des *Flipped Classroom* –, die eine Prä-senzsitzung inhaltlich vorbereiten sollen, auch tatsächlich rezipie-ren sowie eventuell während der Veranstaltung angefertigte Mit-schriften im Nachhinein durcharbeiten (Hattie 2015, 84).[7] Kurzum,

---

[6] Da die *Visible Learning* Mega-Analysen auf Testpersonen im Alter zwischen 4 und 25 Jahren basieren (vgl. Hattie 2015, 79), sollten die Ergebnisse nicht ohne eine Berücksichtigung des Alters der Kohorten in den zugrundeliegenden Meta-Analysen auf den universitären Alltag übertragen werden, wenngleich der Au-tor selbst äußert, dass die Ergebnisse der unterschiedlichen Alterskohorten sehr ähnlich seien (Hattie 2015, 80). Gleichzeitig fallen in Hattie (2015) einige Aspekte weg, die für Lehrende und Lernende im schulischen Kontext ggf. von Interesse sein könnten: Für eine vertiefende Beschäftigung mit Hatties Studien vgl. bspw. Hattie (2009), Hattie & Yates (2014), Hattie & Zierer (2019), für kritische Anmer-kungen v.a. zu Hattie (2009) vgl. u.a. De Florio-Hansen (2014), Wecker & Vogel & Hetmanek (2017), Schulmeister & Loviscach (2015).

[7] Zwar muss eingeräumt werden, dass die Meta-Analyse (Henk & Stahl 1985), welche dem bloßen Anfertigen von Mitschriften eine Effektstärke von d = 0,34

es ist für den Lernerfolg von besonderer Bedeutung, dass die Studierenden in der Vor- und Nachbereitung jeder einzelnen Sitzung ihre Hausaufgaben gewissenhaft erledigen. Jedoch zeigen Ergebnisse eigener Evaluationsbefragungen und Erfahrungen zahlreicher anderer Hochschullehrender, dass dies heute nicht unbedingt die Regel ist. Ebenso belegen diese Erfahrungen, dass hervorragende inhaltliche Diskurse in Lehrveranstaltungen entstehen können, wenn die Hausaufgaben bearbeitet wurden. Gleichzeitig gilt es natürlich zu bedenken, dass die Arbeitsbelastung für eine Veranstaltung dabei nicht zu hoch angesetzt werden sollte, denn schließlich besuchen die Studierenden eine gewisse Anzahl pro Woche (vgl. z.B. SL_S3). In den Augen der Autorin hat es sich in der Vergangenheit häufig als vorteilhaft erwiesen, den Studierenden zu Beginn eines jeden Semesters die Möglichkeit zu geben, sich neue Lesetechniken anzueignen bzw. bereits bekannte aufzufrischen. Wenngleich eigentlich davon ausgegangen werden sollte, dass die Studierenden aus der eigenen Schulzeit und aus Einführungsveranstaltungen zu Beginn ihres Studiums über eine ausreichende Anzahl entsprechender Techniken und Strategien verfügen, melden auch gute Studierende immer wieder zurück, dass eine entsprechende (Wieder-)Bewusstmachung bzw. das Ausprobieren neuer Techniken für sie sehr hilfreich war und ihnen Wege aufzeigt, die Inhalte einmal gelesener Texte wieder abrufen zu können, anstatt vor bunt markierten Ausdrucken / Kopien zu sitzen, ohne sich erinnern zu können, welche Aussagen das Dokument beinhaltet (vgl. ebf. DL_T3, DL_T8). Darüber hinaus hat die Ausweitung des individuellen Lesetechnik-Repertoires den Vorteil, dass die Lehramtsstudierenden unabhängig von ihre/n jeweilige/n

---

beim Wiederabrufen der Informationen, dem Wiederholen dieser jedoch d = 1,56 zuweist, bereits mehrere Jahrzehnte alt ist und lediglich auf sieben Einzelstudien beruht, die sehr hohe Effektstärke lässt jedoch trotzdem die Annahme zu, dass das Durcharbeiten der eigenen Notizen einen positiven Einfluss auf den Lernerfolg hat. Henk und Stahl verglichen dabei ebenso, ob ein Unterschied vorliegt, wenn die Notizen selbständig angefertigt wurden oder die Aufzeichnungen der / des Lehrenden zum Wiederholen genutzt wurden und konnten zeigen, dass die eigenen Mitschriften einen wesentlich höheren Lernerfolg in Aussicht stellten.

Zielfremdsprache/n darauf vorbereitet werden, später im Unterricht ebenfalls umfangreiches entsprechendes Wissen bzw. Lesestrategien vermitteln zu müssen, denn die aktuellen Lehrwerke beinhalten stets eine kleine Auswahl, die es bei der Bearbeitung einzelner Übungen konkret anzuwenden gilt.

Die Ergebnisse Hatties (2015, 86f.) betrachtend, sollte des Weiteren die Rolle von Feedback[8] im Lernprozess nachhaltig unterstrichen werden. Gleichzeitig weist der australische Wissenschaftler aber auch darauf hin, dass alle Ergebnisse seiner Mega-Analysen jeweils vor dem Hintergrund rezipiert werden sollten, dass „about 50% of the variance in learning is a function of what the student brings to the lecture room or classroom", während etwa 20-25% der Gesamtlernvarianz durch die Gruppe der Lehrer*innen verursacht werden und die verbleibenden Varianzquellen auf Peer-Effekte, strukturelle Gegebenheiten und die Institutsleitung zurückgeführt werden können (Hattie 2015, 87f.). Dabei umfassen die Dinge, die Lernende unweigerlich mitbringen, all ihre „physical, mental, and spiritual prerequisites" (Hattie & Zierer 2019, 27), auf die die Lehrenden nur einen bedingten Einfluss nehmen können – obschon die aktuellen Erkenntnisse der Resilienzforschung[9] Lehrer*innen Mut machen sollten, ihre individuellen Einflussmöglichkeiten jenseits der Inhalte des Fachunterrichts nicht zu unterschätzen (vgl. bspw. Rönnau-Böse & Fröhlich-Gildhoff 2015, 72-134).

In dieselbe Richtung argumentieren Hattie und Zierer, die das zugehörige Kapitel zum Einfluss der Lehrperson auf den Lernerfolg von Schüler*innen mit „What really matters: Teachers and

---

[8] Eine umfangreiche Darstellung der *Visual Learning* Aussagen zu Feedback mit zahlreichen Hinweisen zur Umsetzung im Schulunterricht findet sich bspw. bei Wisniewski & Zierer (2018).

[9] Unter Resilienz wird „die psychische Widerstandsfähigkeit gegenüber biologischen, psychologischen und psychosozialen Entwicklungsrisiken" (Wustmann Seiler 2016, 18) verstanden. Dabei ist „[d]as Konstrukt Resilienz [...] ein dynamischer oder kompensatorischer Prozess positiver Anpassung bei ungünstigen Entwicklungsbedingungen und dem Auftreten von Belastungsfaktoren. Charakteristisch für Resilienz sind außerdem ihre variable Größe, das situationsspezifische [sic!] Auftreten und die damit verbundene Multidimensionalität" (Fröhlich-Gildhoff & Rönnau-Böse 2015, 13). Für eine umfangreiche Einführung in die Resilienzforschung vgl. bspw. Fröhlich-Gildhoff & Rönnau-Böse (2015).

their passion" überschreiben (Hattie & Zierer 2019, 91 bzw. 91-101). In diesem Zusammenhang definieren sie ihr Untersuchungsfeld ‚Lehrkraft' analog zur eingangs genannten Trias Shulmanns als „all those factors that analyze the competences and attitudes of teachers regarding subject matter, and didactic and pedagogical aspects" (Hattie & Zierer 2019, 92). Während Shulmann und seine Anhänger den Wert der Fachkenntnisse der Lehrer*innen (erneut) in den Vordergrund zu rücken suchten, weisen die Hattie-Studien diesem Bereich lediglich eine gewichtete Effektstärke[10] von d = 0,10 und damit einen sehr geringen Einfluss[11] auf den Lernerfolg der Schüler*innen zu (vgl. Hattie & Zierer 2019, 93f. und Anhang „Teacher" s.p.). Zwar liegen diesen Berechnungen drei Meta-Analysen mit insgesamt 124 Einzelstudien zugrunde, was im Vergleich zu zahlreichen anderen Faktoren der Hattie-Studien als durchaus repräsentativ zu bewerten ist, aber die beiden Verfasser räumen selbst ein, dass in diesen Studien nicht das Zusammenspiel der Shulmann-Trias untersucht wurde, sondern nur die Fachkenntnisse als Einzelaspekte, was an sich noch keine gute Lehrkraft ausmache (vgl. hier und im Folgenden Hattie & Zierer 2019, 94). Sie untermauern ihre Argumentation damit, dass das Lehramtsstudium selbst, in dem es nach ihrer Definition vornehmlich um fachliche Inhalte gehe, ebenfalls nur eine Effektstärke von d = 0,12 aufweise. Demgegenüber weist das Micro-Teaching, an welches das später beschriebene Workshopkonzept eng angelehnt ist, die höchste Ef-

---

[10] Einer der zahlreichen Kritikpunkte an Hattie (2009) ist, dass die angegebenen Effektstärken schwer im Hinblick auf ihre Verlässlichkeit geprüft werden konnten, da sie lediglich den Mittelwert der Effektstärken der betrachteten Meta-Analysen darstellten. Um dem zu begegnen, sind in Hattie & Zierer (2019) jeweils zusätzlich die gewichteten Effektstärken mit ausgewiesen (vgl. Hattie & Zierer 2019, 17-24).

[11] Bei der Interpretation dieser Mega-Analyse wird erst von einem tatsächlichen Einfluss ab einer Effektstärke von d = 0,40 und höher ausgegangen, weil d = 0,40 den Durchschnitt aller in die Berechnung eingeflossenen Effektstärken darstellt (vgl. Hatttie & Zierer 2019, 18f., Hattie 2009, 18-21). Leider werden keine Angaben dazu gemacht, warum sich dieser Durchschnittswert zwischen der Publikation von 2009, in welche 800+ Meta-Analysen eingegangen sind, im Vergleich zu den Ergebnissen von 2019, welche auf inzwischen über 1400 Meta-Analysen basieren, nicht verändert hat.

fektstärke im Untersuchungsfeld ‚Lehrkraft' mit einem gewichteten d = 1,01 bzw. ungewichtet d = 0,88 auf (vgl. Hattie & Zierer 2019, Anhang „Teacher" s.p.). Darum soll das Modell des Micro-Teaching zunächst in Kapitel 2 in einem Exkurs beleuchtet werden, bevor auf das Workshopkonzept der Autorin ab Kapitel 3 näher eingegangen wird.

2. Micro-Teaching: Erfolgsfaktor nach Hattie, aber keineswegs neu

Die Vorgehensweise, angehende Lehrkräfte mit einer reduzierten Anzahl von Schüler*innen in einem mehr oder weniger geschützten Rahmen – also jenseits des alltäglichen Schulunterrichts – zu konfrontieren, damit sie die Gelegenheit erhalten, in vereinfachter Form Lehrkompetenzen zu entwickeln, kann in Deutschland auf die Gründung der entsprechenden Seminare zur Lehramtsausbildung nach preußischem Vorbild im ersten Drittel des 19. Jahrhunderts zurück geführt werden (vgl. Eisenlohr 1840, 10-21). Aus heutiger Perspektive könnte das Micro-Teaching als direkte Weiterentwicklung des Vorgehens an Studienseminaren unter Einbezug der seinerzeit innovativen Technik des tragbareren Videorecorders (vgl. Olivero & Brunner 1973, 10f.) verstanden werden, denn es lässt sich folgendermaßen definieren: die Durchführung einer zehn- bis dreißigminütigen Unterrichtssequenz mit einer Gruppe von vier bis zehn Schüler*innen, um gezielt einzelne *teaching skills* zu erlernen bzw. weiter zu entwickeln, indem die videografierte Einheit im Anschluss selbst reflektiert und in einem Feedback-Gespräch mit Kommiliton*innen und einer/m Supervisor*in diskutiert wird (vgl. Olivero & Brunner 1973, 9). Dabei würde man jedoch die Vorgeschichte der Micro-Teaching-Idee, welche im Rahmen des *Stanford Teacher Education Program* angesiedelt ist (vgl. hier und im Folgenden Allen & Ryan 1974, 27f.), ignorieren und die Beweggründe zur Einführung des Micro-Teaching fehlinterpretieren: Das o.g. einjährige Programm schloss sich an das erste Staatsexamen an, bevor die angehenden Lehrkräfte als Referendar*innen eigenverantwortlichen Unterricht an höheren Schulen gestalten durften. Zeitgenoss*innen berichten jedoch vielfach, dass die Einstellung der Lehramtsanwärter*innen zum Lernprozess bzw. ihrem eigenen Lernbedarf suboptimal gewesen sei, so dass die Verantwortlichen in Stanford einen neuen Ansatz entwickelten und testeten: die Demonstrationsunterrichtsstunde (*demonstration teaching lesson*). Der Gedanke war: „Konnten wir eine Situation stellen, die schockierend genug wäre, um die Komplexität des Unterrichtens noch zu unterstreichen, und auf diese Weise in den Lehreranwärtern das Verlangen danach zu wecken, Unterrichtstechniken zu erlernen?" (Allen & Ryan 1974, 28). Es gelang ihnen, indem sie eine kurze Lehrsituation kreierten, in der vier andere Studierende mittels Rollenkarten Schüler*innen spielten, die die Lehrperson zum Scheitern brachten. Die Situation wurde noch durch die Raumgestaltung verstärkt, so dass die Entwickler berichten:

> Die Demonstrationsunterrichtsstunde übertraf unsere schönsten und abwegigsten Erwartungen. Die meisten Studenten versagten kläglich. Einige [F]ähige [hier: aus den oberen 5% der Kohorte] brachen in Tränen aus. Das Versagen tat weh [...]. Als Einübung in Demütigkeit war die Demonstrationsunterrichtsstunde ein voller Erfolg. (Allen & Ryan 1974, 28f.)

Ebenso wie der / dem heutigen Leser*in dieses Vorgehen aus ethischer und lernpsychologischer Perspektive mitunter fragwürdig erscheinen mag, stellte man auch zu Beginn der 1960er Jahre in Stanford fest, dass die tatsächlichen Lernerfolge im Hinblick auf die *teaching skill*s der Lehramtsanwärter*innen damit nicht erzielt werden konnten, unter anderem weil die Nachbesprechungen häufig zu „Wortschlachten" zwischen Supervisor*in und Kandidat*in ausuferten, denn „[e]ntweder sah der Kandidat nicht, was vor sich ging, oder er wollte es nicht erkennen" (Olivero & Brunner 1973, 10).

Aus diesem Dilemma und dem Wissen, dass auf der Funkausstellung in Berlin 1961 der erste ‚tragbare' Videorecorder[12] präsentiert worden war (vgl. bspw. Stiftung Radiomuseum Luzern s.a.),

---

[12] Der Optacord 500 gleicht in seinen Abmessungen von 700 x 985 x 685 mm und einem Gewicht von 138kg eher einem heutigen großen Kopiergerät mit aufgesetztem Röhrenmonitor als den später eingesetzten VHS-Geräten (vgl. bspw. Stiftung Radiomuseum Luzern s.a.).

wodurch es möglich wurde, Videoaufzeichnungen über einen unmittelbar eingebauten Monitor wiederzugeben, erwuchs die Idee,
einen gemeinsamen Bezugsrahmen zwischen den Gesprächspar-
teien zu schaffen, indem man die Unterrichtssituation videografierte und anschließend gemeinsam anschaute (vgl. hier und im
Folgenden Olivero & Brunner 1973, 10f.). Darüber hinaus entwickelten weitere fortgeschrittene Studierende in Stanford alternative
Konzepte, mittels derer der Videorecorder zu einem Ausbau der
teaching skills der Lehramtskandidat*innen genutzt werden konnte.
Daraus entstand das eingangs beschriebene Modell des Micro-
Teaching, welches rasch auch in der allgemeinen Lehramtsausbildung in Europa Fuß fasste und in einigen Forschungsarbeiten untersucht wurde (vgl. bspw. Zifreund 1966, Nehm 1976, Kieviet
1972). Jedoch weist Nehm (1976, 40f.) darauf hin, dass dessen Einsatz in der Fremdsprachenlehrer*innenausbildung der damaligen
Zeit eher selten zu beobachten sei. Er führt dies darauf zurück, dass
es schwierig bis kaum möglich sei, einzelne *teaching skills* von der
Zielfremdsprache und / oder -kultur losgelöst zu fördern, und sich
somit die Anforderungen an die zukünftigen Fremdsprachenlehrkräfte durch Micro-Teaching Verfahren nicht im selben Maße reduzieren ließen wie im muttersprachlichen Unterricht (vgl. Nehm
1976, 41-51). Gleichwohl hält er nach Auswertung seiner quantita-
tiven Untersuchung fest:

> Der eigene Versuch sowie die Mehrheit der anderen in dieser Arbeit ver-
> werteten Berichte zur Verwendung des Microteaching durch die Fremd-
> sprachendidaktik erbringen, daß dieses hochschuldidaktische Verfahren so-
> wohl als Ausbildungs- als auch als Forschungstechnik nutzbringend in den
> Dienst der Fachdidaktik gestellt werden kann. (Nehm 1976, 235)

Diese Sichtweise hat sich bis heute nicht verändert, wie aktuelle
Einzelstudien in und außerhalb Deutschlands (vgl. bspw. Mavruk
2018, Rahayu & Siregar 2018, Yuliani 2018, Kozan & Ata 2019) sowie die Ergebnisse von Hattie und Zierer (2019, Anhang „Teacher"
s.p.) immer wieder aufzeigen.

   Abschließend sei noch angemerkt, dass das Verfahren des Vi-
deografierens zwar im Rahmen der Entstehung des Micro-
Teaching und aufgrund der entsprechenden Vorgeschichte einen

nicht unerheblichen Stellenwert einnahm, dass aber bereits die Entwickler darauf hinwiesen, dass „Micro-Teaching [...] die Verwendung des Video-Recorders einschließen [kann], muß es aber nicht" (Olivero & Brunner 1973, 11). Wichtiger ist die Erkenntnis, dass die Aufgaben der Lehrperson in der Lernsituation im Vergleich zur schulischen Realität verringert werden sollten, um einzelne *teaching skills* konzentriert fördern zu können, und dass im Anschluss an die Unterrichtseinheit eine umfangreiche Feedback-Phase einsetzt. Nach diesen Grundideen sind auch die Workshops gestaltet, die die Autorin seit einigen Jahren im Rahmen ihrer fremdsprachendidaktischen Seminare an unterschiedlichen Universitäten in Deutschland erfolgreich eingesetzt hat und die in den beiden anschließenden Kapiteln ausführlich vorgestellt werden sollen.

3.   Der Workshop als fester Bestandteil des Seminarkonzeptes

Workshops, welche einen festen Bestandteil des Seminarkonzeptes der Autorin darstellen, können als eine Form des Micro-Teachings und / oder der Simulation verstanden werden. Der Terminus Workshop erscheint nach wie vor nicht als ideal in der Bezeichnung, da er durchaus missverständlich interpretiert werden kann, gleichwohl hat sich bislang noch keine bessere Alternative gefunden. Als Micro-Teaching Einheit sollte er nicht betitelt werden, da aufgrund äußerer Umstände, wie z.B. organisatorischem Aufwand und Datenschutzbestimmungen auf das Videografieren der Unterrichtssequenzen verzichtet wird. Wenngleich der Einsatz dieser Technik kein notwendiger Bestandteil der Methode ist (vgl. u.a. Olivero & Brunner 1973, 11), so wird er doch von vielen Rezipient*innen beim Lesen / Hören des Begriffs häufig mitgedacht.

Von der Benennung als Simulation wurde abgesehen, weil diese zumindest in den letzten Jahren häufig von Kolleg*innen der Fremdsprachendidaktik als Nachspielen einer tatsächlichen Unterrichtssequenz / -stunde der Zielfremdsprache X zum Thema Y in Klassenstufe Z mit studentischen Teilnehmer*innen an der Hochschule definiert wird und bei den Studierenden eben jene Vorstellungen evoziert. Wenngleich einige Kolleg*innen wie auch wissenschaftliche Publikationen (vgl. z.B. Tacconi 2018, Edelhoff 1984, Oakley 1984) von guten Erfahrungen mit dieser Lehr- / Lernform berichten, hat sich die Autorin doch bewusst gegen entsprechende Simulationen entschieden, weil ihr die Situation als zu artifiziell erscheint und es in ihren Augen bspw. konkreter Rollenkarten bedürfe, um diejenigen Seminarteilnehmer*innen, die Schüler*innen einer Klassenstufe Z im jeweiligen Alter verkörpern sollten, in der Darstellung eines adäquaten Verhaltens zu unterstützen. Darüber hinaus bedarf es eines gewissen schauspielerischen Talents seitens der Studierenden, die plötzlich Schüler*innen verkörpern sollen, das jedoch nicht als Grundvoraussetzung mit in die Lehrveranstaltung gebracht wird, sondern ggf. separat im Voraus gefördert werden müsste.

Nicht zuletzt aus diesem Grund definiert sich der Workshop als eine temporär begrenzte Unterrichtseinheit an der Universität, die von Studierenden für Studierende gestaltet wird. Die jeweiligen Workshopleiter*innen (nachfolgend WL) übernehmen dabei einzeln oder in Teams von max. drei Personen für meist 45 Minuten – in Anlehnung an die (derzeit noch?) weit verbreitete Schulstundenrhythmisierung in Deutschland – die Leitung und Ausgestaltung der Seminarsitzung nach vorheriger Absprache mit der Seminarleitung (nachfolgend SemL). Inhaltlich-thematisch fügt sich der Workshop somit in den Gesamtzusammenhang der Lehrveranstaltung ein.[13] Der zeitliche Rahmen liegt am äußeren Ende einer sinnvollen Micro-Teaching Einheit, hat sich jedoch in der Vergangenheit als vorteilhaft erwiesen, weil es für die Studierenden eine relativ große Hürde zu sein scheint, diese ‚exemplarische deutsche

---

[13]   Die Autorin gibt i.d.R. für das Semester das allgemeine Thema einer Lehrveranstaltung vor und weist den ersten Sitzungen konkrete Einzelthemen mit zugehöriger als Hausaufgaben vorzubereitender Literatur zu. Gleichzeitig wurde es von den Studierenden häufig begrüßt, dass gegen Ende des Semesters noch einige Sitzungen keinem Thema zugeordnet sind, sondern die Studierenden diese selbst – zum allgemeinen Seminarthema passend – vorschlagen können. Dadurch wird der Adressat*innenbezug erhöht und teilweise werden Aspekte eines Themas fokussiert, die die Autorin von selbst eher nicht zu Seminarthemen erklärt hätte, die sich aber stets für alle Beteiligten als gewinnbringend ergaben.

Schulstunde' in ihrer Dauer nicht zu überschreiten. Das heißt, einer der zu fördernden *teaching skills* kann ganz klar als Zeitmanagement definiert werden, denn es gilt, Lernziele und -inhalte für 45 Minuten zu definieren und diese dann durch den Einsatz passender Methoden im vorgegebenen Zeitrahmen zu bearbeiten, damit die den WL zur Verfügung stehende Seminarzeit nicht massiv ausgedehnt wird oder den studentischen Teilnehmer*innen (nachfolgend TN) nicht genügend Zeit zur Bearbeitung der gestellten Aufgaben zur Verfügung steht (vgl. SL_T4, SL_S3).

Die WL sind dazu angehalten, im Vorfeld ihres Unterrichtsvorhabens einen groben Ablaufplan mit Lernzielen, Unterrichtsphasen etc. bei der SemL einzureichen, damit sie daraufhin ein Feedback zur potentiellen Umsetzbarkeit ihrer Ideen erhalten und ggf. Modifizierungen vornehmen können. Aus dieser Skizze lässt sich ebenfalls bereits ablesen, ob die WL ihren Workshop eher im Hinblick auf einen Oberflächenzugang des Lernens konzipiert haben, indem bspw. mehrheitlich Textinhalte von den TN widergegeben werden sollen (vgl. SL_T2), oder ob es den WL gelungen ist, Anteile des Tiefenzugangs zu berücksichtigen, indem sie z.B. die mentale Übertragung von Textinhalten in konkrete fremdsprachenunterrichtliche Situationen anregen, so dass Aussagen der Forschungsliteratur sowohl reflektiert, als auch dazu genutzt werden, konkrete Handlungsideen zu entwickeln (vgl. DL_S3, DL_T1, DL_T2, DL_T3, DL_T8).

Um allen Seminarteilnehmer*innen das Workshopkonzept zu verdeutlichen und den WL die Planung zu erleichtern, hat es sich als vorteilhaft erwiesen, dass die SemL die erste inhaltliche Sitzung der Lehrveranstaltung nutzt, um darin selbst einen 45-minütigen Workshop zu gestalten und gleichzeitig einen detaillierten Verlaufsplan der gesamten Sitzung zu verteilen, der sowohl die Lernziele als auch sämtliche Schritte und Handlungen der Lehrenden sowie die erwarteten Handlungen der Lernenden transparent und folglich nachvollziehbar macht. Durch die Erhöhung der Transparenz können Ängste bei zukünftigen WL reduziert werden (vgl. SL_T5). Darüber hinaus können in diesem Rahmen ggf. noch bestehende ,falsche Vorstellungen' also Fehlkonzepte im Hinblick auf

die Gestaltung der Workshops thematisiert und bestenfalls elimi-
niert werden. Gleichzeitig bietet sich für mit eigenem Unterricht
noch eher unerfahrene Studierende damit die Möglichkeit, anhand
von Lernen am Modell die Struktur des Ablaufplans in analoger
Weise zu übernehmen. Da die Lerngruppen der Autorin aufgrund
der Art ihrer derzeitigen Stelle äußerst heterogen konzipiert sind,[14]
wird eben jener erste, von der SemL durchgeführte Workshop dem
Thema «Unterrichtsplanung» gewidmet. Falls die Lerngruppe bereits über die entsprechenden Grundlagen verfügt und evtl. im
Rahmen von Praktika mehr oder weniger eigene Unterrichtserfahrungen gesammelt hat, kann auf die explizite Auseinandersetzung
mit der Thematik der Unterrichtsplanung durchaus zugunsten eines konkreten lehrveranstaltungsbezogenen Themas oder der Konzentration auf einzelne Planungsaspekte, wie bspw. Differenzierung, verzichtet werden.

Neben den konkreten thematisch-inhaltlichen Zielen, denen
sich die Workshops widmen und die derzeit den KMK-Feldern FD
1-9 sowie FD 11-12 entspringen, ist es gleichzeitig die Aufgabe der
WL, unterschiedliche Unterrichtsmethoden mit den TN auszuprobieren. Dabei wird der Terminus Methode nicht als unterrichtliche

---

[14] Die Autorin bietet als Juniorprofessorin der Didaktik der modernen Fremdsprachen entsprechende thematische Lehrveranstaltungen an, die von Studierenden
der Fächer Englisch, Französisch, Italienisch, Spanisch, Niederländisch, Rus-
sisch und zum Teil auch Japanisch besucht werden können, die einen Lehramtsstudiengang für eine in Nordrhein-Westfalen bestehende Schulform – von
Grund-, über Haupt- und Realschule, Gymnasium bis hin zur Berufsschule –
oder Sonderpädagogik absolvieren. Je nach studiertem Fach können die Studierenden die Lehrveranstaltung entweder im Rahmen ihres Bachelor- oder Mas-
terstudiums auswählen, was dazu führt, dass in einer Veranstaltung Studierende aus bis zu 21 unterschiedlichen Studiengängen zusammentreffen. Darüber hinaus finden immer wieder *Incoming Students*, Gasthörer*innen oder Teilnehmer*innen des Studienvorbereitungsprogramms für geflüchtete Lehrkräfte
ihren Weg in die Veranstaltungen der Autorin. Dies erhöht die Anforderungen
DL_T3 und DL_T4 in gewissem Maße, hat aber bislang stets zu einer gewinn-
bringenden Lernatmosphäre beigetragen.
Gleichzeitig muss angemerkt werden, dass nicht alle teilnehmenden Studierenden als Studienleistung einen Workshop leiten müssen. Dies richtet sich nach
den Vorgaben der jeweiligen Modulhandbücher, den zu erwirtschaftenden Leis-
tungspunkten sowie Absprachen mit den zugehörigen Studienfächern, sodass
zusätzlich ein Angebot an alternativen Studienleistungen besteht.

Großform wie etwa Frontal- oder Gruppenunterricht im Sinne Hilbert Meyers (z.B. 2013, 182-279) oder gar fremdsprachenunterrichtlicher Konzepte wie Grammatik-Übersetzungs-Methode, direkte Methode oder audiolinguale Methode verstanden, sondern ist wiederum in Anlehnung an Meyer (bspw. 2013, 280-341) eher als Handlungsmuster des Unterrichts gemeint. So können Gruppenpuzzle, Marktspaziergang, Blättermühle etc. jeweils als eigene größere oder kleinere Methode betrachtet werden. Ziel ist es, dass die Studierenden im Laufe des Semesters mit zahlreichen entsprechenden Methoden in Kontakt treten, diese ausprobieren und im Anschluss deren Einsatzmöglichkeiten mit Bezug zum Fremdsprachenunterricht des von ihnen absolvierten Studiengangs reflektieren. Es bleibt den Studierenden freigestellt, ob und in welcher Weise sie sich ein individuelles Methodenportfolio daraus zusammenstellen. Manche Lerngruppen waren in der Vergangenheit aber durchaus in der Lage, sich entsprechend untereinander zu organisieren, dass bspw. Quellen zu den verwendeten Methoden mitangegeben oder direkt kleinere Handouts dazu zur Verfügung gestellt wurden. Die SemL fordert dies nicht aktiv bei den WL ein, um den bereits als hoch eingeschätzten Arbeitsaufwand nicht auszuweiten. Je nach den Möglichkeiten, die potentielle Modulhandbücher im Hinblick auf Studien- und Prüfungsleistungen bieten, ließe sich ein solches Vorgehen aber durchaus fest im Kurs verankern.

Die / der eine oder andere Leser*in mag sich eventuell bereits gefragt haben, warum die KMK-Felder FD 10 – also „Fachdidaktische Besonderheiten im jeweiligen Fremdsprachenunterricht" –, FD 13 – Kooperation mit sonderpädagogisch qualifizierten Lehrkräften – und FD 14 – zielsprachliche Textkompetenzen – in den obigen Ausführungen nicht genannt wurden. In Bezug auf FD 13 sieht die Autorin (noch) keine Möglichkeit, dies für ihre Lerngruppen gewinnbringend zu organisieren, auch wenn sie den Bedarf sehr wohl erkennt. Die Felder FD 10 und FD 14 können aufgrund der besonderen Konstruktion der Lerngruppen nicht zu Hauptthemen eines Workshops erklärt werden (vgl. Fußnote 14). Jedoch wird stets versucht, eine reichhaltige Auswahl an fremdsprachlichen Beispielen anzubieten, so dass die Studierenden jeweils Bezüge zur individuell studierten Zielfremdsprache herstellen können und auch explizit dazu angehalten werden. In Lerngruppen, die alle dieselbe Zielfremdsprache studieren, ist es der Autorin in der Vergangenheit durchaus gelungen, FD 10 und FD 14 auf Workshopebene zu behandeln. Da die Mehrheit der fremdsprachendidaktischen Lehrveranstaltungen an Universitäten in Deutschland jedoch sprachbezogen organisiert werden, ist es grundsätzlich möglich, alle KMK-Felder abzudecken, wobei die inklusionsspezifischen Aspekte ggf. nur unter Vorbehalt zu bearbeiten bleiben.

Die selbe Argumentation wie bei FD 10 und FD 14 gilt im Hinblick auf die während des Workshops – bzw. der gesamten Lehrveranstaltung – verwendete Sprache: Leider können diese nicht in der Zielfremdsprache durchgeführt werden, da aufgrund der Heterogenität der Lerngruppe die einzige gemeinsame Verkehrssprache das Deutsche (und in unterschiedlicher Kompetenzausprägung das Englische) ist. Dies ist vor allem vor dem Hintergrund bedauerlich, dass Sprache im Fremdsprachenunterricht sowohl Unterrichtsmedium als auch -inhalt darstellt, was an (zukünftige) Lehrpersonen besondere Anforderungen stellt, die Freeman (2016) in seinen drei Hauptherausforderungen der Fremdsprachenlehrer*innenausbildung folgendermaßen darstellt:

> The first challenge is defining the content: how language in the world relates to language as content in the classroom. The second challenge, which follows from the first, is how the classroom, with its social structures and expectations, defines language teaching as a particular form of pedagogical activity. The third challenge is how people, who are users of language and have been students in classrooms, learn to teach language. (Freeman 2016, 19)

Diese Fragen können in den Lehrveranstaltungen der Autorin derzeit überwiegend lediglich auf Metaebene thematisiert werden, jedoch nicht durch das Sammeln von Erfahrungen des Unterrichtens in der Zielfremdsprache. Andererseits erleichtert die Verwendung des Deutschen vielen Studierenden die Leitung des Workshops, denn durch den Verzicht auf die Fremdsprache stehen einigen mehr kognitive Ressourcen zur Verfügung (vgl. bspw. *cognitive load theory* und *limited capacity model*, vgl. u.a. Sweller 2018, Schütze 2017, 67-85). Darüber hinaus werden dabei die zur Durchführung des Workshops benötigten *teaching skills* um die fremdsprachliche kommunikative Kompetenz verringert, was gemäß des Micro-Teaching Ansatzes wiederum förderlich zu sein scheint, da die Reduktion der eingesetzten *skills* eine Konzentration auf diese und ein gezieltes Arbeiten an ihnen ermöglicht. Die weiteren Vor- und Nachteile eines solchen Vorgehens sollen an dieser Stelle nicht ergänzend diskutiert werden, dazu wird unter anderem auf Müller-Hartmann (2016), Gnutzmann (2016), Plikat (2016) und Küster (2016) verwiesen.

Obschon also Erfahrungen des zielfremdsprachlichen Unterrichtens (aktuell) hintangestellt werden müssen, ermöglicht die Konzeption und Leitung eines Workshops den Studierenden das eigene Ausprobieren in der Lehrer*innenrolle – sowohl hinsichtlich inhaltlicher als auch pädagogisch-didaktischer Aspekte (vgl. FD 6 ohne konkrete fremdsprachliche Kommunikation). Als kleine Hürde wird von Seiten der WL immer wieder der Rollenwechsel aus der Gruppe der Kommiliton*innen hinaus in die Funktion einer/s Lehrenden und vice versa angeführt. Jedoch sind dies eher Bedenken im Vorfeld des Workshops, die sich in der konkreten Situation meist sehr schnell auflösen, weil die TN den WL immer eine extrem hohe Unterstützungsbereitschaft entgegenbringen. Das bedeutet, dass selbst wenn die WL Fehler machen – fachlicher oder pädagogisch-didaktischer Natur –, von Seiten der TN ein sehr großer ‚guter Wille‘ besteht, den Workshop ergebnisorientiert fortzuführen, über entsprechende Probleme in der Situation selbst hinwegzusehen und bei Bedarf die / den WL entsprechend zu unterstützen, ohne dabei die Rolle der / des Teilnehmer*in aufzugeben; und dies stets unter Berücksichtigung der Gesichtswahrung (sog. *face saving acts*) des / der WL.

Dieses positive, unterstützende Verhalten zeigt sich auch immer in der sich an den Workshop anschließenden Feedbackrunde: Zunächst werden die TN aufgefordert, einen schriftlichen Feedback-Bogen auszufüllen, den die SemL schon vor Semesterbeginn bereitstellt, damit allen Beteiligten die Kriterien vor dem ersten Workshop bzw. der Konzeption eines eigenen Workshops bekannt sind. Dieser ermöglicht ein kriteriengeleitetes Feedback, indem zu 21 Aspekten aus sieben Beobachtungsfeldern Punkte zwischen eins und zehn vergeben werden können. Darüber hinaus regt er mittels der Satzanfänge „Das fand ich gut..." und „Das würde ich verbessern..." im Anschluss noch zur freien Formulierung von Rückmeldungen an. Die SemL legt großen Wert darauf, dass diese Feedback-Bögen nur zwischen den TN und den WL ausgetauscht werden, sie von deren Inhalten also keine Kenntnis nimmt, damit die TN nicht dazu verleitet werden, Aussagen zu notieren, von denen sie denken, dass die SemL diese lesen möchte. Die dadurch entstehende Anonymität und Freiheit scheint bis heute noch nicht negativ genutzt worden zu sein. Im Anschluss an das Ausfüllen der Feedback-Bögen erfolgt eine mündliche Feedback-Runde im Plenum: Zunächst dürfen sich die WL selbst zum Workshop äußern, jedoch gemäß allgemeiner Feedbackregeln nicht rechtfertigend oder entschuldigend. Dann werden Eindrücke der TN gesammelt und miteinander besprochen. Zum Abschluss fügt die SemL häufig noch eigene Beobachtungen hinzu, die sie positiv herausstellen oder in folgenden Workshops gerne anders sehen möchten. Diese sehr umfangreiche Feedback-Möglichkeit führt i.d.R. zu einer sukzessiven Steigerung der Qualität der Workshops im Laufe des Semesters.[15] Zusätzlich zu den Rückmeldungen, die die WL während dieser Feedback-Runden erhalten, wird ihnen von der SemL im Anschluss noch ein Dokument zugesendet, in dem diese während des gesamten Workshops ihre Eindrücke festgehalten hat. Auf der Basis dieser umfangreichen Fremd- und Selbstbeobachtung formulieren die WL bis zum Semesterende eine schriftliche Reflektion von ein bis zwei Textseiten.

Damit sind jedoch noch nicht alle Lerngelegenheiten des Workshops ausgeschöpft: Je nach Anzahl der Leistungspunkte, die gemäß des jeweiligen Modulhandbuches erwirtschaftet werden

---

[15] Diesbezüglich gilt eine Einschränkung: Die Autorin kann aus eigener Erfahrung und Gesprächen mit ähnlich arbeitenden Kolleg*innen berichten, dass eine qualitative Entwicklung nach oben kaum zu beobachten ist, wenn in den entsprechenden Lehrveranstaltungen keine Anwesenheitspflicht besteht und die Leiter*innen zukünftiger Workshops selten bis gar nicht an vorangegangenen Sitzungen teilgenommen haben. Besteht jedoch eine Anwesenheitspflicht, dann entsteht häufig eine Art Ansporn, den eigenen zukünftigen Workshop noch besser gestalten zu wollen als die Vorgänger*innen.

müssen, besteht eine weitere Aufgabe der WL darin, einen schriftlichen Unterrichtsentwurf zu ihrem Workshop einzureichen. Die
Struktur dieses Entwurfs wird von der SemL in Anlehnung an die
entsprechenden Regeln des Zentrums für schulische Lehrer*innen-
bildung (ehemals bzw. andernorts Studienseminar) der Ausbil-
dungsregion vorgegeben. Für Studierende, die noch wenig bis
keine Erfahrung mit dem Formulieren eines entsprechenden Doku-
mentes gesammelt haben, stehen Auszüge aus diesbezüglicher Rat-
geberliteratur zur Verfügung. Meist wird auch während der Lehrveranstaltung immer wieder darüber gesprochen und / oder die
Studierenden erhalten während einzelner Seminarsitzungen die
Gelegenheit, ausgewählte Abschnitte des Stundenentwurfs stich-
punktartig zu entwerfen sowie vorzustellen. Schließlich ist die Ein-
zelsitzung nach einem 45-minütigen Workshop und der Feedback-
Runde noch nicht beendet, sondern der SemL bleibt häufig noch
genügend Zeit, einen weiteren thematischen Aspekt, der im Workshop nicht behandelt wurde, zu besprechen. Häufig werden dabei
kleinere, wenig zeitaufwändige Methoden eingesetzt, die wiederum das Methodenrepertoire der Studierenden ergänzen können.

Der Einsatz eines solchen Workshopkonzeptes im Seminar
verlangt jedoch von der SemL auch, einen großen Teil der Verantwortung für eine gewisse Zeit abzugeben und darauf zu vertrauen,
dass es den WL gelingt, die selbst bzw. in Absprache mit der SemL
gesetzten Lernziele erreichbar zu machen. An dieser Stelle muss
eingeräumt werden, dass es in der Vergangenheit durchaus den ein
oder anderen Workshop gab, in dem dies trotz sorgfältiger Planung
im Vorfeld nicht möglich war, was jedoch stets pädagogisch-didak-
tischen Handlungen der WL in der konkreten Situation geschuldet
war. Durch eine dann meist ausgedehnte Feedback-Runde konnte
aber immer bewusstgemacht werden, woran manche Dinge gescheitert waren, so dass alle Anwesenden aus solchen vermeintlich
misslungenen Workshops häufig sehr viel für die eigene Unterrichtspraxis lernen konnten, auch wenn sie die inhaltlichen Lernziele der Sitzung vielleicht nicht alle erreicht hatten. Dies gelingt
jedoch nur in einer allgemein positiven Lern- und Arbeitsatmosphäre, die von gegenseitigem Respekt und Wertschätzung geprägt ist.

Manche Lehrveranstaltungen adressieren jedoch so viele Teilnehmer*innen, dass nicht allen die Möglichkeit der Leitung eines
45-minütigen Workshops eingeräumt werden kann, auch nicht,
wenn man Team-Teaching zulässt. Um den Studierenden dennoch
die Gelegenheit zu bieten, kleinere eigene Unterrichtserfahrungen
zu sammeln, lässt sich das Workshopkonzept ebenso unter Einbezug weniger *teaching skills* auf sehr kurze Sequenzen herunterbre-
chen, die nachfolgend als Exkurs skizziert werden sollen.

4. Unterrichtssequenzen mit Workshopcharakteristika in großen Lerngruppen

Zwei eher kürzere Phasen einer Unterrichtsstunde respektive Seminarsitzung stellen die Einführungs- / Aktivierungsphase und
die Ergebnissicherung dar. Darum bietet es sich nach Meinung der
Autorin an, diese von Studierenden übernehmen zu lassen, um eigene Unterrichtserfahrungen zu sammeln – wenn auch sehr
knappe. Grundsätzlich gestaltet sich das Vorgehen analog zu den
Workshops, allerdings sind die Themen alle im Vorfeld durch die
SemL festgelegt, weil diese für die Erarbeitungsphase und in den
meisten Fällen das zur Verfügungstellen eines Sitzungstextes zu-
ständig ist. Da die Zeit des eigenen Ausprobierens hier sehr eng be-
messen ist – entweder 5 oder 10 Minuten –, muss an dieser Stelle
jedoch von Team-Teaching abgesehen werden. Die / der jeweilige
Studierende teilt der SemL unter Beachtung einer Einreichungsfrist
vor der entsprechenden Sitzung mit, mittels welcher kleinen Methode (der Methodenbegriff wird hier analog zu oben verwendet,
vgl. Kap. 3) sie / er in das Thema der jeweiligen Sitzung einleiten
oder die Ergebnisse sichern möchte. Selbstverständlich wird vor
der ersten derartigen studentischen Einheit die Funktion der beiden Phasen auf Basis von Sekundärliteratur ausgiebig besprochen
und Beispiele für Vorgehensweisen zusammengetragen. In fortgeschrittenen Lerngruppen kann dies ggf. reduziert werden.

Während die / der Studierende dann am Tag X ihre / seine
Unterrichtssequenz wie abgesprochen durchführt, beobachtet die
SemL die Lerngruppe und verfasst der / dem Studierenden ein
entsprechendes Feedback. Im Anschluss an die Einheit füllen die

TN wiederum einen Beobachtungsbogen aus, der allerdings nur 9 Kriterien beinhaltet, die mit einem bis sechs Punkt/en – analog zu Schulnoten in Deutschland – bewertet werden können und der ebenso ein Feld für freie Rückmeldungen vorhält. Ansonsten wird analog zu den umfangreichen Workshops verfahren. Das bedeutet, dass sich an das schriftliche Feedback eine mündliche Besprechung im Plenum anschließt, allerdings wesentlich knapper als bei der Langversion.

Einführungs- / Aktivierungsphasen lassen sich nach den Erfahrungen der Autorin relativ problemlos an Studierende übertragen. Etwas komplizierter wird es hinsichtlich der Ergebnissicherung, weil der / dem dafür zuständigen Studierenden natürlich der vorherige Ablauf der Sitzung bekannt gemacht werden muss, um eine sinnvolle Einheit entwickeln zu können. Wer dies als Hochschulehrende*r nicht im Voraus offenlegen möchte – und dafür gibt es zahlreiche gute Gründe –, sollte sich auf die Einführungs- / Aktivierungsphasen als Chance zum Ausprobieren für Studierende beschränken.

5. Zusammenfassung & Fazit

Ziel des vorliegenden Beitrags war die Vorstellung und Legitimierung von Workshops in der fachdidaktischen Hochschullehre. Zu diesem Zweck wurden zunächst die inhaltlichen Ziele in Anlehnung an Shulmann (1986) und seine Nachfolger*innen sowie an die entsprechenden Vorgaben der KMK präsentiert. Anschließend wurde der Frage nachgegangen, wie ‚gute‘ Lehre an der Hochschule gestaltet sein sollte, um ein bestmögliches Lernergebnis bei den Studierenden erzielen zu können. Zu diesem Zweck wurde sowohl auf die Ergebnisse der Hattie-Studien (vgl. Hattie 2009, Hattie 2015, Hattie & Zierer 2019) als auch auf die entsprechenden Empfehlungen von Biggs und Tang (2011) verwiesen. Unter Berücksichtigung eben jener Aussagen kann festgehalten werden, dass das Konzept des Micro-Teaching als vielversprechender Ansatz in der (fremdsprachendidaktischen) Hochschullehre betrachtet werden kann. Darum wurden dessen Aufbau und Genese in Kapitel 2 im

Rahmen eines Exkurses beleuchtet, denn das im Anschluss in Kapitel 3 vorgestellte Workshopkonzept der Autorin versteht sich in
Anlehnung an das Micro-Teaching Modell – allerdings bspw. unter
Verzicht auf Videografie. Die Vorteile der Workshops wurden
ebenso herausgearbeitet wie die sich ergebenden Herausforderungen und Einschränkungen durch institutionelle Rahmenbedingungen. Dabei lässt sich jedoch festhalten, dass es durchaus möglich
ist, mittels der Workshops alle von der KMK vorgegebenen Inhalts-
aspekte der fachdidaktischen Lehre an der Universität abzudecken
(vgl. KMK 2019a, 46). Gleichzeitig muss eingeräumt werden, dass
die dortigen inklusionsspezifischen Bereiche, wie z.B. FD 4, FD 7
und FD 13, nur unter Vorbehalt bzw. rein auf Metaebene integriert
werden können, da sich innerhalb studentischer Lerngruppen
kaum vergleichbare inklusionsspezifische Herausforderungen an-
treffen lassen, wie dies im Unterricht an Regelschulen der Fall sein
kann. Selbst wenn Behinderungen oder Beeinträchtigungen vorlie-
gen sollten, die den Studierenden einen Nachteilsausgleich ermöglichen, kann davon ausgegangen werden, dass sich vor allem im
emotional-sozialen Bereich keine zur Schule vergleichbaren Situationen ergeben werden.

Darüber hinaus wird es als möglich erachtet, die von Biggs
und Tang (2011, 25-27) vorgestellten Aspekte SL_S1, SL_S4, SL_S5
und SL_T3 zu reduzieren, da alle Studierenden die Gegenwarts-
wie auch Zukunftsbedeutung ihrer Handlungen in Bezug auf die
Workshops verstehen und wertschätzen. Gleichzeitig ist es der Autorin stets gelungen, SL_S6, SL_T1, SL_T3 und SL_T4 zu minimie-
ren, was allerdings weniger den Workshops als der allgemeinen
Lern- und Arbeitsatmosphäre, die von gegenseitigem Respekt geprägt ist, zuzuschreiben ist. Umgekehrt war es natürlich ebenso
möglich, DL_S1-2, DL_T2-4 und DL_T6-8 zu steigern, wobei DL_T8
– „using teaching and assessment methods that support the explicit
aims and intended outcomes of the course" (Biggs & Tang 2011, 27)
– mitunter mit Vorgaben in Modulhandbüchern oder Prüfungsord-
nungen kollidiert, insbesondere was die Leistungsmessung betrifft,
so dass diesbezüglich ggf. Einschränkungen vorgenommen werden müssen. Darum kann an dieser Stelle nur mit Nachdruck dafür

plädiert werden, im Rahmen von Reakkreditierungen entsprechende Anpassungen vorzunehmen, um die Studierenden auch durch die Art und Weise der Leistungsüberprüfungen zu einem Tiefenzugang des Lernens anzuregen und sie nicht dem Backwash-/Washback-Effekt auszusetzen, wenn im Rahmen von Modulprüfungen und Studienleistungen lediglich oberflächliche Daten und Fakten abgefragt werden.

Für diejenigen Leser*innen, die dem Workshopkonzept aufgrund seiner doch recht zeitaufwändigen Gestaltung skeptisch bis negativ gegenüberstehen sollten, bot Kapitel 4 eine recht einfache Adaptionsmöglichkeit an, die wesentlich weniger Zeit einer Lehrveranstaltungssitzung in Anspruch nimmt, dabei aber ebenso die Förderung einzelner *teaching skills* der Studierenden ermöglicht. Gleichzeitig stellt dieses Light-Konzept auch einen niedrigschwelligen Einstieg in das Unterrichtsmodell dar, um erst einmal selbst als Hochschullehrende*r auszuprobieren, wie viel Verantwortung man gewillt ist, an die Studierenden zu übertragen. Darüber hinaus bietet sich dadurch die Möglichkeit, den Studierenden z.B. zu Beginn ihres Studiums zunächst kleine Lehr-Herausforderungen zu stellen und sie somit erste Erfolge sammeln zu lassen, bevor dann vielleicht im Masterstudium die Anforderungen mit einem 45-minütigen Workshop erhöht werden.

6.   Literaturhinweise

ALLEN, Dwight W. & RYAN, Kevin A. ²1974 & ¹1969. *Microteaching*. Weinheim/Basel: Beltz.

ANDERSON, Lorin W. 2010. „Taxonomies of Objectives and Learning". In: *Encyclopedia of Curriculum Studies* 2/2010, 839-841.

BIGGS, John & TANG, Catherine. ⁴2011. *Teaching for Quality Learning at University: What the Student Does*. Maidenhead: Mc Graw-Hill Society for Research into Higher Education & Open University Press.

DE FLORIO-HANSEN, Inez. 2014. *Fremdsprachenunterricht lernwirksam gestalten: mit Beispielen für Englisch, Französisch und Spanisch*. Tübingen: Narr.

EDELHOFF, Christoph. 1984. „Simulationen in der Lehrerfortbildung". In: Jones, Ken. ed. *Simulationen im Fremdsprachenunterricht – Handbuch für Schule, Hochschule und Lehrerfortbildung*. Ismaning: Hueber, 136-151.

EISENLOHR, Theodor. 1840. *Die Schullehrer-Bildungs-Anstalten in Deutschland – ein officieller Bericht über eine pädagogische Reise durch Süd- und Mittel-Deutschland mit besonderer Rücksicht auf Würtemberg.* Stuttgart: Köhler.

FRANZ, Eva-Kristina & WACKER, Albrecht & HEYL, Vera. 2018. „Entwicklung von Testitems zur Erfassung Pädagogisch-psychologischer Handlungskompetenz". In: Rutsch, Juliane & Vogel, Markus & Seidenfuß, Manfred & Dörfler, Tobias & Rehm, Markus. edd. *Effektive Kompetenzdiagnose in der Lehrerbildung: Professionalisierungsprozesse angehender Lehrkräfte untersuchen.* Wiesbaden: Springer, 47-74.

FREEMAN, Donald. 2016. *Educating Second Language Teachers.* Oxford: Oxford University Press.

FREY, Andreas. ²2014. „Kompetenzmodelle und Standards in Lehrerbildung und Lehrerberuf". In: Terhart, Ewald & Bennewitz, Hedda & Rothland, Martin. edd. *Handbuch der Forschung zum Lehrerberuf.* Münster: Waxmann, 540-572.

FRÖHLICH-GILDHOFF, Klaus & RÖNNAU-BÖSE, Maike. ⁴2015. *Resilienz.* München: Ernst Reinhardt.

GNUTZMANN, Claus. 2016. „Englischdidaktische Seminare in der Zielsprache – contra". In: *FLuL – Fremdsprachen Lehren und Lernen* 45/2, 125.

GRIMM, Nancy & MEYER, Michael & VOLKMANN, Laurenz. 2015. *Teaching Englisch.* Tübingen: Narr Francke Attempto.

HALLET, Wolfgang. 2006. *Didaktische Kompetenzen: Lehr- und Lernprozesse erfolgreich gestalten.* Stuttgart: Klett.

HATTIE, John. 2015. „The Applicability of Visible Learning to Higher Education". In: *Scholarship of Teaching and Learning in Psychology* 1/1, 79-91.

HATTIE, John. 2009. *Visible Learning – a synthesis of over 800 meta-analyses relating to achievement.* London/New York: Routledge.

HATTIE, John & YATES, Gregory. 2014. *Visible Learning and the Science of How We Learn.* London & New York: Routledge.

HATTIE, John & ZIERER, Klaus. 2019. *Visible Learning Insights.* London & New York: Routledge.

HENK, William A. & STAHL, Norman A. 1985. „A Meta-Analysis of the Effect of Notetaking on Learning from Lectures". In: *College Reading and Learning Assitance Technical Report* 85/05, s.p., https://files.eric.ed.gov/fulltext/ED258533.pdf. Zugriff: 06.08.2019.

IRVINE, Jeff. 2017. „A comparison of revised Bloom and Marzano's New Taxonomy of Learning". In: *Research in Higher Education Journal* 33, s.p.

Kievlet, Frans K. 1972. *Microteaching als methode in de opleiding van leerkrachten*. Vaassen: Walraven.

KMK = Ständige Konferenz der Kultusminister der Länder. ed. 2019a. *Ländergemeinsame inhaltliche Anforderungen für die Fachwissenschaften und Fachdidaktiken in der Lehrerbildung – Beschluss der Kultusministerkonferenz vom 16.10.2008 i. d. F. vom 16.05.2019*, https://www.kmk.org/fileadmin/Dateien/veroeffentlichungen_beschluesse/2008/20 08_10_16-Fachprofile-Lehrerbildung.pdf. Zugriff: 06.08.2019.

KMK = Ständige Konferenz der Kultusminister der Länder. ed. 2019b. *Standards für die Lehrerbildung: Bildungswissenschaften – Beschluss der Kultusministerkonferenz vom 16.12.2004 i. d. F. vom 16.05.2019*, https://www.kmk.org/fileadmin/Dateien/veroeffentlichungen_be schluesse/2004/2004_12_16-Standards-Lehrerbildung-Bildungswis senschaften.pdf. Zugriff: 06.08.2019.

Kozan, Kadir & Ata, Atakan. 2019. „A Construct Validity Study of a Measure of Pre-Service Teachers' Micro-Teaching Performance". In: *Akdeniz Eğitim Araştırmaları Dergisi* 13/27, 547-558.

Krechel, Hans-Ludwig. 2014. „Kriterien guten Französischunterrichts". In: Krechel, Hans-Ludwig. ed. *Französisch unterrichten: planen, durchführen, reflektieren*. Berlin: Cornelsen, 6-12.

Küster, Lutz. 2016. „Französisch-/spanischdidaktische Seminare in der Zielsprache – contra". In: *FLuL – Fremdsprachen Lehren und Lernen* 45/2, 127.

Marton, Ference & Säljö, Roger. 1976a. „On qualitative differences in learning – I: outcome and process". In: *British Journal of Educational Psychology* 46, 4-11.

Marton, Ference & Säljö, Roger. 1976b. „On qualitative differences in learning – II: outcome as a function of the learner's conception of the task". In: *British Journal of Educational Psychology* 46, 115-127.

Mavruk, Gülşah. 2018. *Microteaching in der universitären Lehrerausbildung: Rekonstruktion studentischer Erfahrungsräume im Berufsfeldpraktikum im Bereich Deutsch als Zweitsprache*. Münster: Waxmann.

Meyer, Hilbert. [15]2013. *Unterrichts-Methoden. Bd. II: Praxisband*. Berlin: Cornelsen.

Mühlhausen, Ulf & König, Claudia. edd. 2018. *Videografierte Unterrichtssimulationen: ein konfrontationsdidaktischer Ansatz zur Förderung reflektierter Handlungsfähigkeit im Lehramtsstudium*. Baltmannsweiler: Schneider Verlag Hohengehren.

MÜLLER-HARTMANN, Andreas. 2016. „Englischdidaktische Seminare in der Zielsprache – pro". In: *FLuL – Fremdsprachen Lehren und Lernen* 45/2, 124.

MÜLLER-HARTMANN, Andreas & SCHOCKER-VON DITFURTH, Marita. 2004. *Introduction to English Language Teaching*. Stuttgart: Klett.

NEHM, Ulrich. 1976. *Microteaching als Ausbildungs- und Forschungsverfahren in der Fremdsprachendidaktik*. Kronberg i. Taunus: Scriptor.

OAKLEY, Colin. 1984. „Simulationen in der Hochschule". In: Jones, Ken. ed. *Simulationen im Fremdsprachenunterricht – Handbuch für Schule, Hochschule und Lehrerfortbildung*. Ismaning: Hueber, 122-135.

OLIVERO, James L. & BRUNNER, Reinhard. 1973. *Micro-Teaching: ein Verfahren zum Training des Lehrverhaltens*. München et al.: Reinhardt.

PLIKAT, Jochen. 2016. „Französisch-/spanischdidaktische Seminare in der Zielsprache – pro". In: *FLuL – Fremdsprachen Lehren und Lernen* 45/2, 126.

RAHAYU, Pipit & SIREGAR, Syamsiah Deplina. 2018. „Teaching Strategies in Students' Micro Teaching Performance". In: *ELTAR – English Language Teaching and Research* 2/1, 202-211.

RÖNNAU-BÖSE, Maike & FRÖHLICH-GILDHOFF, Klaus. 2015. *Resilienz und Resilienzförderung über die Lebensspanne*. Stuttgart: Kohlhammer.

RUTSCH, Juliane & VOGEL, Markus & SEIDENFUß, Manfred & DÖRFLER, Tobias & REHM, Markus. 2018. „Professionalisierungsprozesse angehender Lehrkräfte untersuchen". In: Rutsch, Juliane & Vogel, Markus & Seidenfuß, Manfred & Dörfler, Tobias & Rehm, Markus. edd. *Effektive Kompetenzdiagnose in der Lehrerbildung: Professionalisierungsprozesse angehender Lehrkräfte untersuchen*. Wiesbaden: Springer, 9-25.

SCHULMEISTER, Rolf & LOVISCACH, Jörn. 2015. „Kritische Anmerkungen zur Studie ‚Lernen sichtbar machen' von John Hattie". In: *Lehren & lernen*, 33-39.

SCHÜTZE, Ulf. 2017. *Language Learning and the Brain: Lexical Processing in Second Language Acquisition*. Cambridge: Cambridge University Press.

SHULMANN, Lee S. 1986. „Those who understand: Knowledge growth in teaching". In: *Educational Researcher* 15, 4-14.

STIFTUNG RADIOMUSEUM LUZERN. s.a. „Bildbandgerät für das industrielle Fernsehen Optacord 500", https://www.radiomuseum.org/r/loewe_opta_optacord_500.html. Zugriff: 06.08.2019.

SWELLER, John. 2018. „The role of independent measures of load in cognitive load theory". In: Zheng, Robert Z. ed. *Cognitive load measurement and application: a theoretical framework for meaningful research and practice*. New York: Routledge, 3-7.

TACCONI, Giuseppe. 2018. „Simulationen in der Lehrerbildung in Italien – Überblick über Studien und Erfahrungen". In: Riegger, Manfred & Heil, Stefan. edd. *Habitusbildung durch professionelle Simulation. Konzept – Diskurs – Praxis. Für Religionspädagogik und Katechetik*. Würzburg: Echter, 177-200.

VIEBROCK, Britta. 2018. „Teachers of English as a Foreign Language – Experience and Professional Development". In: Surkamp, Carola & Viebrock, Britta. edd. *Teaching English as a Foreign Language – An Introduction*. Stuttgart: Metzler, 39-56.

VOSS, Thamar & KUNINA-HABENICHT, Olga & HOEHNE, Verena & KUNTER, Mareike. 2015. „Stichwort Pädagogisches Wissen von Lehrkräften: Empirische Zugänge und Befunde". In: *Zeitschrift für Erziehungswissenschaft* 18/2, 187-223.

WECKER, Christof & VOGEL, Freydis & HETMANEK, Andreas. 2017. „Visionär und imposant – aber auch belastbar? Eine Kritik der Methodik von Hatties ‚Visible Learning'". In: *Zeitschrift für Erziehungswissenschaft* 20/1, 20-40.

WISNIEWSKI, Benedikt & ZIERER, Klaus. ²2018. *Visible Feedback – ein Leitfaden für erfolgreiches Unterrichtsfeeback*. Baltmannsweiler: Schneider Verlag Hohengehren.

WUSTMANN SEILER, Corina. ⁶2016. *Resilienz – Widerstandsfähigkeit von Kindern in Tageseinrichtungen fördern*. Berlin: Cornelsen.

YULIANI, Sri. 2018. „Classroom Application of Micro Teaching: An Analysis of Students' Perspectives". In: *J-SHMIC – Journal of English for Academic* 5/1, 81-97.

ZIFREUND, Walther. 1966. *Training des Lehrverhaltens mit Fernseh-Aufzeichnungen in Kleingruppen-Seminaren*. Berlin: Cornelsen.

Universität zu Köln | Jun.-Prof. Dr. Aline Willems | Didaktik der modernen Fremdsprachen

BEOBACHTUNGSBOGEN WORKSHOP

Datum_____

1. **Lernzielerreichung durch Teilnehmer*in**
   bei Bedarf bitte Teillernziele aufführen

	👍	✋	👎

→   falls Sie die Lernziele nicht erreicht haben, woran könnte dies Ihrer Meinung nach gelegen haben:

2. **Kriterienbasiertes Feedback an Workshopleiter*in**
   Bitte beurteilen Sie mittels Punktevergabe von 1 (nicht gut) bis 10 (besonders gut)

	1	2	3	4	5	6	7	8	9	10
1. Struktur des Workshops										
1.1 methodischer Grundrhythmus vorhanden (bspw. Einstieg, Erarbeitung, Sicherung)										
1.2 Gelenkstellen sinnvoll gestaltet & moderiert										
1.3 aktivierende Einstiegsphase, die zum restlichen Workshop passt										
1.4 Gestaltung des Abschlusses										
2. Inhalt										
2.1 Verständlichkeit										
2.2 sachliche Richtigkeit / korrekte Darstellung										
2.3 Bezug von Theorie zur schulischen Realität hergestellt										
3. Medieneinsatz										
3.1 sinnvolle Visualisierungen zur Unterstützung des Verständnisses										
3.2 Lesbarkeit von Folien (falls vorhanden)										
*4. Gesamteindruck des / der Workshopleiter*in*										
4.1 Erscheint er / sie sicher im Auftreten?										
4.2 Erscheint er / sie in Bezug auf das Thema kompetent?										

4.3 Umgang mit der Lerngruppe situationsangemessen?											
4.4 sprachliches Ausdrucksvermögen (bspw. adäquater Stil, Korrektheit, Lautstärke, Tempo)											
4.5 Umgang mit Fragen, Anmerkungen, Kritik											
5. Methoden											
5.1 eingesetzte Methoden adäquat											
5.2 verständliche Präsentation der Methoden											
6. Zeitmanagement											
6.1 Zusammenhang inhaltliche Schwerpunkte und Zeitverhältnis											
6.2 angemessene Geschwindigkeit (Plenum unter Druck gesetzt? gelangweilt?)											

3. Möglichkeit für frei formulierte Anmerkungen (evtl. auf Rückseite weiter)

Ich fand gut...	Ich würde verbessern...

Beobachtungsbogen UNTERRICHTSSEQUENZ

Datum: _____

Bitte vergeben Sie Punkte von 1 (besonders gut) bis 6 (gar nicht gut):

		1	2	3	4	5	6
01	Zu Beginn Aufmerksamkeit des Plenums hergestellt?						
02	Laut, deutlich, nicht zu schnell & überwiegend frei gesprochen?						
03	sicheres Auftreten vor der Gruppe?						
04	Eindruck, einer guten Vorbereitung erweckt?						
05	Medium zur Visualisierung verwendet, wenn angemessen?						
06	angemessene Methode ausgewählt?						
07	Aufgabenstellung verständlich formuliert?						
08	Sequenz aktivierend gestaltet?						
09	Ziel erreicht (aktiviert, gesichert)?						

Anmerkungen (evtl. auf der Rückseite weiter)

Ich fand gut…	Ich würde verbessern…

Über die Autoren und Autorinnen

Gabriele Bergfelder-Boos arbeitete an einem Berliner Gymnasium, am Berliner Institut für Schule und Medien, in der Fremdsprachenforschung und der Lehrkräftebildung der Freien Universität Berlin. Sie promovierte in romanistischer Fachdidaktik. Aktuell entwickelt sie Material zum performativen Fremdsprachenunterricht und zum Einsatz von Aktionsforschung in Schule und Hochschule.

Daniela Caspari ist Professorin für die Didaktik der romanischen Sprachen und Literaturen an der Freien Universität Berlin. Zu ihren Forschungs- und Lehrtätigkeiten zählen u.a. die Sprachbildung im Fremdsprachenunterricht, Aus- und Fortbildungsforschung im Bereich der Lehrerbildung und Literaturdidaktik.

Manuela Franke ist wissenschaftliche Mitarbeiterin im Bereich der Didaktik der romanischen Sprachen, Literaturen und Kulturen an der Universität Potsdam. Sie hat Englisch, Spanisch und Französisch auf Lehramt studiert und in spanischer Literaturwissenschaft promoviert. Zu ihren Forschungsschwerpunkten gehören Lehrwerksforschung, Digitalisierung und Lehrerbildung.

Christian Koch promovierte in romanistischer Sprachwissenschaft und arbeitet derzeit als wissenschaftlicher Mitarbeiter für Angewandte Sprachwissenschaft und Didaktik der romanischen Sprachen an der Universität Siegen. Seine Forschungsschwerpunkte liegen im Bereich der Analyse gesprochener Lernersprache und der Mehrsprachigkeitsdidaktik.

Fabienne Korb arbeitet als wissenschaftliche Mitarbeiterin am Institut für Sprachen und Mehrsprachigkeit (ISM), das als Teil des Verbundprojektes SaLUt an der Universität des Saarlandes im Rahmen der Qualitätsoffensive Lehrerbildung des BMBF gefördert wird.

Sylvie Mutet ist ehemalige Lektorin am Institut für Romanistik der Universität Potsdam (2005-2017). Sie hat ein *Diplôme d'études approfondies* in Sprachwissenschaft, einen Magister in Soziologie und im Bereich der Erziehungswissenschaften promoviert.

Kathleen Plötner ist Juniorprofessorin für die Didaktik der romanischen Sprachen, Literaturen und Kulturen an der Universität Potsdam. Sie befasst sich mit Grammatikkonzepten angehender Fremdsprachenlehrkräfte, interdisziplinären und inklusiven Lehrlernformaten sowie mit Demokratie- und Europabildung im Fremdsprachenunterricht.

Christina Reissner ist promovierte wissenschaftliche Mitarbeitern am Lehrstuhl für Angewandte Linguistik und Didaktik der Mehrsprachigkeit in der romanischen Sprachwissenschaft an der Universität des Saarlandes. Sie beschäftigt sich u.a. mit historischen Grundlagen der romanischen Interkomprehension, mit der Bedeutung von Herkunftssprachen im Sprachlernprozess, mit Sprachbewusstheit und Sprachlernbewusstheit sowie mit Mehrsprachigkeitsdidaktik.

Michaela Rückl ist assoziierte Professorin für Didaktik der romanischen Sprachen an der Universität Salzburg und befasst sich schwerpunktmäßig mit gesteuertem Fremdsprachenerwerb im Kontext von Mehrsprachigkeit und Mehrkulturalität, mit Mentoring in der Lehrerbildung sowie mit unterrichtsbezogener Erforschung und Entwicklung von Lehr- / Lernmedien, wobei der Fokus auf interlingualen Ansätzen, Fachsprachen und Aspekten digitaler Transformation liegt.

Philipp Schwender promoviert an der Universität des Saarlandes am Lehrstuhl für romanische Sprachwissenschaft mit Schwerpunkt Didaktik der Mehrsprachigkeit. Seine Arbeits- und Forschungsschwerpunkte liegen im Bereich der Mehrsprachigkeitsforschung und -didaktik – insbesondere der Interkomprehensionsdidaktik.

Silvia Verdiani promovierte in Angewandte Linguistik und *Digital Humanities* an der Universität Potsdam, Turin und Genua. Sie ist Dozentin für Germanistische Linguistik an der Università degli Studi di Torino und an der Università Statale di Milano sowie literarische Übersetzerin. Ihre Forschungsschwerpunkte liegen in den Bereichen der digitalen Multimodalität, Bildlinguistik, Übersetzung, Lexikografie, DaF-Didaktik und dem E-Learning. Sie befasst sich darüber hinaus mit Fragestellungen der kontrastiven Linguistik.